平话法律丛书

证据法视野下的
法庭科学实验室管理

王桂玥◎著

Forensic Laboratory Management in the Perspective of Evidence Law

经济管理出版社
ECONOMY & MANAGEMENT PUBLISHING HOUSE

图书在版编目（CIP）数据

证据法视野下的法庭科学实验室管理 / 王桂玥著. —北京：经济管理出版社，2019.11
ISBN 978-7-5096-6355-4

Ⅰ.①证…　Ⅱ.①王…　Ⅲ.①司法鉴定—实验室管理　Ⅳ.①D918.9

中国版本图书馆 CIP 数据核字（2019）第 240383 号

组稿编辑：王光艳
责任编辑：李红贤　丁凤珠
责任印制：黄章平
责任校对：王淑卿

出版发行：经济管理出版社
（北京市海淀区北蜂窝 8 号中雅大厦 A 座 11 层　100038）
网　　址：www. E-mp. com. cn
电　　话：(010) 51915602
印　　刷：北京晨旭印刷厂
经　　销：新华书店
开　　本：710mm×100mm/16
印　　张：13
字　　数：226 千字
版　　次：2020 年 8 月第 1 版　2020 年 8 月第 1 次印刷
书　　号：ISBN 978-7-5096-6355-4
定　　价：68.00 元

前　言

该著作是在本人博士论文《证据法视野下的法庭科学实验室管理》的基础上修订而成的。

证据法学对科学证据的生成场所——法庭科学实验室（即司法鉴定机构）提出的要求，主要表现为科学性和法律性两大方面。确保法庭科学实验室科学性品格的管理，需从法庭科学实验室的硬件和环境设施、鉴定能力的确保和维持、法庭科学标准化建设、与科学性要求有关的法庭科学职业行为规则等方面加强管理，实验室认证认可活动是最为全面的管理模式。确保法庭科学实验室法律性品格的监管，包括完整、合法的检材和样本保管链条、法庭科学执业责任的追究、与法律性要求有关的法庭科学职业行为规则的确立，以及鉴定人出庭接受法庭的再检验。为了确保法庭能够正确审查科学证据，还需要建立一系列配套制度，如证据开示制度、专家辅助人制度、专家陪审员制度等。

2017 年 7 月 19 日，中央全面深化改革领导小组审议通过了《关于健全统一司法鉴定管理体制的实施意见》，同年 11 月，司法部出台了《关于严格准入 严格监管提高司法鉴定质量和公信力的意见》。这些文件的颁布，凸显了司法鉴定不可替代的重要价值，对司法鉴定行业发展具有里程碑意义。司法鉴定意见质量的高低，直接关系到法庭裁决结果是否准确与公正。加强证据法视野下的法庭科学实验室管理研究的主要目的，微观言之在于为法庭提供可靠的科学证据，宏观言之在于从根本上为我国司法鉴定行业可持续发展提供“科学、公正、公开”原则的可靠保证。韩非子云：“法者，编著之图籍，设之于官府，而布之于百姓者也。”（《难三》）希望该著作不仅能为广大司法鉴定管理者、司法实践者提供必要的证据法规范与遵循，而且能为关心证据法、司法鉴定的人士提供必要的参考。

王桂玥

2019 年 10 月

目　录

第一章 法庭科学实验室概述

第一节 法庭科学实验室的出现和种类

一、法庭科学实验室的出现

新兴的科学技术不断运用于法庭的事实认定活动，而法庭科学最初只是专门人士依据科学原理、技术方法、专业性经验，对法律争议中的专门性问题提供专家意见。早期的科学证据属于纯粹的经验型证据，完全是生活阅历、经验、历史不断累积的结果。那时的专门人士并不做实验，更不会建立专门的实验室对自己观点的科学性、有效性进行反复验证。后来，随着自然科学从哲学、宗教分立出来，尤其是近代工业化以来，由于科学知识、技术方法、机器设备的发明和不断改良，更新换代频率增高，自然科学家们纷纷建立了专门的科学实验室，在既定的条件和参数下不断试验、验证，以揭示大自然的规律，不断地将自然界的“自在之物”转化成“为我之物”。在这个大背景下，法庭科学逐渐呈现出科技化特征，生物学家、物理学家、化学家、医生、建筑工程师等专门人士不断地被聘请到法庭上，他们一边要不断地进行反复试验，一边要向法庭提供专门性意见。由于法庭对解决专门性问题产生需求，科学家中不断分化出法庭科学家，相应地，法庭科学也对工具、设备、技术、方法等产生更多的依赖。这种技术性依赖一方面催生了法庭科学实验室的出现、发展和完善，另一方面也使得法庭科学证据的准确性面临着诸多风险，实验室中的仪器设备、试剂、人员、操作程序、鉴定方法都影响着结果的正确性，可能会导致鉴定差错的出现。

最初的法庭科学主要是指刑事技术，最初的法庭科学实验室是国家为了有效追诉严重危害社会秩序的犯罪行为，由政府出资建立的。刑事技术从19世纪后半叶开始真正发展，大约到了20世纪20年代“法庭科学”一词才出现。但是世界上第一个法庭科学实验室虽然设在警察部门，却是由一位在大学里教书的教师——法国著名的法医科学家埃德蒙·洛卡德，向警察部门提出请求建立的[①]。世界上第一个法庭科学实验室极其简陋，仅由里昂政府大楼顶楼的两间小房间组成，洛卡德和他的两个助手组成了工作小组，设备仅有一台显微镜和一台分光镜，这是现今法国国家警察科学研究所的前身。

案例

法庭科学实验室的最初应用

1911年，洛卡德第一次通过研究嫌疑人衣服上的尘土解决了一个重要案件。当时巴黎警方试图破获一个伪造金属货币的团伙，侦探们逮捕了一些嫌疑人，但却没有证据证明他们参与制造假币。于是，侦探们向洛卡德寻求帮助，洛卡德却要求警方提供这些嫌疑人的衣服。警官们觉得奇怪，开始时并未同意，但最终把审讯过的一个嫌疑人的衣服交给了洛卡德。洛卡德在实验室中，仔细地用刷子把衣服上、袖子上的尘土都刷到一张白纸上，然后用显微镜检查这些尘土，发现里面有一些小的金属碎片。然后通过化学成分分析证明这些碎片包括锡、锑、铅，这和那些假币用的金属成分完全相同。而且，三种金属的混合比例也和假币完全相同。惊喜的警察又将另外两个嫌疑人的衣服交给了洛卡德，同样在他们的衣服口袋里发现了相同的金属。因此，在洛卡德的帮助下，警方成功破获了这起伪造货币案。

随着科技的进步，对犯罪现场证据，尤其是微量物证——灰尘、头发、纤维、血迹、花粉等的分析，需要在专门场所，使用一定的仪器设备，满足一定的

---

① 20世纪初，洛卡德在法国里昂大学担任现代法医学诸多领域的奠基人亚历山人·兰卡萨尼（Jean-Alexandre-Eugene Lacassagne）教授的助手，他曾在1900年到1910年间访问来自巴黎、洛桑、罗马、柏林、布鲁塞尔、纽约、芝加哥等欧美各国多位著名的法医科学家。他请求里昂警方当局能批准他建立一个实验室，这样他就可以使用从那些专家那里学来的科学方法来研究指纹、血液以及其他从犯罪现场发现的证据。里昂警察局最初很不情愿，直到1910年，终于勉强同意了洛卡德的请求。这样，世界上第一个法庭科学实验室就建立了，最初的名字是“警察技术地区实验室”。参见［美］丽莎·扬特：《法医学——从纤维到指纹》，顾琳等译，上海科学技术文献出版社2011年版，第48页。

环境条件下才能完成。世界各国纷纷建立了自己的法庭科学实验室或司法鉴定研究所。芬兰国家犯罪实验室始建于1926年。美国洛杉矶县警察局法庭科学实验室（Scientific Services Bureau）成立于1928年，是目前美国最大的法庭科学实验室之一。闻名于世的英国苏格兰场（Scotland Yard）是世界上最著名的法庭科学实验室之一，正式建立于1935年，后经历次改建和扩建。荷兰唯一的一家国家司法鉴定研究机构，其前身是1945年成立的法庭科学实验室，后来历经数次更名，现为荷兰法庭科学研究所。目前，美国联邦调查局犯罪实验室（FBI Crime Lab）是全球最有实力和影响力的法庭科学实验室。

1992年，为了保证法庭科学的鉴定质量，确保整个欧洲法庭科学的发展和服务质量处于世界领先地位，第10届国际刑警组织法庭科学专题研讨会上倡议建立欧洲法庭科学联盟（European Network of Forensic Science Institutes，ENFSI）。1993年，在荷兰赖斯韦克召开了欧洲法庭科学联盟第一次会议，有11个成员参加，这是一个以实验室为单位成员参加的联盟，到2007年已经有来自欧洲的32个国家的54所法庭科学实验室参加①。美国法庭科学学会（AAFS）在1950年建立，国际法庭科学协会（International Association of Forensic Science，IAFS）建立于1957年②。目前，国外的许多大学开设了法庭科学专业，在法庭科学发达的美国，法庭科学是一门相当热门的学科。

二、法庭科学实验室的种类

随着法庭科学不断发展，法庭科学实验室数量逐渐增多，但是因实验室在设立规模、所有制情况、设立目的上的不同，出现了不同种类的实验室，进而在影响鉴定质量的各要素、各环节上呈现不同特点。

（一）国际上法庭科学实验室的设置情形

1. 综合性的法庭科学鉴定机构

此类机构一般是国立的，数量较少，以刑事技术为主，一般隶属于司法部、内政部或卫生部。在欧洲，一些地域较小、人口较少的国家一般设有相对集中的

① 孙业群：《芬兰、荷兰的司法鉴定体制》，《中国司法》2007年第8期。

② 贾静涛：《世界法医学与法科学史》（上），科学出版社2000年版，第1页。

综合性法庭科学研究所。例如芬兰国家犯罪实验室，始建于1926年，隶属于国家调查局，是国家级的综合性鉴定机构，1996年改名为国家犯罪实验室，有70多名工作人员[①]。又如荷兰法庭科学研究所（The Netherland Forensic Institute，NFI），是由国家投资设立的综合性鉴定机构，其前身是1945年成立的法庭科学实验室，1999年更名为荷兰法庭科学研究所，其是公司化管理模式，拥有5万平方米的实验大楼，配备了世界一流的仪器设备，现有职员538名，是荷兰唯一有能力提供超过30个领域的高科技鉴定服务机构，其主要服务对象是检察院和警察局。该所在整个欧盟国家地位举足轻重[②]，是欧洲法庭科学联盟（ENFSI）的创始人之一。

2. *以刑事技术为主的法庭科学实验室*

该类实验室一般也是国立的，规模较大，一般隶属于内务部或警察局，主要是警察部门等机构内设的实验室，称为“犯罪侦查实验室（或刑事技术实验室）”。许多国家执法机构内设此类实验室。

英国法庭科学服务部（The Forensic Science Service，FSS）曾经是世界上最大的法庭科学实验室，其前身是英国著名的伦敦警察厅法庭科学实验室（Metropolitan Police Forensic Science Laboratory，MPFSL），即英国内政部直属的著名的苏格兰场。2005年起成为英国政府所有的有限公司，主要为英格兰和威尔士的43个警察局提供有偿服务[③]。当时FSS有员工2500人，年收益超过3亿美元。设有近20个科，但不包括传统法医学鉴定部门[④]。FSS的收益完全用于自身发展和建设，充分满足了员工工资、设备维护改造、项目研发等支出。资金上的充足保障也是FSS能够成为世界上实力最强、最具影响力的一流法庭科学实验室的重要原因之一。但是运行6年之后，2012年因受金融危机影响，英国政府实行财政紧缩政策，FSS已宣告破产。

在美国，警察机构内设的法庭科学实验室分为州级、县级和地方级，但不包

---

① 孙业群：《芬兰、荷兰的司法鉴定体制》，《中国司法》2007年第8期。

② 潘广俊、刘沛奎、夏文涛、罗良方：《荷兰司法鉴定制度及启示》，《中国司法》2011年第1期。

③ 英格兰和威尔士警方80%的物证鉴定工作都是由FSS完成的（苏格兰由6个警察部门自己的实验室提供服务，北爱尔兰由政府化验所提供服务）。FSS由1个总部研究基地和6个地区实验室组成，总部设在伯明翰，6个地区实验室是伯明翰实验室、亨廷顿实验室、切普斯托实验室、伦敦实验室、乔利实验室和威尔士实验室。参见殷治田、裴黎等：《英国法庭科学服务部FSS实验室考察概况》，《刑事技术》2008年第1期。

④ 殷治田、裴黎等：《英国法庭科学服务部FSS实验室考察概况》，《刑事技术》2008年第1期。

括通常有自己的实验室设施的法医办公室或验尸官实验室[①]。该类实验室可以在一个或多个地区，提供一种或多种鉴定服务项目。例如，隶属于联邦调查局（FBI）的美国最大的法庭科学实验室，以及大多数州实验室，一般都提供较全面的服务，然而许多法医系统的实验室则集中于法医毒物或人体组织、体液、药物及其他类似中毒情况的鉴定。

法国国家警察科学研究所前身是1910年建立的里昂法庭科学实验室，2004年整合为国家警察科学研究所，隶属于内政部，2011年时，在全国设有6个实验室，有700多名工作人员，整个实验室开展九类鉴定，位于里昂地区埃居里的实验室是法国最大、最权威的法庭科学实验室，由2部4室组成，当时有161名工作人员[②]。

澳大利亚的联邦警察局法庭科学实验室的分支机构遍布全国，主体部分位于首都堪培拉，领导称为主任，其向联邦警察局的副局长汇报和负责，2007年时堪培拉总部共有约120人，其中警察与非警察各占1/2，约有100名技术人员[③]。

上述鉴定机构[④]是目前国际上的主流设置模式，所有权归国家。国有鉴定机构的主要特点是：其一，鉴定人的经济地位、社会地位稳定，可以吸引相关专业优秀人才加盟法庭科学事业，持续保障司法鉴定的执业水平。其二，司法鉴定呈规模化发展，所需经费由国家保障，司法鉴定综合实力持续增强。其三，公益性服务，司法鉴定要么采用免费提供机制，例如美国法医局，要么由政府部门埋单或者社会捐赠。其四，能促进法庭科学的科学研究。由国家主导的资源合理配置，是科研经费有保障进行科学研究的基础[⑤]。

3. 以法医学为主的鉴定机构（主要指法医病理学鉴定）

此类实验室一般设在大学或企业的法庭科学实验室，以法医学鉴定为主（主要是法医病理学），主要包括验尸官制度，法医学鉴定局或法医局（苏联、独联体国家、美国的法医师制度），法医学研究所（大多数欧洲大陆国家）。在荷兰，

---

① 此外，美国还有酒精烟草、火器局（ATF）的中央实验室，美国邮政实验室，药品强制管理实验室（DEA），其地方性法庭科学实验室遍布全国各地，为刑事调查提供醉酒、烟草、火器和爆炸物分析。

② 殷治田、花锋等：《法国国家警察总局法庭科学实验室简介》，《刑事技术》2012年第1期。

③ 马荣梁：《澳大利亚联邦警察局法庭科学实验室概况》，《刑事技术》2007年第3期。

④ 此外，加拿大皇家骑警法庭科学实验室直属于国家警察服务局，由分布于全国的6个实验室组成，其中位于渥太华总部的实验室由8个部门组成。在日本，法庭科学机构主要有国家科学警察研究所和隶属于各个地方的科学搜查研究所。在俄罗斯，司法鉴定机构包括司法部下属的司法鉴定研究所和实验室，内务部下属的刑事技术部门，卫生部下属的法医鉴定所和司法精神病学研究所。

⑤ 常林：《司法鉴定专家辅助人制度研究》，中国政法大学出版社2012年版，第97—98页。

莱顿大学可以做DNA鉴定，阿姆斯特丹自由大学法医学系可以做法医病理学鉴定。

4. 私人法庭科学实验室

此类实验室一般规模小，鉴定项目不多。例如美国宾夕法尼亚州的威洛格罗夫的国家医疗服务公司（National Medical Services，Inc.），提供的是法医毒理和刑事技术方面的鉴定。一些私人法庭科学实验室只专注于某一个鉴定领域，在伊利诺伊州芝加哥的McCrone研究院只提供显微分析，在马里兰州杰曼顿的Cellmark实验室只提供血液和其他生物样品的DNA分析[①]。这类私人性鉴定机构自筹经费，自负盈亏，在财政开支方面独立于政府，独立性强，不受行政干预。但由于该类机构受托于当事人，其盈亏完全取决于业务量大小和当事人支付鉴定费用的高低，所以该类机构易遭金钱诱惑，受当事人摆布，往往成为当事人一方的利益代言人，从而容易背离法庭科学本该具有的中立、无私利的客观品格。

（二）法庭科学实验室的分类

1. 检测实验室和检查实验室

根据法庭科学实验室对科学仪器设备依赖程度不同，使用的检验技术有别，可分为检测实验室和检查实验室（Inspection Body）。

检测是按照程序确定对象的一个或多个特性的活动。而检查是合格评定活动的一种[②]，检查是对某个对象的某些项目进行核查，在专业判断的基础上，确定相对于规定要求的符合性。检查和检测有许多不同点，但二者最关键的区别在评价方式上[③]。检测通过依靠仪器设备进行分析测试，检测结果通常是给出一组数据；而检查活动可以完全依赖于感官，也有可能利用检测的结果，检查工作往往包含专业判断，即依靠检查人员的专业能力做出合格与否的判别，而且往往是在无法用文字准确描述判定准则的情况之下进行的。检查结果做出的是符合性结论。具体来说，从事检查活动的一个人或一组人需要依据仪器的测量结果、专业知识、多年的从业经验，可能要查阅相关的国际国内文献，也可能要询问相关的

---

① William G. Eckert，*Introduction to Forensic Science*，CRC Press（William G. Ecker ed. 1997）.

② 在国际标准中，“检查”被定义为：“对产品设计、产品、服务、过程或工厂的核查，并确定其相对于特定要求的符合性，或在专业判断的基础上，确定相对于通用要求的符合性。”

③ 检查和检测在适用对象上也有所不同：检测所针对的仅仅是硬件或软件产品，而检查的对象还可以包括过程、设施、人员等。此外，检查所针对的项目也有特殊性，如外观、数量、残损等。

案情，如鉴定委托方提供的病历资料、直接询问患者的家属，在综合多方面信息的基础上提出主观性较强的意见或做出解释，有时也可不借助仪器设备，完全依赖于感官的分析判断。

在法庭科学实验室中，法医物证鉴定、微量物证鉴定、法医毒物鉴定主要是运用仪器设备对检材、样品进行分析，并出具一组数据，鉴定文书一般体现为鉴定检验报告书，这类鉴定属于检测实验室的活动范畴。而法医病理鉴定、法医临床鉴定、法医精神病鉴定、文检鉴定、痕迹鉴定等主要是在鉴定人专业判断的基础上，对特定检材得出结论，出具的是鉴定报告书，这类鉴定属于检查机构的活动范畴。所以说，司法鉴定机构是由从事检测或检查活动的检测实验室或者检查实验室组成的。

2. 独立的法庭科学实验室和非独立的法庭科学实验室

独立，意味着具有独立的法律资格，有自己的名称、组织机构和场所，有独立的财产和经费，依法享有民事权利，承担民事义务，能够独立承担民事责任。如果一个法庭科学实验室隶属于某一办案机关、事业单位，就属于机关、事业单位的分支机构，不以营利为目的，不具有法人资格，虽然它也可以以自己的名义进行社会活动，也具有相应的民事权利能力和民事行为能力，但其不具备独立承担民事责任的能力。非独立的司法鉴定机构还包括由国家设立的专业性研究所或实验室，一般是非法庭科学专业，属于兼职性鉴定，它们可受司法机关委托利用专有的技术资源解决案件中的专门性问题。

我国的法庭科学实验室于20世纪70年代末才逐渐发展起来。我国各级公安机关都设有法庭科学实验室，即刑侦大队技术队。大多数法庭科学实验室都属于非独立组织，是由公安机关、检察机关、国家安全机关、军队在内部设立的，便于侦查、起诉等诉讼功能而存在，它们没有自己的独立财产，经费由上级部门统一收支。这就导致法庭科学独立性的丧失，法庭科学实验室的检验行为容易受到上级领导、外界利益的掣肘。即使根据法律规定，一旦鉴定意见出错要追究鉴定机构或鉴定人的相应责任，但由于法庭科学实验室的非独立性，导致不能真正追究责任，最终导致鉴定错案责任追究制度无法落实。

3. 以营利为目的的法庭科学实验室和不以营利为目的的法庭科学实验室

我国2005年以来司法鉴定体制改革中新出现的社会性司法鉴定机构，就属于以营利为目的的独立法人司法鉴定机构。它们自主经营，自负盈亏，有自己的财产和经费，具有独立的经济地位，不受制于外部因素干扰；具有独立的名称、组织机构、场所，能够独立承担民事责任。社会性司法鉴定机构具有完全的独立性，不受行政机关的干预，没有上级领导的指示。机构的运营和管理，可以完全按照公司化模式，其独立性具有先天优势。

不以营利为目的的法庭科学实验室主要是指设立于国家司法机关内部从事鉴定工作的技术部门。它们具有国有性、公益服务性特征，但在独立性上明显弱于以营利为目的的社会性司法鉴定机构。

任何分类都只有相对意义，各类之间可能相互渗透、制约、交叉，会有牵强、不完备、不确定和不周延的地方。但无论是哪种布局设置，哪种类型的法庭科学实验室，都肩负着以科学知识为法庭服务的使命。

三、法庭科学实验室的服务范围

根据国际实验室认可合作组织（The International Laboratory Accreditation，简称 ILAC）制定的《法庭科学实验室指南》（ILAC－G19：2002）的规定，法庭科学实验室的鉴定范围包括但不限于管制物品、毒物毒品、毛发体液和组织、微量物证、枪弹鉴定、笔迹文书、指纹痕迹、音频视频、法医病理学十二大类别，在此不对这些鉴定项目详述，下面主要谈两点内容。

一是由于鉴定项目不同，对实验各要素的要求各有侧重。例如有的鉴定部门需要具备专门的仪器设备和环境设施，而其他的鉴定部门则可以共享仪器设备。有的法庭科学技术人员可以在各个鉴定部门之间轮换，这取决于他们的培训、经验和技能。另外，由于一些鉴定项目的规模和工作量不同，可能出现不同鉴定部门合并为一或剥离形成新的鉴定部门的情况，例如我国特有的法医临床学鉴定近几年呈火热态势，但在国外并没有和我国相对应的法医临床学鉴定部门。

二是公立实验室和私人实验室规模不同，提供的鉴定数量和种类也不同。根据美国 2009 年度《法庭科学犯罪实验室普查报告》提供的信息，首先，大多数的犯罪实验室都提供多个鉴定项目，公立犯罪实验室平均承担 5 种不同的鉴定服务；全职鉴定人越多的实验室其提供的鉴定服务种类就越多，100 人以上的大型实验室平均提供 7 种鉴定服务，而不足 10 人的小型实验室尤其是私人实验室则很专业，其提供的鉴定服务种类只有 3 种左右。其次，实验室承担最多的鉴定项目是药物或其他非法物质的分析，占所有鉴定的 82%，潜在指纹、生物学检验、火器和工具痕迹分析、犯罪现场、微量物证、压痕、毒物检验、电子证据、可疑文书次之[①]。最后，犯罪实验室的级别不同，承担的鉴定服务种类也不同。以毒物检验为例，占美国的郡实验室鉴定总量的 26%，占州犯罪实验室鉴定总量的 15%，占市和联邦实验室鉴定总量的 5%。而法医生物学鉴定量则占联邦实验室鉴定总量的 61%，占州实验室鉴定总量的 46%，占郡和市实验室鉴定总量的比例则不到 10%[②]。

第二节　法庭科学实验室的含义和构成

一、法庭科学实验室的含义

实验室是科学的摇篮、科学研究的基地，在国际上享有盛誉的著名实验室更被喻为科研领域的麦加，是科技工作者憧憬和跟随的处所。《现代汉语规范词典》将“实验”界定为“为验证某种理论或假设而进行某种操作或活动”，而“实验室”则是“进行科学实验的专用房间”[③]。实验室往往代表了世界前沿基础研究的最高程度。根据 CNAS－CL08：2018《司法鉴定/法庭科学机构能力认可准则》（下文中提及该规定，若无特殊说明，统称为“CNAS－CL08：2018”）3.6 实验室 Laboratory 和 3.12 鉴定机构 Forensic unit 的界定，法庭科学实验室，是指鉴定人为了解决法律活动中涉及的某些专门性问题而实施一个或多个检测、检查、校准以及后续检测或校准相关的抽样活动的专门机构。而司法鉴定机构则是经过行政管理部门批准并取得相关许可，从事司法鉴定/法庭科学领域鉴定业务的机构，它可以是一个组织，或是组织中的一部分。

2005 年 9 月 30 日我国开始实施的《司法鉴定机构登记管理办法》第十四条规定：“法人或者其他组织申请从事司法鉴定业务，应当具备下列条件：（一）有

① 美国司法部：《美国公立法庭科学犯罪实验室普查报告》（2009 年度），罗芳芳编译，中国政法大学证据科学研究院 2012 年编印（内部资料），第 4 页。

② 美国司法部：《美国公立法庭科学犯罪实验室普查报告》（2009 年度），罗芳芳编译，中国政法大学证据科学研究院 2012 年编印（内部资料），第 10 页。

③ 《现代汉语规范词典》，外语教学与研究出版社、语文出版社 2004 年版，第 1183－1184 页。

自己的名称、住所；（二）有不少于二十万至一百万元人民币的资金；（三）有明确的司法鉴定业务范围；（四）有在业务范围内进行司法鉴定必需的仪器、设备；（五）有在业务范围内进行司法鉴定必需的依法通过计量认证或者实验室认可的检测实验室；（六）每项司法鉴定业务有三名以上司法鉴定人。”另外，2005年2月28日第十届全国人民代表大会常务委员会第十四次会议通过的《关于司法鉴定管理问题的决定》（以下简称“228决定”）和《公安机关鉴定机构登记管理办法》《人民检察院鉴定机构登记管理办法》虽然在表述上有细微差别，但均将有在业务范围内进行鉴定所必需的依法通过实验室认可委员会认可的实验室作为鉴定行业的准入条件之一。实验室是法庭科学为法律提供服务的基础，是司法鉴定机构的核心。

二、法庭科学实验室的构成

法庭科学实验室是一个由各部分组成且有机联系的系统。法庭科学实验室一方面包括鉴定的主体（鉴定人的雇佣和培训）、鉴定设备（仪器设备的购置和维护）、实施鉴定的场所和环境；另一方面，为了鉴定工作的正常运行，确保鉴定质量，还要建立良好的质量管理体制。前者可称为硬件，后者可称为软件，两者构成一个整体。

（一）法庭科学实验室的硬件构成

1. 人员要求

“人”的要素，对于科学证据的科学性和可靠性最为重要，是法庭科学实验室的核心[①]。人是仪器设备的校准者、操作者，是检材的接收者、保管者，是参考物质的选择者和保管者，是科学知识和方法的拥有者和选用者，是鉴定程序的遵循者，是环境设施的维护者。一般而言，法庭科学实验室人员的知识水平、专业技能、教育背景、从业经验、培训经历、职业道德，以及出庭作证能力，组成

① 《司法鉴定机构资质认定评审准则》4.1.4规定：“司法鉴定机构应当有与其所从事鉴定活动相适应的司法鉴定人员。司法鉴定人只能在一个司法鉴定机构中执业。”

了“人”的职业能力[①]。

法庭科学实验室中的人员构成，不限定于某个特定的人或某一类人，更多的时候指一个工作团体。现今科学技术高速发展，分工越来越细，需要各个岗位人员之间相互配合，团体作战，共同合作，才能完成一个鉴定任务。“人”的要素具体可能涉及鉴定人、授权签字人、复核人、质量监督员、质量主管、技术主管、技术辅助人员（鉴定助理）等。实验室管理者要确保各类人员按照质量体系的要求胜任工作，且受到培训和监督。这些人均具有自己的鉴定岗位和相应能力，职责和权限明确，所行使的活动应保存相关记录[②]。

2. 设备要求

“机”是法庭科学实验室必备六要素之一，是实验室开展鉴定业务的物质基础，也是影响鉴定意见可靠性的重要因素。法庭科学实验室分为检测实验室和检查实验室，其中，检测实验室主要依赖于仪器设备的精确性，测量出数据才能出具鉴定意见，检查实验室主要依靠专家的专业知识和从业经验对原始物证进行观察、分析和判断，但同时可能需要仪器设备的辅助检查行为。CNAS－CL01：2018《检测和校准实验室能力认可准则》（ISO/IEC 17025：2017）6.4 设备要求，实验室应获得正确开展实验室活动所需的并影响结果的设备，包括但不限于：测量仪器、软件、测量标准、标准物质、参考数据、试剂、消耗品或辅助装置。

2011 年我国司法部发布并实施《司法鉴定机构仪器设备配置标准》（司法通〔2011〕323 号）（以下简称《配置标准》），为我国司法鉴定准入机制设定了统一的准入门槛，以保证司法鉴定的科学性和可靠性。具体是按照各个鉴定项目分别确定其仪器设备的配置标准，规定了开展鉴定业务必须配置的仪器设备，这是鉴定业务的最低要求。以法医病理鉴定和法医毒物鉴定为例（见表 1－1 和表 1－2），一般根据鉴定具体事项的不同，有一系列必备的和建议配置的仪器设备。

---

① 参见《司法鉴定机构资质认定评审准则》5.1.1：“司法鉴定人员应当是在编人员或者与司法鉴定机构签署聘用合同或者劳动合同的人员。每项鉴定业务应当有 3 名以上司法鉴定人。司法鉴定人应当具备相应的资格、培训、经验，熟知所从事鉴定的规则和要求，并有做出专业判断和出具司法鉴定文书的能力。”

② CNAS－CL01：2018《检测和校准实验室能力认可准则》（ISO/IEC 17025：2017）6.2 人员。

表 1－1　法医病理鉴定机构的仪器设备配置标准①

序号	事项	场所	仪器配置	单位	配置类型	备注
01 02 03 04 05	死亡原因鉴定 死亡方式鉴定 死亡时间鉴定 损伤时间鉴定 致伤物推断鉴定	尸体解剖室	尸体解剖台	台	必备	应有可使用的尸体解剖室
			解剖、测量器械	台	必备	
			照明及消毒系统	套	必备	
			进排水系统	套	必备	
			照相设备	台	必备	
			抽送风系统	套	选配	
			录像设备	台	必备	
		组织器官取材、储存室	取材台（含取材器械）	台	必备	须配置组织器官储存室
			进排水系统、照明及消毒系统	套	必配	
			组织器官固定存放桶	套	必备	
			器官标本存放装置	个	必备	
			抽送风系统	套	选配	
			录像设备	台	选配	
		病理切片制片室	切片设备	台	必备	应有可使用的病理切片制片室
			脱水设备	台	必备	
			包埋设备	台	必备	
			染色设备	台	必备	
		病理切片诊断室	生物显微镜（放大倍数：40×～400×）	台	必备	须配置病理切片诊断室
			多人共览显微镜	台	选配	
			图像采集/拍摄系统	台	选配	
			图像处理系统	台	选配	
			病理切片全息图像扫描仪	台	选配	
		切片、蜡块存放室（柜）	切片存放柜	个	必备	须配置切片、蜡块存放室（柜）
			蜡块存放柜	个	必备	
		运尸工具	运尸车（包括担架、尸体存放舱等）	台	选配	

① 《司法鉴定机构仪器设备配置标准》（司发通〔2011〕323 号）在司法部官方文件中为表 1.1。

续表

序号	事项	场所	仪器配置	单位	配置类型	备注
	法医病理鉴定技术支持	毒物分析实验室	具备挥发性毒物（含乙醇）、气体类毒物（含 CO）、毒品（阿片类、苯丙胺类、大麻类）、有毒药物、有毒植物、动物、杀虫剂、杀鼠药、除草剂、金属毒物和无机毒物检测仪器设备	间	必备	死因鉴定项目应有可使用的满足本配置标准要求的毒物分析实验室
		影像学检查室	X 线机、螺旋 CT	间	选配	
		DNA 同一认定实验室	具备血痕、毛发、肌肉、精斑、甲醛固定后组织、组织蜡块、组织切片的 DNA 同一性比对设备	间	选配	

表 1－2　法医毒物鉴定机构的仪器设备配置标准①

序号	事项	仪器配置	单位	配置要求	备注
00		基本设备：			适用所有法医毒物鉴定项目
		分析天平（0.1mg）	台	必备	
		旋涡混合器	台	必备	
		离心机（4000r）	台	必备	
		微量移液器	套	必备	
		玻璃器皿	套	选配	
		恒温水浴锅	台	必备	
		烘箱	台	必备	
		通风柜	个	必配	
		冰箱	台	必备	
		低温冰箱	台	选配	
		制纯水设备	台	选配	
		分析天平（0.01mg）	台	选配	

① 《司法鉴定机构仪器设备配置标准》（司发通〔2011〕323 号）在司法部官方文件中为表 1.5。

续表

序号	事项	仪器配置	单位	配置要求	备注
01	气体毒物类检测	紫外/可见分光光度仪	台	必备（CO）	括 CO、液化石油气、硫化氢等参数
		气相色谱/质谱联用仪	台	必备	
		气相色谱仪或顶空气相色谱仪	台	选配	
		气体采样装置	个	选配	
02	乙醇检测	乙醇标准物质		必备	适用于单一乙醇分析
		气相色谱仪或顶空气相色谱仪	台	必备	
	挥发性毒物类检测	挥发性毒物标准物质或对照品		必备	包括其他醇类、氰化物、苯类衍生物等参数
		气相色谱仪或顶空气相色谱仪	台	必备	
		气相色谱/质谱联用仪	台	必备（非醇类检测）	
03	医用合成药类检测	有毒药物标准物质或对照品		必备	包括苯二氮卓类；吩噻嗪类、巴比妥类等安眠镇静药物和三环类抗抑郁药等参数
		气相色谱/质谱联用仪（可替代气相色谱仪）	台	必备（二选一）	
		液相色谱/质谱联用仪（可替代液相色谱仪）	台		
		气相色谱仪（NPD 检测器、ECD 检测器）	台	必备	
		高效液相色谱仪	台	选配	
04	毒品类检测	毒品标准物质或对照品	台	必备	包括阿片类、苯丙胺类、大麻类、可卡因等参数
		气相色谱/质谱联用仪（可替代气相色谱仪）	台	必备（二选一）	
		液相色谱/质谱联用仪（可替代液相色谱仪）	台		
		气相色谱仪（NPD 检测器）	台	必备	
		高效液相色谱仪	台	选配	

续表

序号	事项	仪器配置	单位	配置要求	备注
05	杀虫剂检测	杀虫剂标准物质或对照品		必备	包括有机磷类、氨基甲酸酯类、拟除虫菊酯类等参数
		气相色谱/质谱联用仪（可替代气相色谱仪）	台	必备（二选一）	
		液相色谱/质谱联用仪（可替代液相色谱仪）	台		
		气相色谱仪（NPD检测器、ECD检测器、FPD检测器）	台	必备	
		高效液相色谱仪	台	选配	
06	杀鼠药检测	杀鼠药标准物质或对照品		必备	包括氟乙酰胺、毒鼠强、磷化锌、抗凝血类等参数
		气相色谱/质谱联用仪（可替代气相色谱仪）	台	必备（二选一）	
		液相色谱/质谱联用仪（可替代液相色谱仪）	台		
		气相色谱仪（NPD检测器）	台	必备	
		高效液相色谱仪	台	选配	
07	除草剂检测	除草剂标准物质或对照品		必备	包括百菌清、百草枯等参数
		气相色谱/质谱联用仪	台	必备	
		液相色谱/质谱联用仪	台	必备	
08	有毒植物类检测	有毒植物标准物质或对照品		必备	包括乌头、马钱子、莨菪生物碱、钩吻、夹竹桃等参数
		液相色谱/质谱联用仪（可替代液相色谱仪）	台	必备	
		气相色谱/质谱联用仪	台	选配	
		高效液相色谱仪	台	选配	
09	有毒动物类检测	有毒植动物标准物质或对照品		必备	包括河豚、斑蝥、蛇毒、蟾蜍、蜂毒等参数
		液相色谱/质谱联用仪（可替代液相色谱仪）	台	必备	
		气相色谱/质谱联用仪	台	选配	
		高效液相色谱仪	台	选配	

续表

序号	事项	仪器配置	单位	配置要求	备注
10	金属毒物检测	金属毒物标准物质		必备	包括砷、汞、钡、铊、铅、铬、镁等参数
		样品消解设备	台	必备	
		电感偶合等离子体光谱仪	台	必备（三选一）	
		电感偶合等离子体质谱仪	台		
		原子吸收分光光度计	台		
11	水溶性无机毒物检测	无机毒物标准物质		必备	包括亚硝酸盐、强酸、强碱等参数
		紫外/可见分光光度计	台	必备	
		离子色谱仪	台	选配	
		电感偶合等离子体光谱仪	台		
		电感偶合等离子体质谱仪	台		
		原子吸收分光光度计	台		

当然，各鉴定机构可根据实际情况，适当提高配置标准，但绝不能低于《配置标准》。《配置标准》是检查各个鉴定机构的执业活动，评估其鉴定质量的重要依据之一。2013 年 1 月 1 日生效的《司法鉴定机构资质认定评审准则》5.4.1 规定：司法鉴定机构应当按照司法行政机关规定的仪器设备配置要求，配备鉴定所需仪器设备和标准物质，并对所有仪器设备进行维护。依靠借用或者租用仪器设备进行的司法鉴定事项不予资质认定，司法行政机关另有规定的除外。

3. 设施和环境要求

《司法鉴定机构资质认定评审准则》5.2.2 和 5.2.3① 对司法鉴定机构的设施和环境条件应当满足的法律法规、技术规范或者标准进行了规定，如果设施和环境条件对鉴定结果的质量有影响，司法鉴定机构应当监测、控制和记录环境条件。在非固定场所进行检测时应当特别注意环境条件的影响。司法鉴定机构应当建立并保持安全作业管理程序，确保化学危险品、毒品、有害生物、电离辐射、高温、高电压、撞击，以及水、气、火、电等危及安全的因素和环境得到有效控制，并有相应的应急处理措施。该准则还规定了环境保护程序②和区域间的有效

① 该准则的参考文件是《实验室资质认定评审准则》、GB/T 27025《检测和校准实验室能力的通用要求》（等同采用 ISO/IEC 17025）、GB/T 18346《各类检查机构能力的通用要求》（等同采用 ISO/IEC 17020）。

② 《司法鉴定机构资质认定评审准则》5.2.4。

隔离措施[①]，以保护环境，防止工作中相互之间产生不利影响。

CNAS－CL08：2018《司法鉴定/法庭科学机构能力认可准则》，覆盖了ISO/IEC 17025：2017《检测和校准实验室能力的通用要求》的所有要求。同时本准则采用了ISO/IEC 17020：2012《检验机构能力认可准则》和ILAC－G19：2014《法庭科学机构认可指南》的部分内容，其6.3设施和环境条件规定，对结果有效性产生不利影响的设施和环境条件因素可能包括但不限于微生物污染、灰尘、电磁干扰、辐射、湿度、供电、温度、声音和振动。6.3.4规定了实验室应实施、监控并定期评审控制设施的措施，这些措施应包括但不限于：①进入和使用影响实验室活动区域的控制；②预防对实验室活动的污染、干扰或不利影响；③有效隔离不相容的实验室活动区域。

（二）法庭科学实验室的软件构成

质量是法庭科学实验室的生存之本，法庭科学实验室的软件构成主要体现为质量管理体系[②]的建立。质量管理（Quality Management）是法庭科学实验室管理的核心，它是一项全方位的系统工程。

1. 建立质量管理体系的标准

法庭科学涉及学科广泛，且各学科之间跨度大，同一个鉴定项目可能需要一个或几个学科作为知识基础。而且，法庭科学活动包括检测活动和检查活动，二者差距又很大[③]，所以在法庭科学活动中，有的鉴定项目等效于ISO/IEC 17020标准中的检查，例如法医病理鉴定、可疑文件检验、司法精神病鉴定；有的鉴定项目等效于ISO/IEC 17025中的检测，例如法医毒物分析、法医物证鉴定。因此，对于具有广泛性的法庭科学实验室而言，应尽可能统一标准，所以国际上目前共识性地认为应建立覆盖ISO/IEC 17025和ISO/IEC 17020标准要求的复合

---

① 《司法鉴定机构资质认定评审准则》5.2.5。

② 质量管理体系（Quality Management System）是在质量方面指挥和控制组织的管理体系，是实验室用文件化的形式列出的、有效的、一体化的技术和管理程序，以指导实验室的工作人员为客户提供高质量的服务。它是一个多层次、多维度的复合体，具体是指在质量方面指挥和控制组织的协调活动，通常包括制定质量方针、质量目标，进行质量策划、质量控制，实现质量保证和质量改进。参见沈敏、吴何坚、方建新：《司法鉴定机构质量管理与认证认可》，科学出版社2009年版，第11页。

③ 检测是主要依靠仪器设备来确定给定对象的一种或多种性能的技术操作；而检查虽然有时会以检测结果为参考，但通常是根据专业知识做出的带有主观性的判断。参见沈敏、杜志淳：《论法庭科学实验室质量管理体系的建立和运行》，《中国司法鉴定》2004年第4期，以及前文“检测实验室和检查实验室的分类”部分内容。

型质量管理体系。

目前，我国法庭科学实验室质量管理活动（基本认可准则）主要是CNAS—CL08：2018《司法鉴定/法庭科学机构能力认可准则》。

2. 质量管理体系的基本内容

一般而言，质量管理理论有两种解释：一是单独的管理理论，二是管理的目标取向。按照ISO/IEC 17025和ISO/IEC 17020的要求，结合法庭科学行业的性质、特点和现状，法庭科学实验室的质量管理主要是以目标取向为重心。法庭科学实验室质量管理体系具体包括组织管理、资源保障、过程控制、文件化管理。

(1) 组织管理。“组织是职责、权限及其相互关系得到安排的一组人员和设施。组织结构是人员的职责、权限和相互关系的安排”[①]，组织管理就是要明确规定实验室中与质量有关的所有职能部门和人员的职责、权限及其相互关系；做到职权明确、关系顺畅、各负其责；具体规定了对组织外部和内部的管理要求，包括独立性、公正性和诚实性；保密；组织和管理；管理体系；文件控制等[②]。

根据ISO/IEC 17025的相关规定，首先，实验室应有明确的法律地位，实验室应为法律实体，或法律实体中被明确界定的一部分，该实体对实验室活动承担法律责任。其次，管理人员不仅要明确职责，还要具有履行职责所需的权利和资源。最后，实验室要有措施确保其管理层和员工不受任何对工作质量有不良影响的、来自内外部的不正当的商业、财务和其他方面的压力和影响，以保证鉴定的独立性和中立性等。

(2) 资源保障。质量管理的重要内容之一是及时识别过程运行所需的资源需求，合理安排并配置确保质量管理体系有效运行所需的资源，使机构提供的鉴定报告科学、可靠，符合规定的要求[③]。资源是鉴定质量的根本保障，充分的资源是完成鉴定活动的必要条件，实验室管理层必须对实验室资源现状及时调查、分析，以满足鉴定活动对资源的需求。

---

① 组织结构主要特征表现为管理层次、集权程度、分工形式、区域分布、专业化程度、规范化程度和人员结构等。参见沈敏、杜志淳：《论法庭科学实验室质量管理体系的建立和运行》，《中国司法鉴定》2004年第4期；沈敏、吴何坚、方建新：《司法鉴定机构质量管理与认证认可》，科学出版社2009年版，第12页。

② 沈敏、吴何坚、方建新：《司法鉴定机构质量管理与认证认可》，科学出版社2009年版，第58页。

③ 沈敏、吴何坚、方建新：《司法鉴定机构质量管理与认证认可》，科学出版社2009年版，第52页。

资源保障的“资源”包括人力资源、物质资源、技术资源、信息资源等。其中物质资源是指硬件构成中的仪器、设备、环境、设施、材料等。资源保障不仅要符合实验室的技术规范、程序规则和管理要求，还应符合证据法对鉴定意见的要求。资源是鉴定意见得出的前提和必备条件，也是实验室予以持续改进的基础。法庭科学实验室为了持续提高鉴定能力和质量水平，应对司法行政管理部门对基本的资源配置的明确规定予以有效落实。

（3）过程控制。质量管理是通过过程管理完成的，过程是体系的基础。过程控制是将输入转化成输出的一组彼此相关的资源和活动。鉴定意见的全过程包含了一系列相关的质量活动，从实验室开始鉴定之前的检材收集、包装、保存、送检，到实验室接收、检材流转、实施鉴定（检测或检查）、记录、分析，直到报告出具，上一个流程的质量控制完成后即作为输出，转化成下一个过程的输入，每一个环节和因素都需要控制。例如，从检材的提取、接收、保管，到在实验室中各个环节的流转，都应形成落实到具体人、时间、地点的责任制度，责任环环相扣应是法庭科学实验室过程控制的典型特征，有利于鉴定责任的落实以及鉴定出错后的法律责任的追究。又如，在实施鉴定阶段，人员的资质和能力、仪器设备的校准和量值溯源情况、方法的选择、试剂和标准物的匹配、检验结果的分析解读、对检验结果的复核等，任何环节处于失控状态都可能导致鉴定结果的不可靠或不可信。

（4）文件化管理。“由于质量管理体系是一个系统工程，因此其相应的文件也是一个多层次的相关文件的集合。”① 质量管理体系文件一般包括质量手册、程序文件、作业文件、作业指导书、流程文件、各种质量记录、技术记录、表格和报告等。文件化管理一般包括确定和创造这些文件，明确哪些文件是实验室自己编制的，哪些属于外来文件；建立各类和每一个文件的编号规则，即唯一性标识和控制清单；各类文件的编制授权审批和发布的负责人员；文件的变更、存档等。CNAS—CL08：2018 8.3.1 要求，鉴定机构应对执行标准要求的相关内部和外部文件进行控制。8.4.2 要求，鉴定机构应建立并实施有关记录的标识、存储、保护、备份、归档、检索、保存期限和处置等必要的控制措施。一个好的文件管理系统能够便于对各项检验结果有关的人员、设备、方法、试剂等各方面的追溯。实验室的质量文件体系应具有有效性、唯一性、可操作性。

① 沈敏、吴何坚、方建新：《司法鉴定机构质量管理与认证认可》，科学出版社 2009 年版，第 57 页。

三、实验室各构成要素是一个整体

无论硬件还是软件都是一个成熟的法庭科学实验室不可或缺的构成因素，所以，法庭科学实验室要根据质量目标的要求，配备必要的资源，包括合格的人员、设施和环境条件、仪器设备等；然后通过设置组织机构，分析确定司法鉴定各项活动，分配协调各要素、各部门及各项活动的职责和接口，通过管理体系文件的编制和实施，规范司法鉴定活动的流程和方法，使各项活动有序、有效、协调一致地进行，成为一个有机整体。

我国近年在法庭科学实验室建设和装备投入上有较大发展，但是软件建设还很薄弱，司法鉴定质量管理体系建设仍较滞后，造成了“硬件硬、软件软”的现象，导致诉讼双方在鉴定意见的可采性和证明力上常常发生分歧。法庭科学实验室出具的鉴定意见满足证据法的要求，仅有人力、设施等物质资源是不够的，还必须按照法庭科学实验室活动的客观规律，建立完善的质量管理体系，使一切鉴定活动有章可循、有据可查，这是一个法庭科学实验室提升声誉和竞争力的必然要求。

2017 年 7 月 19 日，中央全面深化改革领导小组审议通过《关于健全统一司法鉴定管理体制的实施意见》，肯定了司法鉴定和科学证据的价值与任务。同年 11 月，司法部出台《关于严格准入　严格监管提高司法鉴定质量和公信力的意见》，对司法鉴定管理工作提出了要求。司法鉴定要适应新时代、新要求，就要不断健全完善管理体制机制，首先就是要改变司法鉴定机构规模小、能力差、仪器设备配置水平低等现状，解决司法鉴定人法律素质、职业道德、技术能力达不到应有要求等问题，这几乎涉及司法鉴定机构的全部构成要素。

第三节　法庭科学实验室的应然品格和实然状态

一、法庭科学实验室的应然品格

（一）以科学性为立命之本

科学哲学从认识论角度认定科学具有某种特质，即科学性，这样就预设了科学和非科学的分界问题，这个问题不仅是科学哲学的一大热点论题，也是科学技术作为证据应用于诉讼首要面对的问题。随着科学技术在人们生活中日益占据重要地位，与专门知识有关的诉讼越来越多，先进成熟的科学技术可以拓展人类发现案件信息的视野，增加与案件事实有关的证据信息源，加深人类对证据事实的认识水平。但是，科学证据未必准确可靠，这在根本上取决于其所依赖的科学技术的科学性程度。美国科学社会学之父默顿认为，“科学的制度性目标是扩展被证实了的知识”，“科学的价值目标包含两个基本要素，即客观性和原创性”[①]。其中，客观性构筑了科学活动的底线，法庭科学同样要以客观性为基本宗旨，只有知识是可靠的，方法是有效的，才能确保最终提交到法庭上的科学证据的可靠性。

法庭科学实验室的活动是“鉴定人对案件的专门性问题的一种科学性认知和判断。鉴定人首先对专门性问题进行感知，然后依据其所拥有的科学理论和知识进行分析，在这些专门性问题所表现出来的直接征象通过仪器设备的探测和具体鉴定方法的解析得到的间接征象的基础上，运用科学思维和知识加以判断。必要时，鉴定人还会在此基础上进行逻辑推理，从而得出可供司法活动使用的鉴定结论”[②]。而其他普通证据在产生和形成过程中都不像科学证据这样在形成过程中对科学原理、专业知识、仪器设备等科技手段依赖程度如此之高。因此，以科学技术的原理和手段检测或检查证据材料的活动体现了科学性本质，任何一个法庭科学实验室的立命之本都应是科学，以科学性为本位的法庭科学实验室才能得出更加客观可靠的鉴定意见，获得经受得起考验的公信力。

（二）以独立性为职业保障

对于个人而言，独立性是一个人生存和发展应具备的基本素质，对于机构而言，独立性同样是一个机构有能力独立面对和处理各种境遇的基本品格。法庭科学肩负着服务于司法公正的使命，证据法要求决定了法庭科学实验室必须具有独立性，这是发现真实、鉴定公正的必然要求，是法庭科学公信力的重要保障。法庭科学实验室是提供社会公共服务的第三方机构，只有确保其独立性、公正性和诚实性，才能够平等地为诉讼参与方提供第三方证明。如前所述，国际认可准则

---

① ［美］R. K. 默顿：《科学社会学》（上），鲁旭东、林聚任译，商务印书馆 2003 年版，第 365 页。

② 王进喜：《法律职业行为法》，中国人民大学出版社 2012 年版，第 221 页。

ISO/IEC 17025 对法庭科学实验室确保人员独立、不受外界不当影响提出严格要求。法庭科学必须遵循独立而客观的鉴定原则。《美国法庭科学学会良好法庭科学实践指导原则》要求，法庭科学工作者（即法庭科学实验室人员）应当尽力避免任何利益冲突，应当秉持独立性以保证其客观性；法庭科学意见不应当基于不加约束的偏见、个人利益或是为了取悦雇主或者律师①。

一般而言，法庭科学实验室的独立性内涵包括以下五点内容。我国 CNAS—CL08：2018 也对独立性提出明确的要求。4.3.2 鉴定机构规定："鉴定机构在母体组织中至少是可识别或被明确界定；应采用组织机构图等方式表明其在母体组织中地位以及各部门之间的关系。"

1. 法庭科学实验室的相对独立

社会性鉴定机构必须是独立的法人组织，侦查机关等执法部门内设的实验室应当与侦查业务部门分离，而且实验室之间是平等的、独立的，相互间无隶属关系，鉴定意见不受相互制约和影响。

2. 鉴定人的独立性

鉴定意见实质上是鉴定人的一种主观判断，鉴定活动包括鉴定方案的制订，鉴定的实施、鉴定意见的出具、鉴定人出庭质证，这些活动必须在鉴定人独立意志下进行，不得受任何机关、团体、社会组织和个人的干预。

3. 鉴定人负责制

鉴定人应对鉴定意见的科学内容和潜在的法律后果承担完全的法律责任，必须在鉴定书上签名或盖章。多人参加鉴定仍应坚持独立原则，即对鉴定意见不能达成一致的，应当在鉴定书上分别注明不同意见及其理由，不能以少数服从多数强行统一。

4. 鉴定人员应避免与自身相关的利益冲突

一方面，法庭科学职业应当具有无私利性，这与科学的利他性是一致的②。鉴定人为了职业生涯和声誉着想，也要将无私利性放在首位。另一方面，司法的公共属性也要求作为诉讼活动主体之一的鉴定人客观地为司法公正这一公共利益服务。

① ［美］彼得·巴尼特：《法证科学职业道德：刑事技术职业标准》，王进喜译，中国法制出版社 2013 年版，第 100 页。

② 虽然在一般社会意义上，人们的行为导向首先是自己的利益，但是在科学领域，科学人员被要求直接服务于科学共同体的利益，鉴定人是在使用科学知识来解决法律纠纷。

5. 实验室和相关人员应接受监督

法庭科学实验室从事法庭科学活动应当接受委托人、诉讼当事人、法院、国家、社会等多方监督，且监督应该贯穿于鉴定活动的全过程，如对鉴定人的职业资格、职业道德和执业纪律的监督，对鉴定程序、鉴定标准合法性的监督，对鉴定文书合法性的监督，全方位监督能促进法庭科学的可靠性和公正性。

诚如张玉镶教授所言，“只有具有独立性，才能更好地避免各种人为因素的干扰，才能使作为法定证据之一的鉴定结论更加反映证据的本质属性，提高其证明力”[①]。从实质上说，鉴定结果是鉴定人意志的表现，鉴定人应在不受任何干扰的情况下，包括财务、行政或者其他压力，独立地做出鉴定，忠于事实，忠于科学，忠于法律，忠于职责；鉴定人应对所出具的鉴定意见负责；鉴定人还应接受监督。鉴定人除了法律和科学之外没有其他上司，在鉴定过程中除了服从于相关法律规范和技术规则之外，不应受任何其他外部因素的干扰或外部势力的染指。

（三）以中立性为角色定位

虽然实验室的独立性很重要，但并非鉴定中立性所必需。相较而言，中立性才是法庭科学鉴定的精神实质。实验室工作人员是鉴定行为的具体实施者，是科学知识和技术的拥有者，仪器设备的操作者，因此，实验室人员自身客观中立、不偏不倚至关重要。如果鉴定人带有主观偏见，受利益和不良动机驱使，即使科学知识和技术本身再科学可靠，也会导致科学证据最终错误。科学证据冲击着法庭，事实裁判者缺乏科学知识，对鉴定意见的实质审查有心无力，也不能对实验室的鉴定过程进行全面控制和监督。美国《注册法庭科学执业者理事会行为守则》要求，法庭科学实验室人员应当认识到其“对法院和司法承担最主要的职责是：以公平和不偏不倚的方式说明你的调查结论和证据（无论是书面的还是口头的）”[②]。2011 年发布的《英国法庭科学规制者操作和行为守则》（*UK Forensic Science Regulators Codes of Practice and Conduct*）明确规定法庭科学工作人员的首要义务就是要对法院和司法机关负责。

---

① 张玉镶、宫万路：《论我国司法鉴定立法应解决的几个主要问题》，《中国司法鉴定》2002 年第 1 期。

② ［美］彼得·巴尼特：《法证科学职业道德：刑事技术职业标准》，王进喜译，中国法制出版社 2013 年版，第 139 页。

英美法系专家证人的法庭角色变化带给人们的教训，也许可以很好地展现鉴定中立性的重要。众所周知，现代英美法系专家证言崛起于18世纪。在18世纪早期，司法机关主导刑事诉讼，证据大多表现为法庭上控告者、被告和证人之间的争吵，或者由法官来审查各方当事人和证人。专家要么作为陪审员，要么作为法官的咨询者。专家的行为起初是由法官控制，具有专家的中立性。但到了18世纪末，英国诉讼制度转变成对抗制模式，法庭变得中立，律师开始变得积极，主导着证人询问和交叉质询程序，相应的专家证人在法庭上的角色也改变了，诉讼参与人开始传唤他们自己的证人到陪审员面前。传唤的专家属于“当事人性证人”（被视为英美法系规范专家证据的原因）①。自此，专家失去了中立的诉讼动因和诉讼环境，开始扮演新的角色。专家证人角色的早期冲突发生于1782年的民事案件 *Folkes v. Chadd* 案②，该案为随后的两个世纪中涉及的专家证人的诉讼树立了解决模式，即所有的科学，无论是哪种科学都不具有优先性，都要同样呈现在法庭上接受公平审判。

英美法系当事人对抗制模式在科学证据方面遭到了严重批评。对抗制模式下，当事人支配着证据的收集和出示，证明活动分裂成当事人双方各自为战的单方行为，这样就会导致当事人或其律师倾向于仅揭示对其有利的信息，那些无争议、不偏向任何一方，或对对方有利的资料则被有意忽略或掩藏，进而导致原本应处于客观中立地位的专家证据发生偏位。而且，当事人聘请的专家证人之间的意见往往是相冲突的，专家大战会混淆法官视听；原本在科学技术细节上各个专家存在分歧是难以避免的，而当事人对抗制模式明显将这些细枝末节的分歧夸大成鸿沟。目前，英美法系的当事人对诉讼活动的控制已发生动摇，一些诉讼环节已经出现背离普通法传统对抗制特征的现象。陪审团审判也开始发生动摇。因此，当这些制度性背景逐渐改变时，证据规则内部也在变化。原来针对陪审团审判设计的证据规则的中心地位将弱化，适用范围将逐渐缩小（如只适用于严重的

---

① Tal Golan, *Laws of Men and Laws of Nature*, 5—7, Havard University Press (2004).

② 此案即众所周知的 *Wells Harbor* 案，在这个案件中，当事人传唤了几位“科学人士”，在陪审团面前就“是什么造成了英格兰的福诺克海岸线一些海港的衰落”这个问题作证。这些专家证言中，有一个杰出的牛顿派哲学家，其证言未被允许采纳，因为律师提出异议：“他的哲学解释只是一种意见，意见不能作为陪审团裁决的基础。”上诉中，首席大法官 Mansfield 勋爵判决认为，让哲学家沉默是错误的，应重新审判，理由是，哲学家的理论是“非常好的证据”。这是关于专家角色在客观中立性和当事人的派别性之间发生冲突的一个早期案例。See Tal Golan, *Laws of Men and Laws of Nature*, 12—14, Havard University Press (2004).

刑事案件)。

在英国，经常是由法院指定单一的“联合专家”，但联合专家不能用于案情复杂或者争议标的重大的案件，只能用于简单案件。此时的联合专家相当于代替了法官的角色，对于简单案件中的专业问题予以审查，有僭越法官职权之嫌。无论是当事人的专家证人还是法院指定的专家都难以克服专家偏位的现象。

在澳大利亚和新西兰也存在类似问题。在专家证人问题上，澳大利亚法院于1998年民事诉讼中开始引进“Hot Tubbing”方法，目前取得了一定的效果，法官可以更加有效地庭审并理解专家证言。这种方法是双方当事人可以找来自己的专家在庭上作证，且可互相询问问题，然后宣誓并坐在一起，像在同一个Tubbing里一样，依次阐述自己的观点。然后律师和法官可以任意询问，全过程要记录下来。结果是，经宣誓，各方可以和同行专家一起展开讨论。挑选专家时每方当事人都有发言权，这样可以减少潜在的偏见和异议。该方法的优点：首先，专家证人给人感觉更中立、独立，并像一个公正不偏倚的教育者，而非受聘于任何一方的辩论者。其次，专家不受传统的交叉询问限制，能够更有效、更清楚地传达、交换彼此的意见。最后，法官可以同时观察双方专家的意见和表现。美国2005年也尝试了此种方法，意在缓解专家证人的“当事人性”引起的复杂化和偏见[①]。但是律师们却不喜欢这种方式，因为它减弱了律师对诉讼全局的控制，妨碍律师赢得诉讼。该制度的关键在于经验丰富的法官庭审中对专家证言的控制力。

但是，在英美法系国家正在纠正当事人主义对专家证人客观性、中立性造成偏位的同时，我国司法鉴定制度改革却迈出了司法鉴定市场化、商业化、民间化的一步。在政府垄断司法鉴定的历史背景下，引入市场化理念本无可厚非，可以带来一定的益处，如减轻政府负担和压力，缓解执法机构垄断鉴定导致鉴定封闭不透明、不公开的弊端。但是，在没有建立规范的法庭科学管理制度的情况下，贸然将原来科学、中立、权威的法庭科学事业大门打开，一群“利字当头”的凡夫俗子瞬间蜂拥而至，他们没有发挥监督制衡公法机关的鉴定行为、科学公正鉴定的社会职责，而是四处招揽鉴定业务，事先预定鉴定结论，鉴定结果可商谈，一切由钱权来定夺。虽然我国司法鉴定管理制度初步确立了统一化的管理格局，

---

① See Elizabeth Reifert, *Getting into the Hot Tub: How the United States Could Benefit from Australia's Concept of "Hot Tubbing" Expert Witnesses*, 89 U. Det. Mercy L. Rev. 114 (2011—2012).

但是管理权力竞合，管理手段有限，管理效果甚微，在社会信用低下的时代背景下，司法鉴定社会公信力岌岌可危。这种情形无法确保法庭科学事业的科学性、中立性，无法保证鉴定意见的可靠性和合法性。

（四）以公益性提升职业境界

公益性即公共服务性，主要是指公共部门为了直接满足公民基本的、具体的公共需求，生产、提供和管理公共产品、特殊私人产品的活动。公共服务本来是公共管理学上的一个概念，由于法庭科学“应当是政府着力提供的一种公共服务，具有公益属性”①，因此作为法庭科学事业依托的法庭科学实验室应该以公益性为主导的价值方向。2017 年中央全面深化改革领导小组审议通过《关于健全统一司法鉴定管理体制的实施意见》首次确认了公益属性是司法鉴定的基本属性和基本原则②，为我国司法鉴定行业发展指明了方向。

首先，法庭科学实验室的公益性派生于科学性。科学性是由科学证据所依赖的科学原理和技术方法决定的，这种科学性是内化于证据的客观性、关联性和合法性之中的属性，就如同人体的经络遍布全身各个组织器官一样，科学性客观上要求法庭科学实验室应具有公益性。

其次，由于诉讼具有国家救济的公法性质，法庭科学通过诉讼活动为社会公民服务，恢复社会秩序，实现司法公正，促进社会和谐，因此法庭科学必然带有公益性。而且，鉴定人员只对法律和科学负责，最终满足社会整体的公共需求，虽然涉及当事人、第三人和办案机关等多方利益，但是法庭科学实验室本质上属于公共管理范畴③。

再次，法庭科学依赖的科学知识是人类对大自然的不断认识和改造活动中累积的知识，这种知识和技术具有公有性，公有属性彰显了科学以为人类造福、服务于公众为己任的社会功能。

最后，法庭科学实验室所使用的仪器设备的购买和维护往往耗资巨大，不是一人一己之力所能负担的；鉴定人员的培训和鉴定能力的持续增长也需要众多项目的开展，这些都需要国家的强大实力来支撑。因此，法庭科学实验室的

---

① 鲁跃晗、常林：《论司法鉴定机构的公益性建设》，《中国司法鉴定》2011 年第 4 期。

② 潘广俊、俞晓辉：《司法鉴定若干问题的实践与思考——以浙江省为视角》，《中国司法鉴定》2018 年第 4 期。

③ 鲁跃晗、常林：《论司法鉴定机构的公益性建设》，《中国司法鉴定》2011 年第 4 期。

公益性客观上要求法庭科学实验室设置的国有性。这与当前法庭科学实验室的布局（既有隶属于侦查机关的国有性鉴定机构，也有营利性的市场化主体）并不矛盾。

法庭科学实验室的公益性客观上要求法庭科学实验室的设置应坚持以政府为主导、以民间化为补充的设立原则。以政府为主导的公立设立原则，主要是指由政府拨款设立，政府以行政权力为依托，能够集中有限的人、财、物的合力，进行合理的布局，避免资源浪费，中立地服务于社会公众。公立实验室的资金来源主要是国家拨款，这样有利于保证鉴定的独立性和中立性，集中精力做鉴定，而非不择手段到处赚取运行所需资金和利润。据美国的调查报告显示，2009 年美国有 411 个（2005 年为 389 个）公立法庭科学犯罪实验室在运行①，其中美国 31％的公立实验室收取服务费，69％的公立犯罪实验室都接受政府的财政拨款②。我国 2010 年遴选出的 10 家国家级司法鉴定机构，虽然在性质上并不完全属于公立性司法鉴定机构，但其为司法鉴定机构的公益性建设提供了一个示范。通过确立一批高资质、高水平的公立性法庭科学实验室，让私人性鉴定机构回归到补充性地位，是应对我国当前司法鉴定改革市场化负面效应的有效途径。在我国侦查机构内部实验室占据半壁江山的背景下，法庭科学实验室管理机关可以继续遴选出省级乃至市级的信誉好的司法鉴定机构，提高司法鉴定的社会认可度，以弥补暂时无法设立国有独立的法庭科学实验室的不足。

（五）以法律性为执业准绳

法律是一种规则，也是一种秩序、一种标准。法律作为一种“约束”，是人们用来导致某些行动或不行动的准则和尺度。法庭科学实验室也同样要遵循法的

---

① 其中 217 个（2005 年是 210 个）州实验室，90 个（2005 年是 84 个）县实验室，66 个（2005 年是 62 个）市实验室，以及 38 个（2005 年是 33 个）联邦实验室。参见美国司法部：《美国公立法庭科学犯罪实验室普查报告》（2009 年度），罗芳芳编译，中国政法大学证据科学研究院 2012 年编印（内部资料），第 3 页；识别法庭科学共同体之需委员会，科学、技术和法律政策与全球事务委员会，应用和理论统计委员会工程与物理科学部，美国国家科学院国家研究委员会：《美国法庭科学的加强之路》，王进喜等译，中国人民大学出版社 2012 年版，第 59 页。

② 411 个公立犯罪实验室的财政总预算估算为 16 亿美元（而 2002 年仅为 10 亿美元），且近半数资助了州级实验室，当然这和州级实验室承担了一半以上的法庭科学鉴定工作有很大关系，以 2009 年为例，全美国 411 个公立法庭科学实验室共收到了大约 410 万份委托鉴定申请，其中 249 万份申请都提交给了州立犯罪实验室。参见美国司法部：《美国公立法庭科学犯罪实验室普查报告》（2009 年度），罗芳芳编译，中国政法大学证据科学研究院 2012 年编印（内部资料），第 10、18 页。

指引，接受“法律”的约束。法理学中，将“法律”视为正义、秩序、理性、自由、约束、分权、制衡等。法律至上，法律面前人人平等，无论是个人行为、职务行为，还是国家行为都要服从法治，符合正义的要求。法庭科学实验室中的法律，既赋予鉴定人以权利，又让其承担义务；既给予其行动的自由，也限制其行为超出自由的限度，甚至受到法律制裁；既要调整实验室工作人员的外部行为，也要将法的约束内化到其内心，形成职业道德规范。

法庭科学绝不是科学知识、经验技术等价值的自然释放，法庭科学实验室的全过程和各要素都必须符合法律的要求。法庭科学是在司法权规制下的技术鉴定，它虽然根源于科学性，但需要法律性的保障，法律性可以防止和治愈科学性偏差。然而，现实中的法庭科学更多体现的是一种片面性，它在专业知识的狭隘视野下只强调科学知识的专业性，尤其是法庭科学实验室技术人员，他们都是某一领域专业知识的拥有者，绝大多数鉴定人都将自己定位为“科学家”，这与法律无关。我们应彻底告别这种“技术人员谈技术方法、法律人员论法律规则、认可人员管认可工作”的狭隘视野，而是要将技术、认可和法律三者结合起来思考法庭科学实验室和科学证据问题，只有全局性、系统化的思路才能更加有效地解决法庭科学鉴定质量这一根本问题，提升科学证据应用于法庭的权威形象。

法官要认真履行守门人职责，要敢于打开法庭科学这个神秘的“黑匣子”，探查匣子里的内容是否与案件事实相关，是否可靠、合法，充分发挥证据法对法庭科学鉴定活动的调控作用。

二、法庭科学实验室的实然状态

（一）理论和现实的相悖之一：独立性 vs. 附属性

1. 法庭科学实验室和警察系统的关系定位

法庭科学实验室独立性要求设置上应当独立，这是科学证据的科学可靠与否的重要保障。但现实中的法庭科学实验室设置上往往呈附属性，其独立性经常受到各方的威胁，“独立性已经成为法庭科学的最大软肋”[①]。综观世界各国的法庭

① James Robertson, *Should Forensic Science Services be Independent of Policing? A Critical Reflection*, 24 Current Issues Crim. Just. 131 (2012).

科学实验室设置，大多数都是由政府出资，内设于政府的侦查机关、检察机关，其鉴定结果往往要么沦为国家起诉、追查犯罪的“奴婢”，要么成为僭越法官司法审查权的“主宰”。

在我国，鉴定人员与侦查机关存在行政隶属和利害关系，独立鉴定难以保障。大多数法庭科学实验室（刑事技术部门）遭到上级部门的行政施压；侦查机关内设实验室是名副其实的“自侦自鉴”，鉴定人员与侦查人员一起工作，业务联系紧密，尤其是证据收集阶段，侦查人员为了追究犯罪，只收集对起诉有利的证据，而忽视甚至销毁有利于犯罪嫌疑人的证据，就导致检材收集的不完整性。且侦查机构内的实验室，其管理者要向该机构的领导人报告工作，这就导致实验室的检测和检查结果的可靠性和独立性有受外部干扰之虞。司法鉴定市场化改革虽然在设置上独立了，但他们为追逐利润最大化，相互不择手段争抢案源，独立却不中立。这些现象严重损害了法庭科学实验室的科学形象。

在美国，同样存在着法庭科学实验室和执法机构之间的关系之争。关于法庭科学实验室的独立性，美国早在20世纪80年代就关注此事，建议实验室应具有独立性，不能为了过多地迎合警察和控诉机关的需求而一味出具肯定性证言。Joseph Peterson 教授在1983年的“科学和法律程序规则研讨会”上就提出，许多实验室都是为了满足执法机构的需要。这些问题引起了一个法律性问题，即实验室人员是否客观中立。同样，James E. Starts[①] 和 Andre A. Moenssens[②] 在1993年也分别撰写论文建议要切断实验室和执法机构之间的隶属关系，避免警察为了寻求支持其追究犯罪的立场偏见而影响实验室的科学方法。20世纪90年代对法庭科学实验室独立性的质疑，同样也发生在英国和澳大利亚等国，主要都是集中批评法庭科学实验室对执法机构的顺从上。

在大力呼吁法庭科学实验室应独立于警察部门的同时，也存在着反对之声。美国 NRC 报告建议“割断法庭科学实验室和执法行政单位的管理关系”[③]。针对

---

① James E. Starts, *The Seamy Side of Forensic Science: The Mephitic Stain of Fred Salem Zain*, 17 Scientific Sleuthing Rev. 1, 8 (Winter, 1993).

② Andre A. Moenssens, *Novel Scientific Evidence in Criminal Cases: Some Words of Caution*, 84 J. Crim. L. and Criminology 1, 6 (1993).

③ 这个建议早在1997年 Paul C. Giannelli 就曾撰文提出，但很多人认为，即使真的能够实现这种隔离，其更多的只具有形式意义而非实际价值。See Paul C. Giannelli, *The Abuse of Scientific Evidence in Criminal Cases: The Need for Independent Criminal Laboratories*, 4 Va. J. Soc. Pol'yand Law 439 (1997).

这一建议各界的反应也非常不同，尤其是执法单位，他们认为，独立的犯罪实验室的检验结果会变得更加难以预测，因此他们强烈反对这一建议①。同样，SWGFAST也反对实验室的独立化，它认为创造私有化的检验实验室或剥离实验室体系将只会产生购买鉴定结果的市场化气氛，与刑事调查工作完全隔绝的实验室可能更意味着商业上的成功，却远远满足不了执法调查的需要②。法庭科学实验室的独立性正在引起国际范围内的争议。其实，作为鉴定机构和鉴定人而言，他们非常希望具有独立的法律地位，可以平等地发出科学的声音，不再承受各种压力。法庭科学实验室应独立于外部因素，尤其是独立于所属的上级领导，以便得出客观中立的鉴定结果，避免侦查机构的政治性压力和文化性浸透到法庭科学实验室的客观工作。目前我国法庭科学系统改革的着力点也应是减少政策性因素对法庭科学独立性、中立性的影响。

法庭科学实验室的独立性正在国际范围内引起争议。那么，法庭科学实验室和警察部门的关系应如何处理？目前国际视野内尚没有理想的组织模式将广泛的法庭科学学科囊括进来。即使将法庭科学实验室仍放在传统的警察部门内，也没有既可容纳现存的组织机构又能反映演进趋势的理想组织模式。因此，无法简单地用“是”或“否”来回答法庭科学实验室是否应独立于警察部门这个问题。从实用主义角度看，将法庭科学实验室剥离出警察部门，确实会面临许多现实障碍和法律问题，但是如果一定要强调独立性，也不是不可能实现的，实验室完全可以设立在警察部门外，例如英国FSS在2005至2011年曾经辉煌过，吸引了国际范围的关注。但2012年FSS的破产却不能不说是一个有益的警示，即不管实验室设置在哪里，都无法脱离国家政府的影响，FSS就没能在政府财政紧缩政策中幸免。

对于实验室的独立性问题，有三点思考：

第一，科学本身和警察系统其实没有必然联系。洞察实验室的独立性问题需以实验室由谁所有、为谁服务为前提。法庭科学实验室本质上是客观地为外界提

---

① 美国怀俄明州谢里丹县检察长Matthew F. Redle在2009年9月代表全国地区检察官协会在参议院司法委员会发言时也强烈反对这一建议；美国酒精、烟草、火器和爆炸物局的代理主管Kenneth E. Melson在以司法部的名义发言时也公开反对这个建议；Meridith May以国际警察主任协会的名义发表声明也强烈反对法庭科学实验室独立。

② See SWGFAST Position Statement，http：//swgfast. org/Comments－Positions/SWGFAST _ NAS _ Position. pdf，最后访问时间：2018年9月18日。

供科学分析和判断，这种中立性就意味着法庭科学实验室可以为很多需求者提供服务，不仅仅限于警察。但警察却是最大的需求者，法庭科学技术是侦查活动的主要支持者[①]，DNA 分析、数字化指纹、微量物证分析、网络取证，这些都可帮助警察侦查犯罪行为、确定犯罪嫌疑人。这就导致了法庭科学实验室和警察的紧张关系。

第二，在法庭科学实验室独立于警察部门面对各方巨大阻力的情况下，我们不要紧盯着实验室是否该剥离出警察部门这个问题。其实，当前法庭科学真正要解决的问题并非实验室的独立性问题（即使在警察部门内部也可以保持中立地位，即使独立于警察部门也未必能完全中立）[②]，而是实验室的中立性问题。在警察部门内保持中立性却是可行的，法庭科学实验室无须考虑组织结构问题，只需要证明它们有能力提供高效的服务；不要过于担心雇主是何人，而是要集中精力发展法庭科学自身的职业水平，提高鉴定人专业水平和素养。实验室认证认可对此起着重大作用，但仅认可是不够的。ISO/IEC 17025 的实验室管理要求确实可以促进实验室提升管理，可以解决科学家的不当压力和不当影响，但如果认为这些压力不是天天要面对的现实，则过于天真了。正如英国的 FSS 以及新西兰的一些情形，问题的关键并不是法庭科学实验室是否是警察机构的一部分，组织协议、实践做法、质量制度、正式认可都很必要，都有实践意义，但是它们中的任何一个都不足以保证法庭科学家工作的足够和适当。

第三，法庭科学实验室的独立性和中立性不能完全寄希望于与警察部门关系的剥离，不能完全靠与外界的联系获得，更应是在制度保证下的一种独立、中立的精神和品格，这种品格的养成恰恰是通过排除外界的压力和干扰而实现的。外界因素纷扰嘈杂不绝于耳，鉴定人不可能与世隔绝，真正的鉴定独立就是不管世事纷纷攘攘，即使面对情绪失控的当事人、强大的执法机构压力，鉴定人仍应依法鉴定，靠科学说话，客观地揭示真相，用专业技术化解法律分歧。这种独立的品格需要强人的科学知识为后盾，需要国有化设置为保障，还需要鉴定队伍具备

---

① 警察需要学术研究的支撑，但警察不能干扰实验室的独立检验，对此，可参考大学和附属医院之间的模式。

② 实验室在警察部门内部还是警察部门外部有什么不同吗？大家热衷于谈论的“独立性”，是其次要考虑的问题。如果法庭科学服务在警察部门内部，关键问题是这个团体需要高级工程师作为行政领导，能够应对正确主张、计算预算、购买仪器等重要的管理问题。如果领导人是科学家就会好很多，但是，如果这不能实现，就需要一个高级工程师去保持科学的正直品质。对于基层警察机构，这完全是不可能实现的。

良好的职业品格。

2. 从“设置独立”转向“经济独立”

法庭科学实验室独立性的确保，除了应从鉴定体制和机构布局角度考虑，还要注重法庭科学实验室的经济独立。如果国家不给予财力支持，法庭科学实验室将很难运作，以英国 FSS 为例，作为国家所有的独立运作的公司，在金融危机形势下，英国政府实行了货币紧缩政策，英国政府在这种货币紧缩时期，很难兑现曾经给予警察机构投入科研经费的承诺。英国警察系统在过去四年经费减少了 20%，这是导致 FSS 破产的主要原因之一[①]。确实，设立于警察内部的法庭科学实验室，缺少职业共同价值观，在不同的职业压力下难以形成统一的职业价值取向，但法庭科学实验室确实应有一定的自治地位，新西兰的 ESR（由政府所有的全资支持的研究机构）就是这种自治模式。

本书认为，制约法庭科学实验室独立性的关键问题在于经济上的独立。各种布局性质的司法鉴定机构要么有独立的经济地位，要么有足够的财政支持，不再以金钱利润为重心，才能客观、从容地出具鉴定意见。目前我国司法鉴定领域的诸多问题，根源就在于经济上的不独立或不充裕。经济上的依赖性让这些鉴定机构在面对鉴定事项时很难有客观中立的态度，很难想象一个整日为鉴定业务奔波的鉴定机构，一位经常受经济问题困扰的鉴定人，会秉持科学、不偏不倚的立场出具客观公正的鉴定意见。

经济独立和鉴定收费制度联系密切。鉴定收费制度，因不同的诉讼类型应有别，因鉴定机构性质不同而各异。刑事案件，主要由侦查机关内部鉴定机构进行鉴定，此时不应收费，对于有异议的鉴定意见，可聘请社会性鉴定机构重新鉴定。民事诉讼中的司法鉴定，可以有偿服务，按照收费标准收费。对于无经济能力的，可适用国家司法鉴定援助制度。

在主张经济独立性的同时，不能忽视社会性鉴定机构属于营利性法人组织的情况，机构属性多元，鉴定价值取向自然有别，当设立目的就是经济利润最大化时，这种唯利是图在经济上是独立了，但是与法庭科学的科学性相违背。所以，营利性要受到科学性制约，要以科学性为前提。违背法庭科学科学性基本原则的鉴定，应遭到更大的惩罚和损失。这需要司法鉴定管理部门出台相关措施。

---

① James Robertson, *Should Forensic Science Services be Independent of Policing? A Critical Reflection*, 24 Current Issues Crim. Just. 133 (2012).

我们要认识到法庭科学实验室的独立性是相对的。任何制度都是有缺陷的，任何现状都是不完美的，司法鉴定独立原则需要不断建设和普及，这是一个不断努力的过程。作为政府，应该为各类司法鉴定机构提供独立必需的物质基础和制度环境；作为社会，应该给司法鉴定机构解释理由的机会；作为鉴定机构和鉴定人本身，要有能力出具科学可靠的鉴定，有信心出庭接受当事人的询问和法官的审查。

（二）理论和现实的相悖之二：中立性 vs. 偏向性

确保法庭科学实验室的中立性很重要，但当事人有权支付鉴定费用聘请鉴定人辅助自己解决专业知识问题，这与鉴定人自身的科学中立性相矛盾，这是科学证据制度的一大悖论。鉴定人的主要职责是什么？是对法庭的查明真相负责还是对花钱聘请他的当事人负责？在当事人有权聘请鉴定人也有权解雇他的情况下，鉴定人肯定倾向于出具有利于其委托人的鉴定意见，这样必然导致鉴定的偏向性。

纠正和约束鉴定人背离中立性的方式有很多，例如实验室内部管理、司法行政机关监督、行业协会监管、当事人追究鉴定人责任、同行举报、法官审查等，但是这些约束机制究竟有几个能奏效？司法行政机关缺乏监管动机，软弱无力，管理形同虚设；行业协会尚未兴起，处罚频率很低；如果鉴定人是为了委托人的利益而虚假鉴定，当事人几乎不会追究鉴定人责任；同行举报也要归于司法行政机关的调查核实和处罚，其间很可能被人情化；最有可能发挥作用的就是实验室的自身管理和法官的严格审查。但无论是哪种管理途径，调控效果如何，归根结底都取决于事前管理措施和事后处罚措施是否与鉴定人的自身利益挂钩，也就是这些管理、制约、处罚措施是否能够真正伤及鉴定人的自身利益，这种利益可以是经济收入减少、案源短缺，也可以是职业资格的失去和声誉上的损害。只有真正伤及鉴定人自身利益，鉴定人才会格外谨慎办案，严格按照技术规范和法律规定去做。否则，如果虚假鉴定获得的利益大于可能承受的处罚成本，鉴定人就会顶风作案。

所以，鉴定人的中立性建设最终要靠法庭科学实验室的内部管理来完善，同时辅以法官严格审查鉴定意见的事后再检验措施。其中，能够强化法官对鉴定人中立性再检验实效的一种方法就是法官应在判决书中详细说明排除某一鉴定意见的理由。这样对鉴定人的威慑力很大。鉴定人为了占据案源争夺鉴定市场，必然重视职业声誉。美国库霍轮胎案中专家证人 Dennis Carlson Jr. 的意见被法官公开且详尽地在判决书中排除后，他再也没有给出过其他专家意见，从这一事件就可看出法官这个守门人完全可以在鉴定市场化时代充分发挥对科学证据的审查职责，以威慑鉴定人应谨言慎行，只忠于客观事实和科学真理。

（三）理论和现实的相悖之三：公益性 vs. 私利性

目前，我国实践中存在两种违背公益性的情况。一是侦查机关内设鉴定机构，法庭科学为侦查服务，具有天然的公益性，但实务中出现的一系列问题使得其公益性遭到明显质疑。自侦自鉴，侦查程序封闭，只服务于控方，虽然在打击犯罪、维护社会秩序功能上发挥一定作用，但是司法鉴定本应具有的中立性和公正性价值却被淹没。权力的膨胀，法治的不良运转，最终侵害的还是大多数社会公众的利益。程序上的不公开和不透明，必然让人们不能信服这种程序生成的产品——鉴定意见的科学性和可靠性。二是社会性鉴定机构，随着司法鉴定制度改革的社会化、民间化，一大批鉴定机构如雨后春笋般冒出来，这些鉴定机构具有营利性，几乎均以追求利润最大化为宗旨。为了获取案源各显神通，虚假宣传，恶意竞争；为了迎合委托人的鉴定意愿，预定鉴定结果，大搞鉴定腐败。这种社会性鉴定机构严重背离了法庭科学的公益性。法庭科学实验室需要高投入，昂贵的设备支出、人员培训支出、办公成本支出、营业税收支出等多项支出，导致鉴定的高收费，从而使部分当事人望而却步。穷人打得起官司却花不起鉴定费的现象在鉴定市场上并不少见。

本书认为，法庭科学依赖于科学技术、科学仪器，更依赖于一支水平卓越的科学团队，法庭科学只有遵循科学的规律，怀着对科学负责的态度，秉持科学的良知，才能够避免在商业化的时代背景下丧失科学精神和中立立场。为了使法庭科学事业走向良性的可持续发展轨道，法庭科学的公益性价值定位必然要求一种司法理念的转向，“应当由鉴定管制转向鉴定服务，由鉴定神秘转向鉴定透明，由公诉机关绝对止确的观念转向控辩平等的观念”①。同时，不管怎样，科学不过是一系列的方法和技术，法庭科学工作者只是众多职业的一种，法庭科学自身应成长为一个职业共同体（职业行为规则的遵守需要强有力的职业共同体为支

① 张军：《中国司法鉴定制度改革与完善研究》，中国政法大学出版社 2008 年版，第 104 页。

撑），从而有共同的职业荣誉感和价值观、行为模式，可以对个体和社会产生潜移默化的影响。

三、法庭科学实验室应从边缘走向核心，从附庸走向独立

在我国公检法体制夹缝中长期被压制而生存的鉴定部门已经沦为侦查和起诉的“奴婢”，招之即来，呼之即去，时刻顺从于政治和法律的需求。在美国也存在类似情况，“警察系统控制着实验室检验人员的正式的和非正式的奖惩体系。在这些实验室中，有些只为特定的执法机构提供服务。这些所有的因素引发了一个与实验室人员的客观性相关的法律问题”①。这就导致原本科学权威的鉴定机构已经边缘化，不能发出自己独立的声音。

2005年我国的司法鉴定体制改革意在走“独立的鉴定体制”之路，但问题不仅在于应把公检法内部具有官方色彩和背景的鉴定机构剥离出来，更重要的是剥离出来之后如何处理。本书认为，从公检法剥离后不能将之完全推给市场，任其自生自灭、自沉自浮，而是要将这些宝贵资源整合成统一的国有鉴定资源，可以由司法行政部门或警察部门管理，但一定要确保其独立地位，只要实验室是完全独立的（退而求其次是中立的），也可由警察部门管理。无论是加拿大皇家骑警实验室，还是美国的FBI犯罪实验室均直属于警察部门，由各类技术、情报、教育和培训部门组成，但是其完全独立于侦查部门/警察部门，这种侦鉴分离的体制使科学技术人员高度集中，技术工作高度专业化，科学研究、物证鉴定、教育培训工作协调发展，形成良性互动。这不仅有利于技术人员集中精力钻研业务，大幅提高鉴定质量和水平，最大限度发挥潜能，而且有利于鉴定工作和执法程序的公正。又如澳大利亚警察机关也设置鉴定机构，但鉴于警察机关设置的鉴定机构可能影响鉴定意见的公正性和公信力，澳大利亚立法采取了多种措施强化警察机关内部鉴定机构的独立性：一是建立统一的司法鉴定管理体系。澳大利亚所有的鉴定机构，无论是设立在警察机关、政府部门、大学的鉴定机构还是私人研究所，及鉴定机构其鉴定人都必须接受联邦司法鉴定管理局的统一管理。二是限缩警察机关鉴定机构鉴定的范围。澳大利亚实行“鉴侦分离”制度，即鉴定机

① Joseph Peterson, *Symposium on Science and the Rules of Legal Procedure*, 101 F. R. D. 599, 642 (1983).

关与侦查机关原则上分开。三是强化警察机关的鉴定机构的独立性。即鉴定机构是警察机关的一个独立部门，不隶属于侦查部门，侦查部门无权领导和指挥鉴定人①。

综观两大法系法庭科学实验室的设置主体，主要为国家所有。国家所有的实验室具有政府服务性、公益性和知识密集性的特征，具有独立法人资格，这与法庭科学的学科基础的科学性、法庭科学服务于法律的公正性、科学证据的真实性是一致的，因此，国立设置原则应是各国法庭科学实验室设置的主导性原则。我国司法鉴定机构应在整合的基础上做大做强，走规模化道路，以符合司法鉴定的科学性、公益性等内在要求。建立国立的、可面向社会服务的、独立的鉴定机构，最好由司法行政机关对其进行有效管理。以国立法庭科学实验室为主导的同时，发挥市场竞争的优势，激励社会性、私人性鉴定机构的良性竞争，以补充国有鉴定资源的不足。可以考虑引导社会优质资源进入司法鉴定行业，例如浙江迪安依托上市公司财力，杭州华硕引入战略投资②，将规模小而散的机构建设成较大规模的司法鉴定机构，走品牌化、专业化、规范化发展之路。如果仍不能改观目前的隶属顺从关系，那么问题的关键就转变成不应让警察等执法机构自己来监督法庭科学实验室的工作，而是应将监督职责交给一个独立、中立、权威的机构，例如法庭科学协会，这或许是独立和隶属之争的一个较好的缓冲措施。但是由于侦查的紧急性、秘密性，就产生了新的问题——中立第三方监督的可操作性和有效性问题难以保障。

需要澄清一点，建立国有鉴定机构，并非否定侦查部门的鉴定工作。鉴于侦查活动的紧急性，犯罪现场需要及时、全面地勘查，发现并收集证据，此时诉讼效率是首要的，否则证据会被损坏灭失。所以在侦查机关内部，仍要存留相应的鉴定部门以满足侦查工作的急需，为侦查工作的顺利开展提供科学技术支持。但需明确，侦查机关内设的鉴定部门出具的检测报告，仅仅是收集证据、保存证据、揭示事实的一种手段，这些鉴定报告只是满足侦查的及时性和顺利开展，它们并不必然具有完全的证据资格，它们虽然出自侦查机关之手，但仍要和其他证据一样，经过法庭的认证才具有证据效力。

---

① 陈永生：《中国司法鉴定体制的进一步改革》，《清华法学》2009年第4期。

② 潘广俊、俞晓辉：《司法鉴定若干问题的实践与思考——以浙江省为视角》，《中国司法鉴定》2018年第4期。

第二章 法庭科学实验室管理概述

作为一个富有科学良知的、合格的法庭科学实验室，应确保其具备为法庭提供的证据符合科学和法律的要求的能力。为了使科学证据能经受住法庭的审查和实践的检验，为了提升对抗外部不当干扰的能力，实验室应该建立良好的管理制度，一方面要注重内部的质量管理，另一方面要主动接受外部的规范和监督，尤其是要完善自我管理机制。俗话说，“打铁还需自身硬”，法庭科学具有自我治理的紧迫性和必要性。

第一节　法庭科学实验室管理的必要性

法庭科学就像一个包含了“应用于公共和私人领域的方法和实践的什锦物”①。它涉及众多学科，每一个学科又有自己的一套技术和方法，各学科在“方法、可靠性、潜在错误类型和错误率、研究状况、普遍接受性和发表的文章等方面存在着广泛差异”②。鉴定主要依托于实验室进行，实验室或国立或私有，与警察机构或合作或附属，这使得在没有建立统一完善的法庭科学实验室管理制度的情况下，常常出现鉴定差错，这不仅有损法庭科学自身形象，也损害了司法

---

① 识别法庭科学共同体之需委员会，科学、技术和法律政策与全球事务委员会，应用和理论统计委员会工程与物理科学部，美国国家科学院国家研究委员会：《美国法庭科学的加强之路》，王进喜等译，中国人民大学出版社2012年版，第15页。

② 识别法庭科学共同体之需委员会，科学、技术和法律政策与全球事务委员会，应用和理论统计委员会工程与物理科学部，美国国家科学院国家研究委员会：《美国法庭科学的加强之路》，王进喜等译，中国人民大学出版社2012年版，第38页。

公正性。

法庭科学实验室进行质量管理是有成本的，成本高昂是许多实验室不愿进行质量体系建设的一个主要原因。“一般而言，质量体系建设的直接成本高达实验室总开支的25%左右。”[①] 例如，实验室质量保证在人员方面应满足要求，就要聘请有能力的、有经验的、更擅长处理问题的人员。这些人员的任务就是将他们的判断和实际技术应用于具体案件，并且保证结果是完美的。但不幸的是，经验显示，面对社会公众和司法系统对法庭科学寄予的厚望，专家使用的个人化方法不仅不能带来质量保证，反而更容易产生错误的鉴定，而且，因为质量环节的失败而产生的成本远远大于实验室整体贯彻质量体系标准的成本[②]。所以法庭科学建立有效的质量管理体系，不仅是科学性所必需的，也是经济上值得的投入。

一、实验室检验的变异性要求实验室加强管理

在法庭科学鉴定中，“正确性”意味着鉴定人基于每一起具体案件背景，对检验结果的解释和分析都是正确的，因为每一起案件的具体情况不同，就会影响到鉴定人针对不同的检材选择不同的鉴定方法。每一起鉴定都会存在着一定的变异性（Variation），这些变异性会影响到鉴定的客观性。而且，法庭科学分析者首先要明白的一件事，就是任何检验活动与生俱来都存在着变异性，尤其是在定量分析中。我们如何才能保证每次鉴定都是正确的？答案是如果我们能理解、识别并测量出这些变异的“源”及其影响[③]，那么我们就能作出有价值的决定，以确保检验的可靠性，同时还能证明出具的结果足够可靠。法庭科学实验室导致变异的“源”大概有三个方面：

（一）物理环境可能产生变异

法庭科学实验室的物理环境导致鉴定结果变异的形式有许多。例如，在微观

① Ashraf Mozayani, Carla Noziglia, *The Forensic Laboratory Handbook: Procedures and Practice*, 211, Humana Press (2006).

② 司法审查、对错误进行复查的资源，因错误鉴定产生的赔偿金额，对错误鉴定进行调查并纠正会打断正常的工作，这些都是因质量体系不完善而导致的鉴定错误，需要付出更大的代价。

③ 质量保证的目的是识别出变异的“源”，测量它、最小化它并且控制它；质量管理的程序就是对变异的识别、测量、最小化和控制，从而得出符合预期目标的可靠结果。

环境下，温度会影响到鉴定材料的稳定性。实验室认可标准一般都要求实验室要具备存储设施，如冷藏室、电冰箱、冷冻冰装置等，目的就是控制实验室的温度以防止检材等腐败变质。又如湿度也很重要，如果空气湿度不符合要求就会产生变异，如在DNA检验中毛细血管电泳装置对湿度控制要求很高。照明条件也很重要，在证据收集、色彩比对、文件检验工作中，如果照明不满足要求，会导致错误的颜色温度。此外，实验室物理空间也会间接影响鉴定的可靠性。法庭科学实验室要防止污染；工作区域之间要按照要求进行隔离，明确区分秘密环节和公开环节；来自被害人和被告人的检材和样本要单独保存；微量药物的检测要和大量的受控物质分开；等等。

（二）取样程序中的变异

取样环节是公认的最有可能引发变异的环节，是对分析者最大的挑战。据估计，有2/3的变异是在样品的采集环节产生的，有1/5是在样品的准备环节产生的[①]。例如，在法医毒物鉴定中，毒（药）物的浓度会因在死者身上采血的部位不同而不同，所以，一般建议要多个部位采血。在涉及生物学检材的案件中，总会存在着取样问题。对于所有鉴定而言，都应采取一系列合理的步骤才能确保检验结果是足够可靠的、准确的。为了防止变异，可以基于对变异的估算而进行重复性检验，也可以防止因检材流失而保存下来一些有价值的数据。

（三）检验程序上的变异

检验程序是第三个变异“源”。恰切的检验方法，正确的校准，检验设备运行正常，分析人员的能力适格，都有助于检验的可靠性。在检验方法方面，存在不同等级之分：经官方认可，获得普遍接受的标准方法，例如美国材料检验协会（ASTM）公布的方法就是最优方法；实验室内部自己研制的方法，也是可以接受的，只要内部方法已经过完全确认即可[②]。实验室应保存相关记录，以证明分析者使用的技术是经过培训的，且已经成功完成了一些能力验证项目。

---

① Ashraf Mozayani，Carla Noziglia，*The Forensic Laboratory Handbook：Procedures and Practice*，14，Humana Press（2006）.

② 实验室应有能力证明它所使用的方法符合使用者防止变异的要求，一般的途径是经官方公布的方法已经确认，或者在内部进行大量的方法核查。确认（Validation）应包括有证标准物质的使用，实验室间的互查，例如外部能力验证样品。分析者的能力与验证活动密切相关。

其实，检验中的变异是一个复杂且专业性很强的问题。鉴定人使用的一个术语是“测量的不确定性”（Uncertainty of Measurement，UM），用来描述任何一个检验程序固有的、不可避免的变异性。例如，直接测量一些重复检测中发生的对标准的偏离，就属于UM。检测中发生的UM是公认的，而且检验结果应用领域的使用者也可接受这种不可避免性。例如，醉酒状态血液检测的结果不仅直接决定着有罪或无罪，而且会影响到一个人的生死，所以血液乙醇含量检测的UM要尽可能小，从而法院能够信任报告中的数据没有超过法律的容忍限度。相反，如果尸体在解剖中，发现死于过量服用海洛因的死者血液中镇静剂的浓度并不高，此时的UM就值得注意。法律上已经尝试着明确这个问题，例如，美国最高法院在*Daubert*案中要求，“误差率”（Error Rate）应被视为影响联邦法院中科学证据可采性的一个因素，这个因素也就是法官试图明确的UM。但是法官使用“误差率”容易引起误解，这意味着变异是因错误产生的，法院并没有正确地告诉人们其实变异还可能是与生俱来的，它是检测活动所固有的①。

二、科学证据的证据属性要求实验室加强管理

首先，法庭科学是“主观和客观、物证和人证、技术和经验的统一”②。具体而言，从参与诉讼角度来看，是鉴定主体的适格性、诉讼地位的中立性和诉讼程序的正当性的统一；从科技实证活动角度来看，是仪器设备的专业性、技术方法的可靠性、操作程序的规范性的统一，即科学性和法律性，这是任何一家法庭科学实验室的管理都应符合的科学证据属性要求③。

---

① Ashraf Mozayani, Carla Noziglia, *The Forensic Laboratory Handbook: Procedures and Practice*, 216, Humana Press (2006).

② 霍宪丹：《中国司法鉴定管理体制改革的实践与展望》，《中国司法》2011年第1期。

③ 鉴定意见的证据法属性要求真正的法庭科学不仅要研究鉴定所依据的基础原理和方法，还要重点研究鉴定与法律之间的关系，即科学证据在诉讼中的使用问题。科学证据的法律功用，从美国国家科学院2009年发布的NRC报告可见一斑：“法庭科学学科的进一步改进将服务于三个重要目的：一是帮助执法人员在其调查过程中更可靠地识别犯罪者；二是减少错误判决的发生，从而减少真正犯罪者继续犯罪而无辜者被错误定罪的风险；三是提高应对国土安全需要的能力。”参见识别法庭科学共同体之需委员会，科学、技术和法律政策与全球事务委员会，应用和理论统计委员会工程与物理科学部，美国国家科学院国家研究委员会：《美国法庭科学的加强之路》，王进喜等译，中国人民大学出版社2012年版，第5页。

其次，与普通鉴定活动相比，法庭科学鉴定肩负更高的质量要求，是运用现代科技手段对诉讼中涉及的专门性问题进行检验、鉴别和判断。作为法庭科学生成品的科学证据，其质量不仅关系着法庭科学实验室的竞争力、鉴定人的声誉，还直接关系到法官能否正确认定案件事实并以此为基础做出公正裁判，裁决是否公正则直接影响到公民权益是否能实现。因此，法庭科学事业应有比其他科学技术领域更高的程序、技术和质量保证要求。

最后，证据裁判主义是证据法的基石性原则之一，它要求任何一项裁判必须以证据为基础。鉴定意见如果想被法庭认可采纳，除了具有相关性外，还必须具备科学上的可靠性（可复审性）和合法性。这就要求法庭科学实验室在鉴定人、仪器设备、检验方法、鉴定程序、实验室设施和环境等方面全部满足能力要求，实验室必须对这些影响鉴定质量的要素进行全面管理和有效控制，确保实验室及其人员“行为公正、程序规范、方法科学、数据准确、结论可靠”①。

三、法庭科学行业的现状要求实验室加强管理

第一，自 2005 年开展司法鉴定管理体制改革以来，取得了一些成效，但是也暴露出一些新问题。司法鉴定准入制度是司法行政部门对司法鉴定机构和司法鉴定人施行“登记管理”的行政许可制度，具体归类于《行政许可法》第十二条第三款规定的行业资质类的“认可”类行政许可，这一行政许可类别没有数量限制，只要符合许可条件，皆可以给予登记管理。于是出现了鉴定机构私有化、鉴定人兼职化、鉴定条件简易化等趋向，造成了民间司法鉴定机构大量繁殖，鉴定水平低，规模小且分散，重复性设置，大多数司法行政部门只注重形式管理，缺乏整体布局和总量控制，不同地区的鉴定资源供给和诉讼需求之间错位失衡。

鉴于我国司法鉴定市场乱象丛生的局面，司法行政管理部门要及时将那些盲目进入司法鉴定市场，管理混乱，利益至上，将司法鉴定的科学性、公益性、权威性抛置脑后的法庭科学实验室淘汰出鉴定队伍②，不能让“劣币驱除良币”的

---

① 国家认证认可监督管理委员会、司法部司法鉴定管理局：《法庭科学实验室资质认定工作指南》，中国计量出版社 2009 年版，第 12—13 页。

② 以河北省为例，2011 年河北省司法厅通过上半年的执业检查，对内部管理混乱、制度不健全、投诉问题较多的 16 家鉴定机构提出了限期整改意见，对其中 9 家经整改仍不合格的鉴定机构予以注销。可见，我国司法鉴定行政管理部门已经开始探索鉴定行业的准入和退出机制，但这远远不够。

现象发生在事关“科学、真相、司法、公正”的司法领域。

第二，由于隶属关系不同，法庭科学机构在机构设置、鉴定能力、监督制度、人员组成、认证认可等方面都存在着不同程度的差别[①]。鉴定项目之间缺少强制性的、可执行的、统一的鉴定标准和鉴定方法，无论是国家标准还是行业标准，目前都处于或空白或混乱局面。这使得法庭科学从业人员往往无所适从，无据可依，鉴定随意性加大，相似的案情、伤情，很可能得出不一致的鉴定意见，鉴定意见的科学性和权威性难以令法官和当事人信服，继而导致鉴定不断被推翻又被再启动。重复鉴定、虚假鉴定等造成的司法不公、冤假错案影响很坏。例如，曾有学者对 20 起震惊全国刑事冤案的样本进行分析，其中 15 起在鉴定方面出了问题[②]。鉴定立法滞后，技术标准严重滞后，影响鉴定技术的可复审性和鉴定意见出具的一致性。而且，由于鉴定机构设置不同，鉴定人员的职业氛围和业绩标准不同，大多依赖于学徒式训练，能力提升缺乏深厚的知识基础保障，就导致鉴定能力的提高缺乏制度保证，完全决定于从业人员自身的勤奋程度，这种无组织的混乱状况不利于法庭科学职业共同体的建立。

第三，无论是侦查机关、检察机关的鉴定部门还是社会性鉴定机构，都缺乏中立性。自侦自检和自诉自鉴，服务于自身诉讼目的或者一己之利，将法庭科学本该具有的科学性、客观性、中立性原则抛置脑后。侦查机关的鉴定意见往往成为“老子天下第一”。我国现有的司法鉴定管理主要还处于收效甚微的行政管理层面，只有宏观上的指引和说教，尚不能在微观上进行有效规范和监督。

四、法庭科学事业的未来需要实验室提升管理水平

法庭科学实验室管理的作用，是在科技日新月异、科学证据在法庭领域发挥更加重要作用的背景下凸显的。科技发展迅速，仪器设备自动化、精密化程度越来越高，传统上对于人工操作的依赖开始让位于仪器设备的自动化，因此，实验室的管理范围和重点都开始转变，从行政管理向技术管理转移，加强实验室质量

① 例如，我国的三大类司法鉴定之一的“法医类鉴定”内部就区分为法医病理、法医临床、法医物证、法医毒物等鉴定项目，更何况与其他的鉴定领域，诸如司法精神病鉴定、电子证据鉴定、司法会计鉴定、司法工程鉴定等之间差别更大。

② 陈永生：《我国刑事误判问题透视——以 20 起震惊全国的刑事冤案为样本的分析》，《中国法学》2007 年第 3 期。

管理体系的建设是科学证据质量的有力保障。综观国内外各国司法鉴定的发展历程和现状，一直都很重视鉴定的质量管理工作。美国早在20世纪90年代初，就开始在犯罪实验室推行质量体系认可制度。美国洛杉矶县警察局法庭科学实验室于1989年通过了美国犯罪实验室认可委员会的认可①。我国浙江省司法鉴定管理工作一直位居前列的主要原因就是严格按照《司法鉴定机构登记管理办法》《司法鉴定人登记管理办法》的规定，严格执行司法鉴定机构准入条件，整合资源，做精做强，通过兼并重组，使浙江司法鉴定机构一直稳定在50余家，而平均业务量和人均义务量却居全国第一。以2017年为例，浙江司法鉴定机构平均业务量2677件，人均业务170件。全省“中心”级的司法鉴定机构9家，2017年办理司法鉴定案件量49637件，占全省总业务量的36.36%②。

一个法庭科学实验室的成功是因为有满意的顾客，每一份鉴定都应是高品质的。随着公民法律意识和证据意识的加强，鉴定委托方及利益相关方对鉴定质量及其程序透明性和公正性的要求越来越高，社会需要的是合格的、权威的法庭科学实验室，出具公正、可靠的鉴定意见。随着涉外诉讼、仲裁案件的增多，鉴定意见如果想获得国际上的相互认可，就要在技术标准、程序规范和质量保证上满足一定要求，所以法庭科学实验室要通过国际实验室的认可，按照国际考核标准的要求，建立与国际接轨的质量管理和质量保证体系，使检测结果具有国际可比性。

第二节　法庭科学实验室管理的历史和基本原理

一、法庭科学实验室管理历史

科学技术的发展促使法庭科学技术不断将自然科学等其他学科的知识和技术运用到对各种证据的分析和解读之中。各种科学仪器设备极大拓展了人类的认识视野，从案件现场的微尘、纤维、体液的提取，到电脑对DNA片段的复制、对

① 李海燕：《美国洛杉矶县警察局法庭科学实验室概况》，《刑事技术》2009年增刊2。

② 潘广俊、俞晓辉：《司法鉴定若干问题的实践与思考——以浙江省为视角》，《中国司法鉴定》2018年第4期。

检测结果的自动分析，直到鉴定报告的生成，这些都是人的常规生理器官无法做到的。应当说，科学技术的应用最主要集中于对物证的提取和分析审查方面。法庭科学实验室覆盖了从接受委托、保管检材开始，对检材的完整性、可靠性的初步审查，对仪器设备的分析前维护和校准，对人员资格的管理，对鉴定方法、鉴定程序的控制，对检验数据和仪器检测结果的专业性翻译和解读，直到向法庭提出鉴定意见复原案件的历史真实。这些环节和因素都是法庭科学实验室的工作，当然还有更多微小环节，任何一个环节的纰漏都会影响到鉴定结果的准确性，所以对组成法庭科学实验室工作的这些环节和因素进行有序管理和控制格外重要。

法庭科学实验室从无到有，管理从粗疏到完善，经历了一个不断摸索的过程。促使法庭科学实验室管理不断走向完善的动因，除了科学技术自身的条件性、严谨性需要之外，就是由于法律领域对因科学证据出错导致的冤假错案的不断揭露，科学证据对于诉讼查明案件真相的功能有多强大，它导致冤假错案的潜在风险就有多深重。但国际上，法庭科学实验室的规范管理的历史始于 20 世纪中叶的实验室认可制度，具体是在 1947 年，澳大利亚最先开展实验室认可，原因是当时正处于第二次世界大战期间，但是由于缺乏一致的检测手段和标准而无法为英军提供军火，从而促使澳大利亚建立起检测实验室的认可体系——澳大利亚国家检测机构协会（The National Association of Testing Authorities，NATA）。澳大利亚 1994 年有了第一个法庭科学实验室认可计划，当时，澳大利亚是世界上唯一一个把犯罪现场调查囊括进法庭科学的一个组成部分的国家。澳大利亚的法庭科学实验室认可不是强制性的，截至 2009 年 6 月，其认可的实验室已经达到 257 家。

英国在 20 世纪 60 年代建立了实验室认可机构，进而影响到欧洲国家，70 年代美国、新西兰等开始实验室认可活动，80 年代发展到东南亚，90 年代则有更多发展中国家参与①。20 世纪 70 年代末，美国犯罪实验室主任协会/实验室认可委员会（ASCLD/LAB）着手研究并建立了美国法庭科学实验室认可制度。1982 年，伊利诺伊州警察局的 8 个法庭科学实验室第一批通过了该委员会的认可。1989 年，洛杉矶警察局法庭科学实验室通过了认可，后续通过认可的实验室数量不断增加。到 2005 年，美国通过认可的公立犯罪实验室占 82%，其中州一级的实验室通过率是 91%。截至 2009 年 7 月 17 日，全球共有 362 个法庭科学实验

① 沈敏、吴何坚、方建新：《法庭科学实验室质量管理与认证认可指南》，科学出版社 2009 年版，第 5 页。

室通过该委员会认可，其中12家是其他国家的实验室。

在欧洲，欧洲法庭科学实验室联盟（ENFSI）从1993年的最初11个成员，发展到2012年的来自36个国家的64个成员[①]。截至2004年，当时的52家鉴定机构成员，有17家通过了实验室认可。

国际实验室认可合作组织（ILAC）成立于1996年，为了更好地开展和指导各个国家和认可机构的法庭科学实验室的认可活动，ILAC针对法庭科学领域的特殊性，在ISO/IEC 17025的基础上制定了《法庭科学实验室指南》（ILAC－G19：2002）。

目前，DNA检测实验室走在法庭科学实验室规范的前列，并获得了较好规制。其他鉴定领域的改进可以参考DNA检测实验室的做法。1988年，美国联邦调查局建立了DNA技术分析工作组（TWGDAM），为DNA实验室制定了质量控制的标准。1994年，美国制定了《DNA鉴定法》，创立了DNA图谱国家数据库系统，还建立了DNA咨询委员会，公布了质量保证的标准。该法案还要求FBI的工作人员必须经过能力验证，但该法案的一个重大缺陷是未要求实验室需认可，2004年的《所有人正义法案》弥补了这个重大漏洞。但是DNA实验室占有全部实验室的比例不超过4%[②]。因此，对于全部法庭科学实验室进行管理和法律规制成为一项重大课题，是提高鉴定质量的有效途径。

二、法庭科学实验室管理的基本含义

（一）管理的含义

一般来说，管理学的发展可分为三个时期，即古典管理学、现代管理学、当代管理学。按照这三个时期的代表性学派划分，也有人称其为科学管理理论时期、行为科学理论时期、系统管理理论时期。

首先，泰勒（Frederick W. Taylor）[③] 在其1911年的主要著作《科学管理原

---

① 参见http：//www.enfsi.eu/about－enfsi/members，最后访问时间：2012年10月11日。

② See Paul C. Giannelli, *Wrongful Convictions and Forensic Science*: *The Need to Ragulate Crime Labs*, 86 N. C. L. Rev. 163（2007－2008）.

③ 弗雷德里克·温斯洛·泰勒（Frederick W. Taylor，1856～1915）是美国古典管理学家，科学管理的创始人，被管理界誉为“科学管理之父”。

理》中提出科学管理理论。他使人们认识到了管理是一门建立在明确的法规、条文和原则之上的科学。Taylor 的科学管理的主要贡献之一就是管理要走向科学，他是标准化或基准化管理的创始人，他率先提出工作标准化思想，现在的许多标准如 ISO、GMP 等标准化管理体系，沿用的仍然是泰勒的思想方法和工作方法。

其次，巴纳德（Chester Irving Barnard）[①] 独创性地提出了组织[②]的概念。他认为，正式组织是有意识地协调两个以上的人的活动的一个体系。从公司的各个部门或子系统到由许多系统组成的整个社会，不管哪一级的系统，都包含着三种要素：协作意愿、共同目标和信息沟通。

最后，虽然通常认为美国的德鲁克（Peter F. Drucker）是系统管理理论的代表，但真正创立系统论的是奥地利生物学家贝塔朗菲（Bertalanffv）[③]。该理论主要应用系统理论的范畴、原理，全面分析和研究企业和其他组织的管理活动和管理过程，重视对组织结构和模式的分析，并建立起系统模型。后来，系统管理理论向社会提出了整体优化、合理组合、规划库存等管理的新概念和新方法，因而，系统管理理论（Application of System Management Theory）[④] 被认为是 20 世纪最伟大的成就之一，是人类认识史上的一次飞跃。其实，早在遥远的古代，人们试图用整体性的眼光解释世界，从事物的相互关联中认识世界，由此诞生了古代的系统思想。中国传统中的“天人合一”观念、“阴阳五行”的宇宙模式等，就是当时朴素的系统观。

关于管理的含义，法国实业家法约尔（Henri Fayol）在 1916 年提出，“管理是由计划、组织、指挥、协调及控制等职能为要素组成的活动过程”[⑤]。德鲁克认为，管理是一种实践，其本质不在于知而在于行，其验证不在于逻辑而在于成果，其唯一权威就是成就。美国学者琼斯（Gareth R. Jones）对管理的界定最符合法庭科学实验室管理的具体情况：“管理是对资源进行计划、组织、领导和控制，以快速有效地达到组织目标的过程。资源包括人、机器设备、原材料、信

---

① 切斯特·巴纳德（Chester Irving Barnard，1886～1961）是美国著名管理学家，近代管理理论奠基人之一。他在 1938 年出版的《经理人员的职能》开创了组织管理理论研究，揭示了管理过程的基本原理，后形成管理学领域的组织管理流派，对当代管理学体系产生了重要影响。

② 组织是一个有意识地对人的活动或力量进行协调的体系，其中最关键的因素是经理人员。

③ 贝塔朗菲（Ludwig von Bertalanffv，1901～1972），20 世纪杰出的思想家之一。

④ 这一理论是卡斯特（F. E. Kast）、罗森茨威克（J. E. Rosenzweig）和约翰逊（R. A. Johnson）等美国管理学家在一般系统论的基础上建立起来的。

⑤ 周三多、陈传明、鲁明泓：《管理学——原理与方法》（第五版），复旦大学出版社 2011 年版，第 8 页。

息、技术、资本等。"[①] 管理的职能，包括计划、组织、领导（指导、协调、沟通、激励、代表）、控制（监督、检查和控制）。因此，广义上的法庭科学实验室的管理包括实验室运行、管理方面的问题。科学证据在法律查明案件真相中发挥着重要的作用，法庭科学实验室在处理和分析证据环节起着不可替代的作用。实验室管理的完善，有助于管理者和监督者更好地安排人员的雇佣和培训、实验室的质量控制、环境设施的维护，以及协调实验室与外界的关系，进而促进实验室的效率和质量，能够经受住当今法律系统对实验室的工作过程和工作成果日益密集的审查。

（二）法庭科学实验室管理的三个层面

有学者针对 DNA 鉴定活动根据规范的内容不同，将其分为 DNA 鉴定的行政司法制度、DNA 鉴定的诉讼程序制度和 DNA 鉴定环节的证据规则[②]。对此，本书认为，法庭科学实验室中的"法律"内容应该更加丰富且全面。

2012 年 10 月 9 日发布的《司法改革白皮书》指出，"228 决定"确立了统一的司法鉴定管理体制，实行统一的登记管理制度。人民法院和司法行政部门不再设立司法鉴定机构；侦查机关根据侦查工作需要设立的鉴定机构，不再面向社会接受委托从事司法鉴定服务。推行行政管理与行业协会自律管理相结合的管理机制，实施司法鉴定人依法独立执业制度，提高了鉴定的规范性和中立性。上述的法庭科学管理体制属于狭义上的管理。本书从广义上将法庭科学管理制度划分为三个层面：国家行政管理、实验室内部管理、实验室外部的监督（社会公共监督、法官的再检验）。

第一层面：国家行政管理，即狭义的司法行政机关的管理部门，例如我国从中央到地方的层级司法鉴定管理局、管理厅、管理处、管理科，根据法律规定赋予的司法鉴定管理行政职权，代表国家行使司法鉴定管理。司法行政部门负有对鉴定机构和鉴定人进行许可登记管理、执业监督管理和事后实施惩罚三种管理职能。以浙江省为例，浙江省司法厅在严格执行司法鉴定行业准入管理的同时，还准备与省质监局联合开展司法鉴定机构许可纳入检验检测机构资质联合审批，引进司法鉴定机构和执业项目准入的专家评审机制，建立完善的司法鉴定人执业能

① 周三多、陈传明、鲁明泓：《管理学——原理与方法》（第五版），复旦大学出版社 2011 年版，第 10 页。
② 吕泽华：《DNA 鉴定技术在刑事司法中的运用和规制》，中国人民公安大学出版社 2011 年版，第 136 页。

力考核制度和司法鉴定机构准入专家评审制度[①]，严格审核登记程序，确保司法鉴定人和司法鉴定机构具备与从事鉴定活动相适应的条件和能力，严格依法办事，积极推进司法鉴定的规范化、法制化。

此层面管理的法律依据，是由国家相关部门颁布的法律、行政（地方）法规及规章组成的体系，它们具有“法”的强制力属性，是法庭科学实验室管理者对实验室进行行政管理、质量监督、实施惩罚的法律依据。我国虽然没有专门的司法鉴定法，但鉴定活动受到诸多不同层面的“法”的调整和规范，如在执业标准上，对各种性质的鉴定人实行统一准入标准、统一定期培训和考核。每位管理者和鉴定人以及与鉴定工作有关的人，都必须熟悉和掌握。此层面的“法律”主要着眼于“秩序”功能。我国近几年加强司法鉴定行业行政管理的收效十分显著，截至 2017 年底，全国经司法行政机关登记管理的鉴定机构共有 4338 家，比上年减少 10.96％；鉴定人有 49498 人，比上年减少 8.67％[②]。

第二层面：实验室内部管理，即微观上的法庭科学实验室内部质量管理。法庭科学实验室对于自身的技术管理和程序要求，集中体现为全面质量管理，对实验室中各要素的质量管理、质量控制，提供质量保证。

此层面的法规依据是国际实验室认可组织或行业协会颁布的一系列标准化文件，主要体现为国家标准、行业标准和国际标准，是从科学技术的专业角度为实验室人员提供的技术规则和操作标准，为实验室鉴定行为规范化、标准化运作提供指引。此层面的“法律”主要着眼于科学技术的科学性和可靠性，为“真实”价值计，但此层面的管理不应局限于技术能力上的保障，而应扩展为包括鉴定人的鉴定能力的维持，证据意识和法律素养的提高，鉴定过程、鉴定文书的标准化等具体内容，我们应从法律意义角度、从证据属性的高度来看待实验室质量管理的重要性。

第三层面：实验室外部监督，包括法庭科学的行业监督和法官的再检验。

首先，法庭科学的行业管理是指由法庭科学鉴定机构和鉴定人经选举产生一个专门的协作机构，负责对法庭科学各鉴定领域内的各类事项进行组织、引导、

---

① 潘广俊、俞晓辉：《司法鉴定若干问题的实践与思考——以浙江省为视角》，《中国司法鉴定》2018 年第 4 期。

② 党凌云、张效礼：《2017 年全国司法鉴定情况统计分析》，《中国司法鉴定》2018 年第 3 期。

监督与规范的活动，也可称为行业自律，具有公益性和自律性。法庭科学也属于诉讼活动的组成部分，提供的是一种公共产品，不仅涉及当事人利益和第三方利益，而且涉及国家利益和社会公共利益，具有公共性和非营利性，因此，法庭科学管理具有社会管理和公共服务相统一的特点[①]。

法庭科学职业行为规则主要针对的是法庭科学实验室核心要素——“人”，即约束鉴定人的职业行为和执业纪律。此层面的“法律”具有法律和道德的双重属性，是通过保障鉴定人的职业适当性进而实现平等、权利、义务、自由、安全、正义和秩序等综合性价值。

其次，法庭科学人员要遵守的程序性要求和证据法要求，体现为鉴定的启动、申请、签订委托协议，鉴定实施、鉴定报告签发、鉴定人出庭、法官对科学证据的审查和评估等。

关于法官对科学证据的审查（再检验），是由于法庭科学实验室生成的证据最终要接受法官的审查，只有符合证据可采性要求的证据才能进入事实裁判者视野。如果将约束和规范法庭科学为司法提供服务质量的手段形象地比喻为“上游检验和下游检验”[②]，那么，“上游检验”就是微观的实验室内部管理，是指法庭科学实验室将服务制造出来时的自我检验，也就是鉴定意见如果是遵循了公认的科学的、强制的标准方法和技术就会被假定是准确、可靠的。“下游检验”则是发生在它应用的场合，也就是科学证据在法庭审判中如何被采信，如何被赋予恰当的证明力，这就好似应用市场对某种商品的反馈，这种商品单有质检合格证是远远不够的，它必须在日常使用中能够很好地服务于用户，并获得好评和信赖。因此，可将“下游检验”归入法庭科学实验室的外部管理或监督和法官再检验范畴。

简言之，法庭科学实验室中的“法律”包括行政管理规范、行业技术规范、职业伦理规范和诉讼程序与证据法要求。这三个层面的“法律”互为补充，共同保障法庭科学实验室鉴定活动的科学性、可靠性、秩序性和公正性，确保生成的鉴定意见的证据质量，确保法庭科学实验室的法律性。

---

① 霍宪丹：《司法鉴定管理是社会管理与公共服务的统一》，《中国司法》2011年第9期。

② 邢学毅：《加强美国法庭科学之路的反响与启示》，《证据科学》2011年第4期。

三、法庭科学实验室管理的基本原理

随着科学技术的发展，自动化仪器越来越多地替代了手工操作，仪器设备、技术人员素养对实验室的整体管理水平提出越来越高的要求。法庭科学实验室管理是一个庞大的系统工程，涉及许多环节和因素。一位有经验的管理者能灵活运用管理学的基本原理，协调好各因素之间的关系，通过一系列标准和程序来保证实验室分析结果的准确性。质量管理体系首先要运用管理学上的基本原理。原理是指某种事物的实质及运动的基本规律，是对各种制度和方法的高度综合与概括。原理具有客观性、概括性和稳定性。按照基本原理管理实验室，就是遵从规律做事，少犯错误，少走弯路。在管理学领域，一般认为有四项基本原理，即系统原理、人本原理、过程控制原理、责任原理。

（一）系统原理

任何社会组织都是由人、物、信息组成的系统。任何管理都是对系统的管理，系统是指由若干相互联系、相互作用的部分组成，在一定环境中具有特定功能的有机整体。就其本质而言，系统是过程的复合体，具有集合性、层次性、相关性。其中，最明显的特点是集合性（整体功能大于部分功能之和），一个系统至少由两个或两个以上的子系统构成，构成系统的子系统称为要素，也就是说系统是由各个要素集合而成的。层次性是指机构系统的各个子系统处于不同的地位，相关性是各个要素之间相互依存、相互制约的关系。系统的存在和发展是子系统功能发挥的前提，子系统本身的发展受到系统的制约；同时，一个要素的变化会影响到另一个要素的变化，各个要素之间的关系状态对其他要素和整个系统都可能产生重要影响。

法庭科学实验室系统是由组织机构、程序、过程和资源等（也可分为人、机、料、法、环、测）要素构成的相互联系、相互制约的有机整体，管理应以体系的所有要素为对象，组织应协调各部门、各要素之间的接口，发挥体系的整体效能①。因此，我们要发扬“圣人抱一为天下式”的精神，用整体性、动态性、层次性的思维将法庭科学实验室这个大系统整合成一股力量。积极挖掘各个要素

① 沈敏、杜志淳：《论法庭科学实验室质量管理体系的建立和运行》，《中国司法鉴定》2004 年第 4 期。

的最大价值，以整体为主进行协调，局部服从于整体，使整体效益大于各个部分的总和。各个部分相互配合，积极发挥整体优势，使法庭科学实验室系统总是处于一个运行而又相对稳定的状态。

（二）人本原理

人本原理就是以人为主体的管理思想。人本原理主要包括四点内容：员工是企业的主体；员工参与是有效管理的关键；使人性得到最完美的发展是现代管理的核心；服务于人是管理的根本目的①。人本原理在法庭科学实验室管理上体现为人的管理第一，以激励为主要方式内化成工作习惯，建立和谐的人际关系，积极开发人力资源，培育和发挥团队精神。调动全员的参与积极性，挖掘鉴定人的潜在能力，才能最终实现个人价值、鉴定质量和社会效益三者的统一。只有人的质量提高了，才能保证组织质量、过程质量、体系质量、鉴定质量及其组合成的整体质量效应。

任何一个组织都是由许多具有社会心理需求的个人组成的，如果组织中的个人不愿意相互协作，那么组织的目标就无法完成。巴纳德提出了一个著名的关系式：诱因≥贡献②。由于诱因和牺牲的尺度通常是由个人主观决定的，不是由客观决定的，因此，组织满足这些诱因也是有困难的。有的人看重金钱报酬，有的人看中地位升迁，有的人则重于自我目标的实现，对于不同的人，组织要给予不同的激励。所以，法庭科学实验室管理者要对人员有明确而详细的分工，分别给予适当的激励。例如，科学家们并不负责收集犯罪现场的证据，也不得参与嫌疑人和证人的审讯，应由专门的犯罪现场刑事技术人员负责收集证据并将之送往实验室。法庭科学实验室的科学家们对这些证据通过仪器检测或肉眼观察进行专业性分析和判断，然后把结果反馈给警方或律师，当然，科学家们还经常需要出席法庭为他们的专业发现作证。另外，治理一个实验室也要尊重员工的潜力和兴趣，“治大国若烹小鲜”，赋予员工一定的自由和信任，放手让鉴定个人承担起更多的责任③。在管理者让与更多的干预和控制的同时，也要维持最基本的职业伦

---

① 周三多、陈传明、鲁明泓：《管理学——原理与方法》（第五版），复旦大学出版社 2011 年版，第 126 页。

② 所谓诱因是指组织给成员个人的报酬，这种报酬可以是物质的，也可以是精神的。所谓贡献是指个人为组织目标的实现而做出的贡献和牺牲。

③ 冯滬祥：《中国管理哲学及其现代应用》，台湾学生书局 2003 年版，第 108 页。

理底线，例如鉴定中立原则、避免利益冲突原则等。

最后着重谈一下实验室的领导层。一是领导者要高屋建瓴，善于领会组织的整体性和复杂性，使组织中的各个部分协调工作，这是管理人员最重要的品质。二是做决策是领导者的主要职能，做决策必须看准时机，当机立断，不能犹豫不决，耽误时机，而且决策还要正确。三是领导者要具备处理人际关系的能力，领导者的主要职能之一是同人打交道。这首先就需要了解员工，理解对方的思想、心理和需求，这样才能做好说服工作，使人愿意参加组织并发挥积极性。他们要善于同各种人打交道，善于上下沟通。四是领导者要有高度的责任心。领导者的权力很大，职责也很重，这些都要求领导者有高度的责任心，才能正确地使用权力，圆满地完成职责。当然，高智商也很重要，最好受过专门的教育和训练。

（三）过程控制原理

管理学认为，所有的工作都是通过过程来完成的，过程是指一组将输入转化为输出的相互关联的活动。质量管理要通过对过程的控制来实现。法庭科学实验室鉴定过程中的资源包括人员、资金、装置、设施、技术和方法等。过程本身是通过人、财、物、信息等资源在输入和输出之间转换而增值的活动。

控制是管理过程不可分割的一部分，是各级管理人员一项重要的工作内容。过程控制主要内容是确立标准、衡量绩效和纠正偏差。如果质量计划从来不需要修改，而且是在一个全能领导人的指导之下，由一个完全均衡的组织完美无缺地执行，那就没有控制的必要了。但是这只是一种理想状态，无论质量计划制订得多么周密，实践中总会出现各种意外情况和各种原因导致人们在执行计划时或多或少地出现与原定计划不一致的现象。外界环境会发生变化，鉴定人的鉴定能力有差异，仪器设备会临时出现故障，这些都影响着鉴定的准确性和可靠性，所以要对全过程和各要素实行有效控制。一个有效的过程控制，要及时识别出偏差并予以纠正，采取预防措施，同时还要防止控制过多或控制不足，既要确保不伤害员工的积极性与科学活动的独立性，又要防止组织涣散，我行我素，不服从质量管理人员的统一部署。当然，过程控制也需要一定弹性，即在遇到突发情形时，发生与质量计划严重背离的情况时，此时的控制要具有灵活性，不能毫无原则地无视实际情况，一味按照原来的轨道继续操作。

（四）责任原理（即目标管理理论）

目标管理（Management by Objective，MBO），亦称“成果管理”，俗称责任制，即以目标为导向、以人为中心、以成果为标准，使组织和个人取得最佳业绩的现代管理方法。这是在个体的积极参与下，自上而下地确定工作目标，并在工作中实行“自我控制”，自下而上地保证目标实现的一种管理办法[①]。

美国管理大师德鲁克于 1954 年在其名著《管理的实践》（*The Practice of Management*）中最先提出了“目标管理”概念[②]。他说：“目标并非命运，而是方向。目标并非命令，而是承诺。目标并不决定未来，而是动员企业的资源与能源以便塑造未来的那种手段。”他认为，并不是有了工作才有目标，而是相反，有了目标才能确定每个人的工作。所以，“企业的使命和任务，必须转化为目标”[③]，如果一个领域没有目标，这个领域的工作必然被忽视。客户是企业的导盲犬，客户的需求能帮助企业找到奋斗目标，而客户掏钱购买的表面上是一种产品或服务，深层次上则是一种价值。

因此，管理者应该通过目标对下级进行管理，将组织目标进行有效分解，转变成各个部门以及各个人的分目标，管理者根据分目标的完成情况对下级进行考核、评价和奖惩。因此，所谓目标管理乃是一种程序或过程，它使组织中的上级和下级一起协商，根据组织的使命确定一定时期内组织的总目标，由此决定上下级的责任和分目标，并把这些目标作为组织经营、评估和奖励每个单位和个人贡

---

① 有这样一则关于目标管理的寓言：唐朝贞观年间，有一头马和一头驴子，它们是好朋友。贞观三年，这匹马被玄奘选中，前往印度取经。17 年后，这匹马驮着佛经回到长安，便到磨坊见它的朋友驴子。老马谈起这次旅途的经历：浩瀚无边的沙漠、高耸入云的山峰、炽热的火山、奇幻的波澜……神话般的境界，让驴子听了大为惊异。驴子感叹道：“你有多么丰富的见闻呀！那么遥远的路途，我连想都不敢想。”老马说：“其实，我们跨过的距离大体是相同的，当我向印度前进的时候，你也一刻没有停步。不同的是，我同玄奘大师有一个遥远的目标，按照始终如一的方向前行，所以我们走进了一个广阔的世界。而你被蒙住了眼睛，一直围着磨盘打转，所以永远也走不出狭隘的天地……”可见，马和驴子最大的差别就在于目标的不同，最终导致了不同的结果。

② 何斯特：《德鲁克的管理课——百年经典十五讲》，北京理工大学出版社 2011 年版，第 15 页。目标管理方法提出后，美国通用电气公司最先采用，并取得了明显效果。其后，在美国、西欧、日本等许多国家和地区得到迅速推广，被公认为是一种加强计划管理的先进科学管理方法。中国于 20 世纪 80 年代初开始在企业中推广，目前采取的干部任期目标制、层层承包等，都是目标管理方法的具体运用。

③ 何斯特：《德鲁克的管理课——百年经典十五讲》，北京理工大学出版社 2011 年版，第 26 页。

献的标准。它与传统管理方式相比有鲜明的特点：一是重视人的因素①，二是建立目标锁链与目标体系②，三是重视成果③。所以，在目标管理制度下，监督的成分很少，但控制目标实现的能力却很强。但是，有时奖惩不一定都能与目标成果相配合，也很难保证公正性，从而削弱了目标管理的效果。

管理是一个追求效益的过程，人是核心要素，挖掘人的潜能、规制人的行为的最好办法就是明确每个人的职责。分工明确，职责落实到人，做到事事有人负责，时时有人负责。没有分工的共同负责，其实是职责不清、无人负责，结果必然导致管理上的混乱和工作效益的低下，互相推诿。管理的基本原则就是一定的人，凭借一定的能力，在一定的权限内，对一定的工作完全负责，承担相应的风险，获得相应的收益。奖惩分明，公正而及时。法庭科学实验室的管理同样要建立权责分明的鉴定人负责制，尤其是针对鉴定差错原因事先确立何时、何事、何种情形、由何人负责、负担何种责任的严格责任制。一位有鉴定能力、有责任感、有担当、讲职业道德的鉴定人也会乐于承担本该由其承担的职业责任，也会拒绝承担和痛斥不应由其承担的分外之责。

四、建立法庭科学实验室管理体系需注意的几个问题

（一）在质量体系文件的编制方面

建立有效的质量管理体系，首先应将所有工作要求文件化，质量管理体系文件是质量管理体系存在的基础。质量管理体系是一个系统工程，是由多层次性相关文件集合构成的，所以质量管理体系文件也具有层次性，一般包括质量手

---

① 目标管理是一种参与的、民主的、自我控制的管理制度，也是一种把个人需求与组织目标结合起来的管理制度。在这一制度下，上级与下级的关系是平等、尊重、依赖与支持，下级在承诺目标和被授权之后是自觉、自主和自治的。

② 目标管理通过专门设计的过程，将组织的整体目标逐级分解，转换为各单位、各员工的分目标。从组织目标到经营单位目标，再到部门目标，最后到个人目标。在目标分解过程中，权、责、利三者已经明确，而且相互对称。这些目标方向一致，环环相扣，相互配合，形成协调统一的目标体系。只有每个人员完成了自己的分目标，整个企业的总目标才有完成的希望。

③ 目标管理以制定目标为起点，以目标完成情况的考核为终结。工作成果是评定目标完成程度的标准，也是人事考核和奖评的依据，是评价管理工作绩效的唯一标志。至于完成目标的具体过程、途径和方法，上级并不过多干预。

册[①]、程序文件[②]、作业文件[③]和记录文件[④]。

质量手册的目标很明显是确保鉴定质量，但许多实验室着手拟定质量手册时都无从下手。其实，质量手册的拟定没有那么困难。首先，制作质量手册的动机要明确，或为了确保鉴定质量，或为了接下来的实验室认可做准备。其次，认可活动对实验室提供的任何细节和要求都应在质量手册中有所体现，如果按照ISO/IEC 17025 的要求，质量手册至少应包括 25 个组成部分[⑤]。

作业文件具有程序文件的指导性特点，但它也有不同于程序文件的特点："第一，程序文件是描述某类活动或过程，而作业文件规定的是开展活动的方法；第二，程序文件通常描述跨部门的活动，而作业文件则只适用于某一职能内的活动；第三，程序文件可指引作业文件，而作业文件可包括在程序之中；第四，程序文件是对活动或过程的规定，而作业文件是对活动执行的控制；第五，程序文件有一定的机构和内容，而作业文件只要求与作业顺序一致。"[⑥]

记录文件具有表达清晰、记录简明等特点。在具体工作中，一定要注意表格各个栏目的内容要填写完整，不能空缺，记录要遵循信息足够原则，这样才能反映原始鉴定活动的客观性、充分性、可追溯性。CNAS—CL08：2018《司法鉴定/法庭科学机构能力认可准则》8.4.1 要求"鉴定机构应建立和保存能证明本准则要求的可读取性记录"。8.4.2 第二款规定了"鉴定机构应有程序来保护和备份以电子形式存储、记录，并防止未经授权的访问或修改"。

---

① 质量手册（Quality Manual）是规定组织质量管理体系的基本文件，包括质量方针、目标和组织；各类人员的职责、权限和相互关系；质量管理体系要素的描述和说明；质量手册评审、修改和控制的规定等。

② 程序文件是质量手册的支持性文件，具有指导性，规定了开展某项活动的目的、范围、职责、要求及具体步骤，通俗地讲就是：何人、何地、何时、为何、如何、做何事。

③ 作业文件包括作业指导书、流程文件、规程、规定等，只适用于某一职能内的活动；是对活动执行的控制，要求作业顺序具有一致性。

④ 记录文件包括各种治疗记录、技术记录、表格和报告等，是能证明原始鉴定活动客观原貌的有力证据，一般体现为表格形式。

⑤ 质量手册的 25 项内容具体包括：①组织机构的角色和责任；②政策和程序的建立、实施以及质量体系的持续；③文件控制；④招标、投标和合同的审查；⑤分包合同；⑥服务和产品的采购；⑦向客户提供的服务；⑧投诉；⑨不符合项的控制；⑩纠正措施；⑪预防措施；⑫记录的控制；⑬内部审计；⑭管理复查；⑮人员的能力；⑯设施和环境；⑰方法的确认；⑱不确定性的测量；⑲数据的控制；⑳仪器设备；㉑测量的可溯源性；㉒取样；㉓检验材料的处理；㉔质量保证；㉕报告结果。See Ashraf Mozayani，Carla Noziglia，*The Forensic Laboratory Handbook：Procedures and Practice*，218，Humana Press（2006）.

⑥ 沈敏、杜志淳：《论法庭科学实验室质量管理体系的建立和运行》，《中国司法鉴定》2004 年第 4 期。

（二）质量手册的执行更加重要

一个完善的质量管理体系文件是法庭科学实验室具有良好素质的基本条件，但更为重要的不仅仅是文件本身的科学性、有效性、唯一性和适用性，关键在于能够获得全面有效的运行。法庭科学实验室有了质量手册，就要严格按照质量文件的要求去做，做到“资源充实、人员培训、组织协调、质量监督、信息管理、内部审核和管理评审[①]”。如果实验室绞尽脑汁、费尽力气制定了质量手册，通过认可后却束之高阁，这既是对实验室时间和精力的浪费，也是对一个宝贵的质量工具的漠视。

法庭科学实验室从事的检查和检测活动本质上是一种服务。从日常化角度加强法庭科学实验室的管理，这不仅是实验室发展的核心，更决定着实验室出具的鉴定意见能否获得法庭认可，能否被采纳为证据。通过实验室认可，建立完备的质量管理系统，可以保障和提高鉴定质量。加拿大皇家骑警渥太华的 DNA 实验室，由于采用了严格的质量控制标准，法庭、当事人对其鉴定结果和程序提出质疑的情况越来越少，要求科学家出庭的频率不断下降，目前，其 DNA 专家出庭的数量仅占其出庭总数的 15%。美国 FBI 犯罪实验室将 DNA 检验工作按照流程分开，分别设置独立的实验区域，每一位科学家或技术人员只完成其中的一个程序，且不知道检材的背景，这样既有利于鉴定的质量控制，又有力地保证了鉴定过程和结论的客观与公正[②]。

（三）质量手册是动态运行的

任何一个法庭科学实验室都应有这样一种意识，质量手册不是一成不变、一劳永逸的，如果后来发现有更好的实施鉴定的方法和程序，就应对质量手册进行及时修改。质量文件的有效运行，需要有充足的资源；人员经过培训，具有一定的鉴定能力；职能部门之间相互协调；对鉴定活动进行质量监督，及时发现偏离、及时反馈、及时采取纠正措施和预防措施；对运行中的信息予以动态监管和控制，对于鉴定结果要进行内部审核，予以独立的检查和评价，做到自我约束、

① 沈敏、杜志淳：《论法庭科学实验室质量管理体系的建立和运行》，《中国司法鉴定》2004 年第 4 期。

② 殷治田、花锋、李万水等：《加拿大皇家骑警和美国联邦调查局法庭科学实验室概况》，《刑事技术》2006 年第 5 期。

自我诊断、自我完善；同时还要接受管理评审，即实验室的最高管理者就质量方针和质量目标，对质量管理体系的适宜性、充分性、有效性和效率予以系统评价。

最后，法庭科学实验室的工作质量最终要接受法庭事实裁判者的审查和认定。这种事后性审查对法庭科学实验室的工作提出严格要求，如果实验室的操作程序、人员资质、鉴定方法等任何一个环节出错，都可能导致整个鉴定活动被彻底否定，耗费时间、人力、财力、物力等做出的鉴定意见不能获得法官认可，不具有可采性，对于实验室的每次鉴定而言就是彻底的功亏一篑。所以，为了尽可能满足法庭对证据在可采性和证明力上的审查要求，法庭科学实验室在生成科学证据的各个环节都要注重程序的合法性、透明性，注意原始记录的完整性、及时性和真实性且保存完好，注意鉴定方法和鉴定标准的选择，同时要确保人员的执业资格和业务能力的培训，对于鉴定结果要认真审核，对于错误要及时采取纠正措施，这样才能确保出具的鉴定意见经得起当事人的质证和法庭的审查。

第二章 确保法庭科学实验室科学性品格的管理

为了使法庭科学能够更好地为法律提供服务，法庭科学实验室管理的完善要建立在对科学证据的证据属性更为清晰的认识基础之上。科学证据是人类突破自身认识局限，无限接近客观真实的最佳手段，其母体是“法庭科学”，这是一个科学群。科学证据是在法庭科学实验室，由具有专业知识、经验等资格的鉴定人，依赖科学性检测仪器设备，依据科学的原理，使用科学的方法，按照专业操作规程，对证据材料进行的科学推理、判断和概括，最终得出的专门性意见。美国法庭科学学会在赞同 NRC（美国国家研究委员会）报告提出的十三点建议的同时提出了七个原则，其首要原则就是“所有法庭科学领域必须具有较强的科学背景”[①]。科学研究无疆界，各国法庭科学的共通之处在于科学性，科学性是法庭科学实验室的质量保证的重要基础。

法庭科学实验室的管理，应从粗疏型向精致化转变，从一维视角向多维空间转化。确保科学证据质量可以多管齐下，例如内部实验室质量控制、外部行政监督、法庭对科学证据的事后审查和调控、行业共同体的自律管理等。但在多种措施中，加强法庭科学实验室自身管理是核心，这已成为国际共识。来自美国的“无辜者计划”和美国刑事辩护律师协会的代表们在评价 NRC 这份报告时说，“这份报告非常客观中立，正确反映了目前的法庭科学体系不能为司法审判提供强有力支持的状况，而原因就在于这个体系缺乏方法标准化和质量控制的科学基

① 其余六个原则是：所有法庭科学实验室应当接受认可；所有法庭科学家应当接受认证；法庭科学术语应当标准化；法庭科学家应当切实遵守道德准则；法庭科学职业实体应当接受政府的监查；与法庭科学家工作或与法庭科学证据打交道的律师和法官应当对科学方法论和法庭科学领域具有足够的认识和知识。原著如下：See The American Academy of Forensic Approves Position Statemant In Response to the National Academy of Sciences'“Forensic Needs” Report.

础和确证”[①]。因此，法庭科学实验室应建立一系列规范或制度，从而使鉴定行为符合科学规范，技术方法具备有效性，结果能获得同行认可。鉴于科学技术的发展使得鉴定能力对仪器设备的先进性和精确性提出更高要求，鉴定人员的知识和技术水平则一直处于鉴定能力的核心地位，个案所选择的鉴定方法是否有效直接决定着鉴定意见的科学可靠性，所以，法庭科学实验室科学性的确保可从仪器设备、环境设施、鉴定人、鉴定方法等要素入手。

第一节　实验室的仪器设备和环境设施应符合科学性要求

一、仪器设备的优点和局限性

（一）仪器设备的优点

如果说技术最初是人的一种熟练的手艺、技巧，那么近代工业革命兴起后，大机器生产赋予了经验型技术以科学的基因，技术开始越来越依赖仪器设备等工具的辅助。仪器设备成为法庭科学实验室的重要因素和必备条件。这些“物质性认识工具是人的自然生理认识器官的一种延伸与发展，使人的这种认识突破生物学器官的生理限制”[②]，极大地扩展了人类认识客观世界的深度和广度。以往凭借专家经验的项目也越来越依靠仪器设备的辅助，从肉眼形态学观察到显微镜下分析，从常量物质检验到微量扩增分析，从原始毒物分析到代谢物分析，这些都昭示着科学技术的成功运用[③]。传统的经验型鉴定，例如法医精神病鉴定、文检鉴定、法医病理学鉴定，开始从经验性向科学性转化，从定性判断向定量检测转变。微量物证鉴定、DNA 鉴定、毒物鉴定的可靠性主要依赖于仪器设备的精密性和准确性。

而法律领域中，越来越多的诉讼涉及专业性问题，越来越多的当事人、法官

---

① 邢学毅：《加强美国法庭科学之路的反响和启示》，《证据科学》2011 年第 4 期。

② 常林：《法医学》，中国人民大学出版社 2008 年版，第 46 页。

③ 郭金霞等：《司法鉴定质量控制法律制度研究》，法律出版社 2011 年版，第 235 页。

和律师仰赖科学证据的科学性光环，认为科学证据无所不能，诉讼鉴定的需求量很大①。这就将法院认定案件事实的巨大压力转化为法庭科学实验室的压力。而仪器分析确实具有许多优点，可以帮助法庭科学实验室化解这些压力。一是分析速度快，许多仪器都配有自动进样装置和微计算机控制，能在较短时间内分析多个样品；二是灵敏度高，样品用量少，适合微量、痕量和超痕量成分的测定；三是用途广泛，能适应各种分析的要求，除了能进行定性、定量分析外，还能进行结构分析、物相分析、微区分析、价态分析；四是大多仪器分析是一种非破坏性分析，无损样品又可实现分析目的，测定后样品可回收，这样就可以利用少量样品相继进行多种分析；五是选择性高，很多仪器分析方法可以通过选择或调整测定的条件，使共存的组分测定时相互间不产生干扰。而且仪器设备的更新换代，也促使仪器分析方法正在向快速、自动、准确、灵敏、多效及适应特殊分析的方向发展。

以气相色谱－质谱联用仪为例。人们生活的客观世界是由不同的纯净物、化合物、混合物按照不同的比例组成的，气相色谱仪（GC）就是处理混合物并分离出其各种成分的先进仪器。由于每一种纯净物质在一定的温度、气流作用下，个体成分呈现不同的速度。气相色谱仪就是对它们进行一个个的分离，终端计算机对其运行的时间、质量进行记录。现代GC技术非常灵敏，能检测出含量只有几十亿分之一克以下的某些物质②。它能检测出物质是什么，物质的含量是多少。气相色谱－质谱联用仪是一种极其昂贵的仪器，且需要高技术来维护，可以解决双重问题。色谱可作为质谱的样品导入装置，并对样品进行初步分离纯化，最初的气相色谱的钝性探测器变成了质谱仪，就可以在原来简单记录通过管道的某些未知化合物的量的基础上，把分子劈裂开来并详细检测这些断裂的片段。“把样品放在仪器的一端，在另一端就能找到答案”——这句话是对先进仪器设备重要功能的最好描述。因为色谱可得到化合物的保留时间，质谱可给出化合物的分子量和结构信息，故对复杂体系或混合物中化合物的鉴别和测定非常有效，对微量、痕量物证的鉴定起着关键作用。

---

① 以美国为例，2009年初，411家公立犯罪实验室上年度遗留下来的鉴定积压量估计有120万份，而2009年又接收了410万份新的鉴定委托申请。参见美国司法部：《美国公立法庭科学犯罪实验室普查报告》（2009年度），罗芳芳编译，中国政法大学证据科学研究院2012年编印（内部资料）尚未发表，第11页。

② ［美］约翰·霍德：《犯罪现场真相揭秘》，礼宾等译，海南出版社2003年版，第90—102页。

（二）仪器设备的局限性

仪器分析存在着一定的局限性：一是仪器设备复杂、投资大，对维护及环境要求高，需要一定水平的操作人员与维修人员；二是仪器分析是一种相对方法，需要标准物质进行比较，而标准物质的标定又需要借助化学分析法；三是相对误差大，一般不适合于常量和高含量分析[①]。正是仪器设备的这些局限性要求法庭科学实验室要在鉴定过程中加强对仪器设备的管理。如果实验室中的仪器设备本身有故障、不够精密，或未经校准就投入鉴定活动，仪器设备出现微小差错都可能影响鉴定意见的准确性。

法庭科学实验室资源也存在有限性，尤其是因法庭科学实验室行政等级不同，在人员和仪器设备上差距巨大。大量私人鉴定机构在仪器设备上也存在问题：一是仪器设备价值不菲，二是仪器维护也需要庞大资金和技术支撑，私人鉴定机构很难负担起这笔费用。我国涌现于社会化、私人化改革浪潮中的社会性鉴定机构很少将盈利投入仪器设备的购置上，大多数鉴定行为偏离了科学中立性轨道，在这种情况下出具鉴定意见的可靠性和合法性令人担忧。

二、实验室对仪器设备的要求

仪器设备是科学鉴定的物质基础，法庭科学实验室应配置鉴定服务（包括原始样品采集、制备、处理、检验和存放）所需的全部设备。ISO/IEC 17025 对实验室仪器设备提出了总的要求，“鉴定机构应配备正确开展鉴定活动所需的并能影响结果的设备，包括但不限于：测量仪器、软件、测量标准、标准物质、参考数据、试剂、消耗品或辅助装置”[②]。CNAS—CL08：2018 6.4.1 亦有完全相同的设备要求。

第一，每个实验室都需要校准或具有规定有效期限的所有设备，应使用标签、编码或其他方式标识，确保设备使用人能够迅速识别校准状态或有效期限[③]。

---

① 孙凤霞：《仪器分析》，化学工业出版社 2004 年版，第 3 页。

② ISO/IEC 17025 6.4.1，CNAS—CL08：2018 6.4.1。

③ ISO/IEC 17025 6.4.8，CNAS—CL08：2018 6.4.8。

第二，实验室应保存对鉴定活动有影响的每一设备及其软件、硬件版本的记录①。

第三，作为质量体系的一部分，所有实验室都必须具有针对使用设备的维护和校准②项目。法庭科学实验室中使用的设备种类多（且可能横跨多种不同的科学学科和技术学科）：①不是直接用来测量的普通设备③；②显微镜，包括附件④；③容器装备（Volumetric Equipment）⑤；④测量仪器——温度计、天平、密度计、色谱仪、光谱仪和分光光度计、折射计、自动分析器、DNA 测序/分型仪⑥；⑤计算机和设备处理器⑦。

尤其是在设备投入使用或重新投入使用前，鉴定机构应验证其符合规定的要求。对对鉴定结果有效性有影响的设备进行核查时，应对核查要求文件化，核查要求应至少包括核查方式、核查周期和符合性的判断指标⑧。如果仪器设备脱离了法庭科学实验室的直接控制，例如被其他单位借出或送出去维修，当设备返回时，要在使用前对其功能和校准状态进行核查并且能够显示满意的结果，方能重新投入使用。CNAS—CL08：2018 6.4.10 规定，“当需要利用期间核查以保持设备性能的可信度时，应按程序进行核查”。

---

① ISO/IEC 17025 6.4.13：该记录至少应包括以下适用的内容：a）设备的识别，包括软件和硬件版本；b）制造商名称、型号、系列号或其他唯一性标识；c）设备符合规定要求的验证证据；d）当前的位置；e）校准日期、校准结果、设备调整、验收标准、下次校准的预定日期或校准周期；f）标准物质、结果、验收标准、相关日期和有效期的证明文件；g）与设备性能相关的维护计划，以及近期维护实施情况；h）设备损坏、故障、改装或维修的详细信息。

② 设备的校准是指在规定条件下，为确定测量仪器或测量系统所指示的值，或实物量具、标准物质所代表的量值，与对应的标准所复现的量值之间关系的一组操作。校准结果的形式有误差、修正值、修/校正因子、校正曲线/函数。还应对校准结果予以确认（设备计量确认）。

③ 这类设备主要通过目视性检查、安全核查和必要的清洁工作予以维护。当设备的设置会对检测或分析结果产生重大影响时需要对设备进行校准或性能核查（如热板、搅拌器、非体积玻璃器皿）。

④ 显微镜应该定期清洗和维修。应采取措施以确保显微镜设置正确可用，且仅由有能力操作的人员使用。显微镜测量适用指南 d）项。

⑤ 体积设备通常通过肉眼检查予以维护和清洗，但初次使用前需要进行校准和性能检查，间隔校准和性能检查则根据使用类型和频率确定。

⑥ 正确使用，定期维护、清洗和校准，并不能完全保证测量仪器和检测系统正确工作。因此，应进行适当的、定期性能核查，且确定能接受的预定限制范围（Predetermined Limits of Acceptability Shall Be Assigned）。性能核查的频率应根据需要、种类和设备的先前性能确定。可以对测试方法予以性能核查和系统适当性检查（如色谱系统、玻璃折射指数的测量）。应记录这些核查，在使用设备前或接受结果之间圆满完成核查。

⑦ ILAC－G19：2002 5.5.2。

⑧ ISO/IEC 17025 6.4.4，CNAS－CL08：2018 6.4.4。

第四，鉴定机构应有处理、运输、储存、使用和设备计划性维护的程序，以确保其功能正常运行并防止污染或性能退化①。当设备曾经过载或误操作，或导出可疑结果，或已显示有缺陷，或超出规定要求时，应停止使用，并对这些设备予以隔离，以防误用或加贴标签，或标记以清晰表明该设备已停用，直至经过验证表明能正常工作。鉴定机构应核查设备缺陷或偏离规定要求的影响程度，并应启动不符合工作管理程序②。

第五，设备应由经过授权的人员操作。一般通过文件（手册、人员确认书、授权书等）规定、上岗证等授权，以证明其满足相关技术要求。

第六，确保设备的可溯源性③。影响测量溯源性的因素有检测、鉴定设备，辅助测量设备（如用于测量环境条件的设备），参考标准和标准物质，所以应保证溯源性的控制程序。应确保鉴定结果能够溯源至国家计量基标准，否则量值出于多源，必然会在技术上或管理上造成混乱。对于检测结果不能溯源到国家计量基标准的，实验室应当提供设备比对、能力验证结果为满意的证据。这是计量工作法制性的要求，因为量值的准确可靠不仅依赖科学技术手段，还要有相应的法律、法规和行政管理。这同样是科学证据可采性审查标准对法庭科学计量工作提出的证据法要求。法庭科学事业作为被社会公众、政府部门寄予极大信任的领域，要建立起法制保障制度，如果仪器设备量值的准确性、一致性和溯源性无法实现，就会影响到司法公正的最终实现。

如果法庭科学实验室“机”的要素不符合实验室认可准则要求，将直接影响到科学证据的证据资格。尤其是对于检测实验室而言，主要就是靠先进、精准的科学仪器设备的测量数据作为专家意见的数据基础。仪器设备的任何一个微小纰漏，都会影响到科学证据检测数据的准确性和可靠性。以检测实验室的典型代表 DNA 鉴定为例，DNA 证据是通过概率统计表述出来的，统计数据的精确度反映了 DNA 证据证明力的大小。而各种统计数据直接来自相关仪器设备的检测，如果仪器设备曾经发生过故障，或脱离过实验室的实际控制，或者在使用前未经过

---

① ISO/IEC 17025 6.4.3，CNAS—CL08：2018 6.4.3。

② ISO/IEC 17025 6.4.9，CNAS—CL08：2018 6.4.4。

③ 可溯源性，是指通过一条具有规定不确定度的不间断的比较链，与测量基准联系起来。这种特性使所有的同种量值，都可以按这条比较链通过校准向测量的源头追溯，也就是溯源到同一个测量基准（国家基准或国际基准），从而使准确性和一致性得到技术保证。参见沈敏、吴何坚、方建新：《法庭科学实验室质量管理与认证认可指南》，科学出版社 2009 年版，第 39 页。

校准，或者校准人员不具备相应资格，某个环节有疑问都可能成为当事人一方质疑或攻击DNA证据的证据资格和证明力的正当理由。所以，从仪器设备采购进入实验室开始，对其状态的标识、核查鉴定合格证、机器校准、故障维修及其记录、建立设备档案、现场测试，到按照设备操作指导书进行作业，这些环节都需要良好的机器设备控制程序，以满足实验室认可准则的要求，从而为科学证据的科学性和可靠性提供“机”上的安全性和可靠性。

三、实验室的环境条件和设施

实验室的环境条件和设施要求，主要指诸如空气湿度、通风、用水、用电系统等，实验室环境条件不限于内部的环境设施条件，还包括当鉴定机构在非固定控制下的地点或设施中从事鉴定活动时，应确保满足本准则中有关设施和环境条件的要求①。法庭科学实验室应该具有适当的设施和环境条件，便于鉴定的正确实施，确保鉴定结果不会因环境条件因素而导致无效鉴定。环境条件的要求来自相关的法律规范、鉴定方法或程序，以及实践经验积累的要求。法庭科学实验室应识别出影响鉴定质量的各种环境因素，明确环境条件要求，制定相关的技术要求，配备必要的资源，确保鉴定条件符合要求，防止因环境设施不符合要求而影响到证据的可采性。

第一，实验室要制定环境控制程序。对于可能影响鉴定质量的各项设施和环境条件进行有效监测、控制和记录相关环境条件②。例如对生物消毒、灰尘、电磁干扰、辐射、湿度、供电、温度、声级和振动等应予重视，使其适应于相关的技术活动。当环境条件危及检测和/或校准的结果时，应停止检测和校准。以称重的天平为例，它不能在震动状态下工作，但是鉴定时是否排除了震动可能，实验室都应有存档保存的原始工作记录可供核查。

第二，实验室应对影响检测和/或校准质量区域的进入和使用加以控制。实验室应根据其特定情况确定控制的范围③。一是对于实验室操作区的接近也需要控制和限制，来访者严禁随意进入实验室工作区，同时来访者也要进行出入登

---

① ISO/IEC 17025 6.3.5，CNAS—CL08：2018 6.3.5。

② ISO/IEC 17025 6.3.3，CNAS—CL08：2018 6.3.1。

③ ISO/IEC 17025 6.3.4，CNAS—CL08：2018 6.3.4。

记。二是证据储存区应该严加限制，保证安全，防止盗窃或干扰。储存条件要保证没有损毁、变质和污染，保证证据的完整性和可辨认性。这些措施在检测或检查进行前后都要执行。

第三，实验室应有相应的安全作业管理程序，对人员进行安全操作知识培训。建立并保持环境保护程序和相应的应急处理预案，确保鉴定活动的环境条件满足要求，确保鉴定人员的健康和安全；同时不得对环境造成污染，废水废物等要有相应处置程序。对于在固定设施以外场所进行的各项检查活动，以及可能涉及烈性传染病的鉴定项目，例如尸体解剖，也要有相应的条件要求、生物安全作业程序和应急预案。环境保护意识，应是法庭科学实验室工作人员必须具备的职业素养。虽然认可准则明确要求法庭科学实验室应具备基本环境要求，但实践中对于环境条件的落实还不是很好，尤其是对于环保要求，例如法医病理解剖室的用水不能和民用水的地下管道相通，解剖后形成的废弃物，需要专人、专门程序进行处理，生物检材应定期委托有资质的单位处理，但是实际中随意丢弃的做法并不少见。这个问题的解决，还需要实验室废弃物处理制度的落实和鉴定人员职业素养的加强。

综上所述，实验室的设施和环境条件是确保实验室鉴定活动在安全、客观的环境下进行的物质和环境条件，它虽然不是鉴定活动的直接参与要素，但却对鉴定的准确性影响很大。如果实验室环境条件超出了允许的限值，则不能进行鉴定，否则做出的鉴定意见不具有可采性。

第二节　实验室人员的鉴定能力应符合科学性要求

鉴定能力代表着每位鉴定人/专家的知识水平和执业经验，直接关系到鉴定意见是否满足科学性要求。鉴定人是法庭科学实验室的核心构成要素，实验室内部具有各个层面的从业人员，他们的知识水平、专业技能、教育背景、从业经验、培训经历，以及出庭作证能力，都会影响到鉴定能力的强弱，进而不同程度地影响着科学证据在证据法上的可采性和证明力。

一、鉴定能力的范畴

（一）鉴定人员应有能力胜任相应工作

法庭科学实验室人员从业能力绝不仅仅是狭义的检测能力和检查能力，广义上的鉴定能力包括初始能力、持续鉴定能力、出具鉴定文书能力、出庭作证能力。

初始能力是对于即将上岗执业的鉴定人员而言的，具体是指鉴定人的专业资格要求。持续鉴定能力指在岗人员的继续教育和培训，当有新兴的科学技术用于法律领域，如心理测试技术，就需要相关人员接受专门培训。如果人员素质太低，则会影响到心理测试技术用于案件侦查的证据资格，例如我国有学者指出，鉴于我国心理测试技术人员素质普遍太低，将测谎结论作为诉讼证据使用条件尚不成熟①。出具司法鉴定文书能力，是指鉴定人员应具备使用标准术语，基本意思表达清晰，结论明确的能力，这是保证鉴定文书标准化的基本要求。出庭作证能力是鉴定能力不可忽视的组成部分。因此，鉴定人要具备基本的出庭技能，如出庭仪表、表达能力，向非专业人士言简意赅地阐明专业性意见等。当然，法庭科学实验室人员的培训和经验水平因鉴定或检测属性不同而有不同要求。虽然法庭科学活动具有较大的主观性，但通过教育和培训完全可以在不同的法庭科学者之间产生一致性结果。

在一个法庭科学实验室质量体系中，人员质量涉及三个层面：高层管理者的素质；中层管理人员，尤其是质量管理人员的质量；全体鉴定人的质量。鉴定质量取决于全部人员是否符合岗位要求、培训要求、考核要求以及人员是否接受有效监督。具体而言，法庭科学实验室要建立人员资质评定制度、培训制度、继续教育制度、绩效考评制度、监督制度，还应充分激励和调动人员的积极性、主动性和创造性，以确保鉴定质量。其中，人员的分类及其职责、对人员的监督属于实验室的管理手段，可以有效控制鉴定人的职业资格和执业情况。其中，初始能力，即准入门槛要求的职业资格证、学历证书、上岗证，会影响到鉴定意见的可

① 武伯欣、张泽民：《测谎结论能够作为鉴定证据——关于中国心理测试技术研究应用及其现状的思考》，《证据科学》2008年第5期。

采性。鉴定人的职业伦理主要指是否受金钱、权势、压力影响而出具虚假鉴定，这主要属于法律性问题，直接决定着科学证据的可采性。而鉴定人的执业能力包括职称高低、鉴定案件的数量、再教育情况、持续鉴定能力、鉴定文书的标准化程度、鉴定人出庭作证能力、被法庭采纳的比率，这些则影响着鉴定意见的证明力大小。

（二）检查实验室对“人”有更高要求

ISO/IEC 17020 对“人”的要素要求更高，也更加严格①。这是因为检查行为是鉴定人运用专业知识和经验进行的专业判断，比检测活动更多依赖于鉴定人的专业判断能力和职业伦理问题，检查类鉴定人的素质很大程度上影响着鉴定结果的科学性。所以检查实验室一定要重视鉴定人的教育、培训状况，对其专业资格、技能、经验和职业道德和执业纪律要进行全面评价和管理，并作为岗位聘任的依据，确保鉴定人员具备专业技术能力，并遵守职业行为规则。

二、鉴定初始能力：鉴定人资格准入制度

（一）鉴定人资格准入的重要意义

实践证明，很多具有一定科学原理支撑的技术在应用中出现了许多人为的偏差，既有仪器设备环节管理不善，也有相关人员缺乏专业知识背景、培训不足，缺乏严谨的科学态度等原因。据不完全统计，我国统计在册的心理测试人员约有600人左右，其中80%以上至今没有接受过正规系统的培训②。目前，我国司法鉴定行政管理部门负责编制鉴定人员名册，对专家的职业资格和执业领域进行管

---

① ISO/IEC 17020 8.2 要求，负责检查的人员应具备相应的资格、培训、经验并熟知所执行检查的要求，以及有根据检查结果对总要求的符合性做出专业判断和出具相应报告的能力。这些人员还应具备所检查产品制造技术的有关知识，所检查产品或过程的使用或拟使用方式的知识，以及在使用或服务过程中可能出现的缺陷方面的知识。他们还应了解发现的偏离对于所检查产品或过程正常使用的重要性。8.3 要求，检查机构应建立文件化的培训体系，以确保其人员在专业技术和管理方面的培训，并能按质量方针不断更新。培训应基于有关人员的能力、资格与经验。检查机构应为每个人规定必要的阶段培训计划，可包括：a）入门阶段；b）在资深检查员指导下工作的阶段；c）在整个聘用期间的继续培训，以便与技术发展保持同步。8.4 要求检查机构应保存每个人的学历或其他资格、培训和经历的记录。

② 武伯欣、张泽民：《测谎结论能够作为鉴定证据——关于中国心理测试技术研究应用及其现状的思考》，《证据科学》2008 年第 5 期。

理。但是，这种资格考试并不规范，考前报名程序审核没有条件限制，考题先行公开辅导，考试过程中存在大量舞弊行为。如果一项科学证据想获得证据资格并被法庭认可，首先要加强该专业领域自身的专业建设。其中，首先要确立严格规范的技术人员准入制度，才能确保实验室在人员上符合科学性要求。

鉴定人是否具有鉴定资格，关系到他们是否具备鉴定能力，进而影响科学证据的可采性。法庭可以在诉讼活动中通过诉前确认或诉中确认来审核鉴定人员的资质，对其专业知识、学历学位、继续教育、业务能力等进行审查。对于那些资质有瑕疵的鉴定人所出具的鉴定意见，直接剥夺其鉴定意见的可采性。所以，为了防止鉴定人资格被法庭质疑和否定，实验室在管理制度上不能缺少对鉴定人资格管理的制度，资格管理制度是确保鉴定人具备鉴定初始能力、持续鉴定能力、出庭应诉能力等鉴定能力要求的综合性制度。“只有建立并完善鉴定人资格管理制度，使鉴定人资格能够在司法鉴定的各项具体制度中发挥基础性作用，才能建立起科学合理的司法鉴定管理体制，从而保障司法公正的最终实现。”①

（二）鉴定人职业资格的要求

1. 鉴定人资格准入的一般要求

一般而言，鉴定人要具有相应的职业资格证书、学历证书、职称证书、上岗证等，以证明自己具有充分、适当的执业资格、教育背景，符合相应的职称要求，具有相应的能力、胜任相应的工作。

“鉴定机构应对所有影响鉴定结果的人员岗位规定相应的能力要求，包括教育、资质、培训、专业知识、技能和经验等要求。”② 而且，“鉴定机构应建立和保持确定培训需求和实施人员培训的政策和程序，应制订和实施培训计划。应确保针对鉴定人的技术性培训计划是适宜的，并与本机构当前和预期的鉴定活动相适应，尽可能评价这些培训活动的有效性。”③

2. 美国对鉴定人资格的要求

英美法系采用的是鉴定人主义，实行“个案审查模式”。法庭注重的是鉴定人的实践经验和能力，法庭每一次庭审时，在准许任何一位专家证人提供专家证

---

① 张玉镶、张黎：《鉴定人资格管理制度：疏理、评析与设想——兼解读〈关于司法鉴定管理问题的决定〉》，《中国司法鉴定》2005 年第 6 期。

② ISO/IEC 17025 6.2.2，CNAS－CL08：2018 6.2.2。

③ ISO/IEC 17025 6.2.7，CNAS－CL08：2018 6.2.7。

据前都要调查其资格，即专家证人必须在有关知识领域内达到熟练程度，如果不具有相应的鉴定能力，法庭将不能听取其证词。英美国家对于鉴定人的管理多是民间团体自行管理，是否加入行业协会属于自愿行为，当事人聘请谁作为专家证人都是委托人和受托专家之间商谈决定的。这种松散性管理、协商性聘任自然要受到法官的高度警惕，因此，英美法系的科学证据可采性要接受庭前的法官审查，专家资格在庭审中要接受双方当事人激烈的交叉询问，这就造就了如今英美法庭专家证人市场“繁荣”的景象。

在美国，法庭科学实验室的工作人员分为四类：专门的管理人员，技术辅助人员，检验分析人员和科学工作者。其中，从事法庭科学的技术辅助人员，通常帮助检验分析人员准备证据和进行检测，一般占实验室专职人员的10%；通常必须具有本科学历和学位，如果只是高中毕业，则没有出庭资格。而检验分析人员，通常准备证据，进行检验，对检验结果进行解释，签发实验室报告，出庭作证，这类人员占犯罪实验室人员的58%。在较大的实验室，一般是技术人员根据确定的实验方案进行检验，具有资质的科学工作者则进行专门的检验和解读。

美国大量的法医学解剖，都是由未取得法医病理学认证的病理学家[①]进行的，这和美国法医病理学家的资格要求很高有关。首先，法医病理学家必须是一名医生，要完成至少四年的医学院教育及解剖病理学或解剖与临床病理学领域3至4年的医学专业培训，然后经考试合格，取得病理医师资格。其次，还要进行为期一年的法医病理学实习。这意味着要在这一年内完成规定数量的法医尸体解剖，通过考试方可获得法医病理学医师资格[②]。这一系列的程序在美国医学会都有详细规定。美国的病理学委员会于1959年开始进行个人认证，截至2008年底，大约有1300名病理学家通过了法庭科学病理学认证，有400～500名医生从事全职法医病理学工作。2008年1月，全美国共有42名人选取得美国病理学委

---

① 法医病理学家是通过对死者的检验来识别伤害的类型，收集医学证据，确定某种疾病，确定死亡原因。不同的法律要求决定了法医病理学家在个案中进行何种类型的鉴定，可能是死亡性质分析，死因分析，还可能是死亡和环境的关系。

② 识别法庭科学共同体之需委员会，科学、技术和法律政策与全球事务委员会，应用和理论统计委员会工程与物理科学部，美国国家科学院国家研究委员会：《美国法庭科学的加强之路》，王进喜等译，中国人民大学出版社2012年版，第268页。

员会法医病理学的认证[①]。而且这些人员为了继续在保有其所在州的执业证书之外还要持有其病理学家的证书，就必须每十年进行一次再认证。再认证通常是提交一份说明，证明其一直是作为病理学家执业而非作为医院人员执业，而且他们还要取得医学继续教育的学分。

值得一提的是，美国法医对死因的调查具有验尸官制度传统。虽然早在1877年马萨诸塞州就率先以具备医师身份的法医替代验尸官，但是源于最初英格兰“皇室利益的守卫者”的政治身份，验尸官制度的改革还需要政治上的动力，目前美国仍有11个州保留着该制度。因此，各个司法辖区对死因调查人员的资格、技能和活动等方面的要求，均有所不同。验尸官作为宪法性机构，主要由选举产生，属于独立的执法机构，对公众负责，有的州十几岁的高中生就可以被任命为验尸官。但是，验尸官缺少直接使用法庭科学实验室的途径，检验经费不足，验尸官本身缺乏法医病理学家的专业性。这些都推动着验尸官制度向法医制度改革。美国从2003年就开始验尸官制度转化为法医制度的运动，虽然改革步伐缓慢，却一直在朝着这个方向努力。

另外，英国的法医学鉴定人有两种：一种是通过接受3年教育后获得临床法医师证书或法医病理医师证书；另一种是拥有若干工作经验后，通过考试获得法医病理学专家证书。在德国，必须从事病理学和组织学常规工作1年，法医病理学实际工作6个月，然后再到法医学研究所各科中循环工作3年半，才能获得法医学专业医师资格。

3. 美国倡导鉴定人资格强制认证制度

美国国家科学院等机构联合发布的NRC报告建议七明确提出：“实验室认可和法庭科学从业人员的个人认证应当是强制性的，所有的法庭科学从业人员都应当接受认证过程。……任何人未经认证不得在法庭科学学科领域执业或者作为法庭科学职业的一员作证，”[②] 美国律师协会建议：“检验人员的认证标准包括：严

① 识别法庭科学共同体之需委员会，科学、技术和法律政策与全球事务委员会，应用和理论统计委员会工程与物理科学部，美国国家科学院国家研究委员会：《美国法庭科学的加强之路》，王进喜等译，中国人民大学出版社2012年版，第268—269页。

② 识别法庭科学共同体之需委员会，科学、技术和法律政策与全球事务委员会，应用和理论统计委员会工程与物理科学部，美国国家科学院国家研究委员会：《美国法庭科学的加强之路》，王进喜等译，中国人民大学出版社2012年版，第26—27页。

格的书面考试、能力验证、继续教育、再认证程序、道德守则以及有效的惩戒程序。”[①] 美国提倡个人认证的强制化，是一种较为理想的鉴定人资格管理制度，而且，认证标准上不仅包括鉴定初始能力，还包括继续教育制度、道德守则、有效惩戒程序等，这是一个对鉴定人能力水平的全面管理和监督模式。如果能够将这个建议法律化且获得有效实施，肯定会收到较好的法庭科学管理秩序和工作效益。

4. 我国司法鉴定人资格准入制度

在我国，法庭科学鉴定人职业准入制度主要是指司法行政管理机关进行的事前鉴定资格统一审核、登记和统一备案制度，类似于大陆法系的“鉴定权主义”模式，即有关权力机关明确规定哪些人或哪些机构具有鉴定主体资格，或者将鉴定权固定地授予特定人或机构。一旦在庭前被确定为具有鉴定资格，颁发资格证书，该资格较为固定，随后每年要定期登记，接受行政管理。例如法国鉴定资格管理较为严格，《法国刑事诉讼法典》对于鉴定人的任命，规定了鉴定人应在最高法院或上诉法院注册，鉴定人注册名单的确定方法由行政规章规定。

目前，我国司法鉴定准入管理制度呈现以下三大特点：

第一，管理主体以行政机关为主。我国司法鉴定资格管理实行的是行政管理与行业管理相结合的“两条线”管理模式，以司法行政机关为主，鉴定行业协会为辅[②]。其中，行政管理是一种跨地区、跨行业的全过程、动态化管理，属于宏观管理，最终目的是保障鉴定机构能够为司法活动提供高质量的鉴定意见，从而保障国家司法权的正常运行，维护社会正义和秩序。依照“424 决定”的相关规定，司法行政机关对鉴定机构及其司法鉴定活动依法进行指导、管理和监督、检查，具体负有对鉴定机构和鉴定人进行许可登记管理、执业监督管理和事后实施

① American Bar Association，op. Cit.，7. 转引自识别法庭科学共同体之需委员会，科学、技术和法律政策与全球事务委员会，应用和理论统计委员会工程与物理科学部，美国国家科学院国家研究委员会：《美国法庭科学的加强之路》，王进喜等译，中国人民大学出版社 2012 年版，第 219 页。

② 我国司法鉴定行政管理方面的法律依据有《行政许可法》《行政处罚法》《关于司法鉴定管理问题的决定》。国务院制定了一系列规章，包括《司法鉴定机构登记管理办法》《司法鉴定人登记管理办法》《司法鉴定程序通则》《司法鉴定文书规范》《司法鉴定教育培训规定》，还包括鉴定人出庭质证规范，鉴定人职业道德和执业纪律规范等。各个省份还制定了一些管理条例，如《黑龙江省司法鉴定管理条例》《重庆市司法鉴定条例》《吉林省司法鉴定管理条例》《湖北省司法鉴定管理条例》，还有山西、四川、江西、河北、贵州、宁夏回族自治区都制定了本省份的司法鉴定管理条例。相关的配套性规章也开始出台，从不同角度对司法鉴定机构进行管理，例如《吉林省司法技术鉴定收费管理办法》《四川省司法鉴定机构名称管理办法》《湖北省鉴定人职业道德和执业规范（试行）》。

惩罚三种管理职能，例如鉴定机构的设立登记、变更注销、年度检验与公告，对鉴定人的考试考核管理、职业资格管理、执业证书管理、年检注册以及执业监督，还包括对侦查、检察、国家安全部门鉴定人的备案登记。

第二，做大做强司法鉴定机构。随着法治文明进步，党的十八大以来全面推进依法治国方略，为了更好地服务于以审判为中心的诉讼制度改革，司法鉴定事业必须进入一个新阶段，完善管理体制主要体现为定位公共化，高度专业化，技术高新化，规模集约化，运营公司化①。这意味着司法鉴定机构必须不断转型升级、做大做强，通过管理、技术、运营、鉴定意见产品、科研基础等提升司法鉴定服务水平，为诉讼活动的顺利进行和公民权利的实现提供更加优质高效的鉴定保障。

第三，准入条件上趋于统一。我国司法鉴定体制改革以"统一管理"模式为导向，目前做得较好的方面是在鉴定机构和鉴定人的准入条件上已趋于统一，即无论鉴定机构所属状态如何，都应满足基本的准入条件。司法行政机关以行政许可的方式，对其是否符合条件进行审核。符合条件者予以登记并颁发执业许可证，并向社会公告，编制司法鉴定机构和鉴定人名册。"424 决定"实际上进一步规范了我国司法鉴定程序、鉴定人准入标准，以及鉴定人和法庭科学实验室的权利和义务②。全国人大常委会已颁布了《司法鉴定机构登记管理办法》和《司法鉴定人登记管理办法》，具体规定了鉴定人的主管机关、执业登记、权利和义务、监督管理和法律责任。其中，《司法鉴定人登记管理办法》第十四条具体规定了申请从业需提交的资料③，我国对鉴定人从业申请审查主要是对各种资质证明材料的形式化书面审查，这就难以对鉴定人的资格和素养做到真正把关。我国

---

① 潘广俊、俞晓辉：《司法鉴定若干问题的实践与思考——以浙江省为视角》，《中国司法鉴定》2018 年第 4 期。

② 其中第四条明确规定：具备下列条件之一的人员，可以申请登记从事司法鉴定业务：（一）具有与所申请从事的司法鉴定业务相关的高级专业技术职称；（二）具有与所申请从事的司法鉴定业务相关的专业执业资格或者高等院校相关专业本科以上学历，从事相关工作五年以上；（三）具有与所申请从事的司法鉴定业务相关工作十年以上经历，具有较强的专业技能。

③ 《司法鉴定人登记管理办法》第十四条：个人申请从事司法鉴定业务，应当由拟执业的法庭科学实验室向司法行政机关提交下列材料：（一）申请表；（二）身份证、专业技术职称、行业执业资格、学历、符合特殊行业要求的相关资格、从事相关专业工作经历、专业技术水平评价及业务成果等证明材料；（三）应当提交的其他材料。个人兼职从事司法鉴定业务的，应当符合法律、法规的规定，并提供所在单位同意其兼职从事司法鉴定业务的书面意见。

鉴定人的准入门槛实际较低，而且鉴定人队伍鱼龙混杂，有些临床医生也做鉴定人[①]。虽然《司法鉴定机构登记管理办法》与《司法鉴定人登记管理办法》的颁布，标志着我国司法鉴定统一管理体制工程又完善了一环，但是这些对实验室进行的行政管理效果并不好，没有完全实现立法预期目标。

“424 决定”规定的鉴定人负责制度[②]，有助于加强资格管理的力度，进而督促鉴定人提高包括业务能力、责任感与荣誉感在内的综合素质。但是，如果能将鉴定人的从业履历与惩戒记录以“鉴定人档案”的形式增加到鉴定人资格管理制度中，将为当事人选任鉴定人提供更加详尽的参考资料[③]。鉴定人档案[④]就是鉴定人的从业“履历”，不仅涵盖了鉴定人的基本情况，还包括实际鉴定业务的难易程度、法官对鉴定意见的采信率、鉴定人在从业过程中是否违反职业道德、是否参与重大疑难鉴定案件等内容。这些信息能反映出鉴定人的实际鉴定能力，恰好是鉴定委托方最重视的信息。由于鉴定人资格档案关系着鉴定人的经济利益和声望名誉，它能不断促使鉴定人的责任感和职业荣誉感，并时刻督促鉴定人严格遵守法律规定从事鉴定业务。[⑤]

随着《关于健全统一司法鉴定管理体制的实施意见》（司发〔2017〕11 号）和司法部发布的《关于严格准入 严格监管 提高司法鉴定质量和公信力的意见》的实施，各个省市纷纷落实。如甘肃省司法厅于 2018 年 6 月 29 日印发实施意见

---

① 以我国 1996 年修正的《刑事诉讼法》规定为例，“对人身伤害的医学鉴定有争议需要重新鉴定或者对精神病的医学鉴定，由省级人民政府指定的医院进行”。这条规定在实际中没有得到很好的执行。因为这里存在一个技术上的问题，省级政府指定的医院虽然医疗水平很高，但这类医院主要是治病救人而不具备司法鉴定的技术力量和工作重心。对于人身伤害所做的司法鉴定只有具备法医学专门知识和技术的人员才有能力作出。对此，全国人大常委会委员丛斌曾建议，“由省级人民政府指定的医院进行”应修改为“由省级人民政府司法鉴定主管部门指定的法庭科学实验室进行”。2012 年《刑事诉讼法》修正已经取消了该条款。

② “424 决定”规定了司法鉴定实行鉴定人负责制度；当事人对鉴定意见有异议时，经人民法院依法通知，鉴定人应当出庭作证；鉴定人和鉴定机构应当遵守法律、法规，遵守职业道德和职业纪律，尊重科学、遵守技术操作规范。“424 决定”还规定对鉴定人和鉴定机构进行惩戒的四种措施：警告、罚款、暂停执业和撤销登记。

③ 张玉镶、张黎：《鉴定人资格管理制度：疏理、评析与设想——兼解读〈关于司法鉴定管理问题的决定〉》，《中国司法鉴定》2005 年第 6 期。

④ 鉴定人资格档案可以包括：鉴定人的姓名、性别、照片及联系方式；鉴定人获准执业的时间；鉴定人所在鉴定机构（非专职鉴定人还要列明本职所在单位或服务机构）；鉴定人的学历、技术职称以及其他资格证书；鉴定人的鉴定专业知识领域、擅长项目以及相关学术成果；鉴定人的工作业绩；鉴定人所受的奖惩情况等。

⑤ 张玉镶、张黎：《鉴定人资格管理制度：疏理、评析与设想——兼解读〈关于司法鉴定管理问题的决定〉》，《中国司法鉴定》2005 年第 6 期。

并专门下发通知，要求各市州司法局即日起全面核查每一个鉴定机构和每一名鉴定人，全面整改。

任何体制改革总会遇到来自利益相关者的阻力。2008 年 11 月，最高人民法院、最高人民检察院、公安部、国家安全部和司法部联合发布《关于做好司法鉴定机构和鉴定人备案登记工作的通知》，这一通知明显架空了“228 决定”的统一管理模式，代之以“直接管理＋备案登记”相结合的管理模式，其实质就是“一国两制”①，检察机关、公安机关、国家安全机关管理本系统所属的鉴定机构和鉴定人，只履行对本系统所属鉴定机构和鉴定人的资格审查、年度审验、资格延续与变更注销、颁发鉴定资格证书、系统内部名册编制、技术考核、业务指导管理、队伍建设和监督检查等职责，而司法行政机关对经检察机关、公安机关、国家安全机关审查合格的所属鉴定机构和鉴定人的实质审查权则名存实亡，只进行备案登记，编制和更新国家鉴定机构、鉴定人的名册并公告。与其说是严格的法律性审批，不如说是例行内部的一种“手续”。资格准入已经失去了本该具有的把关与筛查功能，严重影响了鉴定队伍的综合素质。这个联合通知“以落实备案登记之名，行独立自治之实”，“睿智地”破解了司法行政部门的统一管理制度改革。这种狭隘的部门利益之争，是我国法庭科学事业整体的悲哀。

三、鉴定持续能力：鉴定人继续教育制度

为了不断提高鉴定人的专业素质和政治素质，维持并改进鉴定意见的科学性，应建立法庭科学从业人员的继续教育制度，即“司法鉴定人执业后，为进一步改善知识结构、提高执业能力而进行的学历教育和非学历教育”②。

（一）继续教育的必要性

首先，法庭科学以科学技术为基础，是利用专业性很强的知识解决诉讼中的难题。如果法庭科学实验室故步自封，不能跟随科技发展的脚步，必然导致所依赖的科学知识与技术方法的滞后，而技术方法过时将背离鉴定的科学性。所以，鉴定人应定期接受继续教育，及时培训更新知识，学习新技术；“应当努力在其

① 常林：《司法鉴定专家辅助人制度研究》，中国政法大学出版社 2012 年版，第 59—72 页。

② 《司法鉴定教育培训规定》第十一条。

科学领域与时俱进，以保持称职性”[①]。《美国中西部法庭科学工作者协会道德守则》第Ⅰ.F条规定：所有会员都应当保持与新技术的同步性，但是，未经彻底的调查并得到已证实技术的支持，不应使用未被证实的技术，被证实不精确或者不可靠的方法不得使用。

其次，“每个鉴定人都有自己的局限性，在不具有足够的训练和经验之前，不得匆忙适用该知识”[②]。美国最初的许多刑事工作人员也都是警察机构人员和侦探，他们背景复杂，许多人都缺乏正规培训，主要接受的是监督者提供的在岗培训。他们最常进行的法庭科学鉴定是潜在指纹识别、文件鉴定、火器鉴定、照相、犯罪现场草图。一些化学检测只是检验是否存在药品的色彩检测、假定血液检测（Presumptive Test for Blood）和酒精呼吸测试。美国已经认识到，将现代科技应用于法庭科学和犯罪实验室，需要更多的基础科学知识，如生物学、化学、物理学、数学，这些实验室通常雇佣的人员需要具备一个或多个学科最基本的知识水平。许多精通或有博士水平的人员一般集中于法医血清学家、毒理学家和显微镜学家，所以美国大学里已经增加了法庭科学的本科教育和研究生教育，包括刑事技术和法庭毒理学[③]。而且，为了使犯罪实验室工作人员能获得更多的继续教育，FBI面向不同的刑事司法辖区提供丰富的基础课程和高级课程。一些私人实验室，例如麦克龙（McCrone）学院提供显微镜方面的培训。赫伯特·列昂·麦克唐奈（Herbert Leon MacDonell）是一位享有国际声誉的刑事技术专家，在位于纽约科宁（Corning）的法庭科学实验室讲授基本的血痕形态解释课程，许多地区性和全国性的法庭科学组织都举办了高级研修班。美国法庭科学协会每年都会举办会议，交流法庭科学各个领域的论文和著作。另外，法医病理学家办公室和犯罪实验室、私人实验室，例如设于洛杉矶肯塔基的路易斯维尔（Louisville）大学的南部警察研究院（SPI），定期主持培训研修班和讲座[④]。法

---

① 《美国法证科学学会良好法证科学实践指导原则》第二条。转引自［美］彼得·巴尼特：《法证科学职业道德：刑事技术职业标准》，王进喜译，中国法制出版社2013年版，第126页。

② 《美国加利福尼亚州刑事技术人员协会职业道德守则》第Ⅱ条H款。转引自［美］彼得·巴尼特：《法证科学职业道德：刑事技术职业标准》，王进喜译，中国法制出版社2013年版，第114页。

③ 例如，美国纽约的刑事司法约翰·杰伊（John Jay）学院，华盛顿D.C.的佐治华盛顿大学，纽黑文（New Haven）大学，都提供法庭科学和刑事技术教育课程。纽约的圣约翰（St. John）大学提供法医毒理学教育课程。See William G. Eckert and Stuart H. James, *The Role of the Forensic Laboratory*, See *Introduction to Forensic Sciences*, CRC Press LLC.（William G. Eckert ed. 1997）.

④ William G. Eckert and Stuart H. James, *The Role of the Forensic Laboratory*, See *Introduction to Forensic Sciences*, CRC Press LLC（William G. Eckert ed. 1997）.

庭科学实验室或犯罪实验室，主修专业为一个或多个自然学科的本科毕业生提供了许多令人振奋的、报酬丰厚的法庭科学或刑事技术职业岗位。

在我国，司法行政机关的管理权威不高、管理效果欠佳，司法行政机关要想有所作为，就要突破传统的思维定式，在不能改变现有行政管理症结的情况下，寻找新的有所作为的领域，而鉴定人继续教育项目无疑是能够弥补法庭科学行政管理权空白的有效途径。由于继续教育和科学证据的科学性联系紧密，如果鉴定人员没有及时参加继续教育培训将会影响其鉴定能力。如果其知识水平严重欠缺，将彻底影响到其职业资格（被暂停甚至注销）。

（二）继续教育的形式和内容

1. 继续教育的形式

继续教育的形式有多种，如司法鉴定行政管理部门组织的培训课程、专题学习报告会、科研总结报告会、新技术新进展交流会议等。参加法庭科学方面的学术会议，能够与行业内人士保持交流，听取最新的法庭科学研究成果和前沿动向。我国自 2008 年 1 月 1 日起实行的《司法鉴定教育培训规定》第十四条规定了继续教育的年度学时制："鉴定人参加下列活动的，计入学时：（一）司法部或者省级司法行政机关组织或者委托举办的研讨、交流和培训；（二）司法部或者省级司法行政机关认可的国内、国外的大专院校、科研机构开展的相关专业学历教育和进修；（三）省级司法行政机关认可，由所在业务主管部门或者行业组织开展的专业对口的研讨、交流和培训；（四）教育行政部门认可的对口专业教育；（五）国际性司法鉴定研讨、交流和培训；（六）司法部或者省级司法行政机关认可的其他教育培训。"香港特区政府化验所法庭事务部对鉴定人的培训，包括入职培训、专业训练和持续进修三个阶段，还制定了专门的人员培训手册[①]。

2. 继续教育的内容

首先，继续教育的内容主要是"司法鉴定的新理论、新知识、新技术、新方法"，以有利于从业人员的知识更新和学术进步，加强与外围专业领域的交流。如为了保证鉴定人的技术能力，技术人员每年必须通过所在专业的测试，诸如能力验证等项目。同时，还应该发展具有吸引力，如就业前景良好的教育和培训，

① 莫全城：《法庭科学技术中的质量控制》，《内地与香港法证科学标准化、规范化研讨会论文集》2002 年，第 14 页。

吸引其他专科如物理、生物医学专业的优秀学生加入法庭科学研究实践队伍，扩充人才储备。另外，鉴定人还要不断学习如何在鉴定中遵循一些鉴定标准和法律规范，尤其是当国家颁布了统一的鉴定标准后，更需要实验室管理者组织人员及时学习掌握，力争每一次实验室操作都符合技术标准和法律规范的要求。

其次，法律知识培训应成为继续教育内容之一。鉴定人的知识结构不能缺少法律知识，虽然法律知识和证据意识不属于鉴定人资格准入的强制性要求，但却具有重要的现实意义。法庭科学是在司法权规制下的技术鉴定，法律性可以防止和治愈科学性出现偏差，真正的法庭科学不仅要研究鉴定所依据的基础原理和方法，还要重点研究鉴定与法律之间的关系，也就是科学证据在诉讼中的使用问题。经验表明，科学证据出错的主要原因是法律性上的错误。正如刑事鉴识大师李昌钰所言，影响科学证据公正性的主要原因不是科学证据的科学性本身，更多原因在于专业人员在收集、移送、保存样品，实验室的操作方法和程序，以及解释数据等过程中出现的问题。

与法庭科学有关的法律知识，包括鉴定委托协议、检材的接收和保管程序，鉴定实施程序，鉴定人的权利、义务和责任，鉴定文书的制作要求，鉴定人的出庭义务等程序要求和法律规定。法庭将科学证据视为不容置辩的权威时代已经结束，现在的法官日益重视对专家意见的审查和判断。如果专家意见不符合合法性、相关性和可靠性要求，必然要被法官拒绝。

再次，法庭科学领域大力加强与法律界的教育、培训交流是必要的，且这种交流是双向的。一方面，作为科学证据的使用者，法官、检察官、律师也应具备一定的法庭科学知识，让司法人员学习各种法庭科学知识和技术方法，并向他们传达最新的学术进展和评价手段；另一方面，让法庭科学专业人员学会用法律思维审视鉴定过程的合法性和鉴定结果可采性，这样可以减少科学证据在法庭中的应用障碍，为司法审判提供更好的服务。例如，为了指导鉴定人在鉴定实施过程中应如何操作以保证鉴定意见的合法性，可以邀请法学专家、证据法学专家为鉴定人讲授与科学证据有关的证据法知识，如鉴定意见的合法性如何影响着它在法庭上的可采性。所以，法律知识应成为鉴定人知识结构的重要组成部分，这完全可以通过法庭科学高等教育、岗前培训和继续教育等措施来完善。为了提高鉴定人的出庭效果，可培训鉴定人如何在法庭上以简单明了的语言解释科学原理、鉴定结果，如何以中立的立场回答控辩双方的提问。

法庭科学系统与司法系统交流可采取多种形式，电子学习形式应得到重视。例如，美国法庭科学技术中心（NFSTC）准备了一系列启蒙读物。这些读物跨越多个法庭科学学科，专门提供给法律职业人士，而且可用网络形式传递。澳大利亚新西兰警务咨询机构（ANZPAA）、国家法庭科学研究院（NIFS）正在与NFSTC合作，也准备编写一些启蒙读物。这至少是一个开始，以后还会开发出其他途径来增强法律人士的法庭科学知识训练。

最后，我国法庭实验室中“人”的问题集中反映在社会性鉴定机构和警察队伍中①。社会性鉴定机构中的人员管理可通过开展鉴定人个人认证制度来加以统一管理和监督，对于警察素质提高则要从长计议。警察素质极大地影响着鉴定质量。实验室检验前的证据收集、保管阶段频繁出问题已是共识，这是由警察所受教育的有限性导致的。其实，警察素质不高是国际上普遍存在的现象。警察只需要具备一定文化程度的学历即可，法庭科学课程通常不是警察系统教育和培训的核心课程，而且继续教育问题更易被人忽视，这导致警察更像一个蓝领阶层，而非受过良好教育的职业共同体。警察素养亟待提高，如果能将警察认证也包含在实验室认可制度中会更为理想。因为警察是案件现场的最初接触者，是证据信息的发现者、收集者、移送者，警察的执业水平和职业素养直接关系到法庭科学实验室鉴定对象的全面性和真实性。但面对多方面的压力，警察资格能否走向个人认证化道路，尚任重道远。

目前，我国缺乏司法鉴定的统一培训和再教育制度。虽然自2008年1月1日起施行的《司法鉴定教育培训规定》确立了鉴定人的继续教育制度，但几十年积累下的鉴定人资格静态化症状仍很严重。通过一次资格考试则终身有效，在专业知识上“吃老本”；缺乏法律知识的培训；对于所属鉴定领域的最新国内、国外动态漠不关心或惰性十足，懒于接触最新信息。

（三）重视基础科学研究

首先，基础科学知识直接决定着法庭科学方法的可靠性和有效性，法庭科学

① 从广义上看，法庭科学从业能力还应包括警察素养的提高。在英国，英格兰和威尔士的法庭科学服务市场就包括警察内部提供的服务（50%甚至更多）和商业性服务（主要是实验室分析），除了大量的大型服务提供商，还有许多小的服务机构。See Weisburd D and Neyroud, *Police Science: Toward a New Paradigm*, *New Perspectives in Policing*, January 2011, US Department of Justice, Office of Justice Programs, National Institute of Justice, Washington, DC.

与基础科学的关系理应密切且持久。法庭科学活动受送检条件制约，基础科学可以帮助确定方法的可靠性和有效性的界限，对于结论的不确定度制定量化指标，可以促进法庭科学仪器分析技术的联合使用和自动化检测，提高检验的精确度。其次，法庭科学进步以众多科学学科领域的知识和技术进步为基础，但只有各学科知识和技术及时转化成法庭科学鉴定技术，才能真正成为法庭科学的科学性支撑。因此，法庭科学的教育和培训应该改善我们在这方面的知识结构性缺陷，使我们的法庭科学人员对其母体学科的基础理论局限和发展方向拥有全局性认识，以促进法庭科学技术的创新和发展。

无论是美国、英国还是澳大利亚，在对本国法庭科学领域状态调查时都充分认识到基础性研究的重要性。美国的 NRC 报告认为，知识基础是委员会最为关切的问题[①]。其中建议之一就是要加强法庭科学实验室的知识基础，加大资金投入；建议之二则明确要求开展确定法庭科学方法有效性的科学基础研究[②]。目前美国联邦各机构还没有制定统一的法庭科学知识研究的政策。英国的 R&D 报告（*Research and Development in Forensic Science*：*A Review*）在“法庭科学服务提供者”项下指出：法庭科学研究以应用、客户需求为导向，研究能增加法庭科学服务提供者的声誉和社会地位，也是每一个法庭科学服务提供者的分内之事[③]。该报告还强调各方之间应加强合作和交流，加强联系。隶属于政府的实验室[④]主要集中于标准的制定，以及与防卫和安全有关的研究。警察内部的实验室主要集中于法庭科学的传统领域（指纹分析和脚印比对）和诸如视听证据分析、违禁药品检测等研究，如 1986 年制定了《指纹技术手册》并保持定期更新，现在亦为所有英国警察机构所使用，且许多国外的执法机构也在使用[⑤]。这些实验室的工作重点不同，擅长领域有别，所以如果加强这些实验室间的交流和合作，克服狭隘的部门利益之争，必然会形成信息共享、知识互补的良好局面。

---

① 识别法庭科学共同体之需委员会，科学、技术和法律政策与全球事务委员会，应用和理论统计委员会工程与物理科学部，美国国家科学院国家研究委员会：《美国法庭科学的加强之路》，王进喜等译，中国人民大学出版社 2012 年版，第 16 页。

② 识别法庭科学共同体之需委员会，科学、技术和法律政策与全球事务委员会，应用和理论统计委员会工程与物理科学部，美国国家科学院国家研究委员会：《美国法庭科学的加强之路》，王进喜等译，中国人民大学出版社 2012 年版，第 24 页。

③ See Bernard Silverman，*Research and Development in Forensic Science*：*A Review*，4—5（June 2011）.

④ 例如防卫科学和技术实验室（DSTL）、内政部应用科学和技术中心（CAST）、国家物理实验室（NPL）。

⑤ See Bernard Silverman，*Research and Development in Forensic Science*：*A Review*4－5（June 2011）.

总体而言，各国都存在着法庭科学与基础科学研究关系疏松的情况。即使在法庭科学发达的美国也存在不足，“某些法庭科学学科没有得到严格的系统研究的支持”①。不能和基础科学研究与时俱进，缺乏与基础科学的衔接制度，与基础科学之间缺乏交流和沟通，这必然会造成一些鉴定技术方法落后，一些新研制的方法不能及时应用于法庭科学领域，一些陈旧的鉴定方法不能及时淘汰出法庭科学领域②。或许是因为法庭科学领域的鉴定技术人员头脑里根本就不存在研究意识，至少大多数技术人员是这样的，他们的主要任务就是要准确、高效地为侦查和诉讼提供技术支持。这种任务导向使得日常的法庭科学检验活动完全不同于纯粹的科研活动，缺乏创新意识。此外，纯粹的科学研究成果也难以及时转化成法庭科学应用技术。但是我们要认识到，仅有资金投入并不能解决根本问题，因为法庭科学领域的问题带有普遍性，破案压力、奖惩制度等多种因素导致了犯罪实验室内部缺少研究型文化。

澳大利亚在法庭科学基础研究方面处于领先地位。澳大利亚在 1992 年就建立了国家法庭科学研究院（NIFS），现在已经形成了运作良好的高级管理组织（Senior Managers of Australian and New Zeal and Forensic Laboratories，SMANZFL），其与活跃的专家咨询机构（SAGs）间合作密切。SAGs 多年的工作已使澳大利亚的法庭科学在全国范围内取得了高度一致性，在很大程度上调和了法庭科学与生俱来的支离破碎状态。

澳大利亚和新西兰的法庭科学共同体与学术界也保持着牢固而良好的关系，特别是服务提供者之间。如澳大利亚新西兰警务咨询机构（ANZPAA NIFS，The Australia New Zeal and Policing Advisory Agency，ANZPAA，是 NIFS 的一个局）、SMANZFL、SAGs，与学术界之间针对鉴定时可能存在的风险展开合作③。ANZPAA NIFS 正与昆士兰大学合作，其他研究者也在针对偏见风险以及

---

① 识别法庭科学共同体之需委员会，科学、技术和法律政策与全球事务委员会，应用和理论统计委员会工程与物理科学部，美国国家科学院国家研究委员会：《美国法庭科学的加强之路》，王进喜等译，中国人民大学出版社 2012 年版，第 23 页。

② 法庭情报系统要求多学科和跨领域的互动，加强信息的流动和交换。但是背景偏见却要求限制信息流动和交换的量，二者之间是矛盾的，所以要进行平衡。无论是美国 2009 年的 NRC 报告，还是英国 2011 年的西尔弗曼（Bernard Silverman）报告，它们探讨的一些具体问题对于各国而言具有共通性，世界上许多国家都存在着类似的问题。

③ See Alastair Ross, *Forensic Science in Australia: Where does Australia Sit in Relation to Trends and Issues in the International Context*? 24 Current Issues Crim. Just. 121 (2012).

如何缓解展开研究[1]；已与斯塔马尼亚大学的塔斯马尼亚执法研究机构（Tasmanian Institute of Law Enforcement Studies，TILES）就法庭科学的效率和效果方面展开项目合作。TILES 对来自五个州的警察、法庭科学家、律师、法官、验尸官、法医病理学家、法庭生物学家展开访谈，针对跨学科、跨领域的工作有效合作制定了一个框架，防止刑事司法系统内的司法、卫生、医学和科学领域彼此处于孤立地位。由于法庭科学里的背景性偏见一直受到大家关注，因此彼此间的相互合作也格外引人注意。大家都强调的背景性偏见，是一个不得不承认、不得不面对的问题。医学、科学、法学和执法人员也开展许多合作。澳大利亚的做法可以在法庭科学改革中起到带头作用。加强国家合作、国际合作，分担责任，加快步伐，以便早日获得国际普遍认可。

反观我国的法庭科学的基础科学研究，着实让人担忧。首先，法庭科学的技术投入不够，项目基金不足（与纯科研机构相比，法庭科学实验室往往缺乏足够的竞争力去获得科研基金的支持）且分配极不平衡，而且主要集中于公安系统。而数量剧增的社会鉴定机构，既没有科学研究的热情，又缺少资金支持。大多法庭科学学科最初来源于其他学科的应用分支，但在成为专门的案件调查工具后，应用面开始变狭窄，与原有学科的学术联系逐步减弱甚至消失，还有些法庭科学技术在其他领域根本没有什么应用，而是专门为调查、起诉和审判需要而生，如足印分析。其次，我国自主研发能力薄弱，与发达国家的鉴定科技水平差距很大。既有自然科学领域的技术成果不能有效转化成法庭科学应用技术，缺乏跨部门、跨行业的协调机制和统一的科学技术发展规划。关键的仪器设备和耗材，对国外依赖程度极高。最后，大概是由于法庭科学专业的学生在专业教育之初就缺乏强制性的基础科学训练，往往重视培养学生的应用经验积累，而相对忽视根本的科学原则和方法论教育，这往往会使学生迷失于具体的技术细节，而难以从认识论的高度评价特定法庭科学技术的科学性及其局限性。学生从业后，工作奖惩制度等并没有与科研业绩挂钩，办案压力、案件积压也不允许鉴定人将主要精力转向科研领域。对于鉴定人而言，鉴定意见能否令委托人满意比鉴定意见本身的科学性更重要。以上这些原因必然导致法庭科学从业人员和基础科学渐行渐远，但是脱离了母体持续性知识补养的鉴定技术科学性若难以保证，则必然导致鉴定意见的可靠性降低。

---

① See Alastair Ross, *Forensic Science in Australia: Where does Australia Sit in Relation to Trends and Issues in the International Context?* 24 Current Issues Crim. Just. 123 (2012).

四、鉴定能力的监控：鉴定人监督制度

“一切有权力的人都容易滥用权力，这是一条万古不易的经验，有权力的人们使用权力一直到遇有界限的地方才会停止。”[①] 法庭科学共同体不仅应实行严格的鉴定人资格准入制度，还要进行持续的监督和考核，理由有二：一是鉴定人在鉴定过程中存在着滥用鉴定权的机会，为了防止鉴定偏离客观数据和中立地位，对鉴定人的实验室行为进行有力的监督和制约就尤为重要；二是鉴定的科学性要求鉴定人的专业知识要与时俱进，即时更新自己的知识体系。

实验室监督主要就是对“人”的监督。在知识储备上，要注重人员专业技术素养的再教育，增强鉴定人的持续鉴定能力，淘汰那些停滞不前、不及时更新检验方法的人员。对于定期考核不合格的人员给予再认证机会，有严重违法情形的可将其淘汰出鉴定人队伍，力争建设一支高素质的鉴定队伍。

实验室监督有动态和静态两种。动态监督指随时随地的、预先不通知的、对人员现场的检测和校准过程的监督；静态监督则指有计划地对人员的检测和校准过程实施监督，对新设备试运行过程的人员监督、对在培养人员的操作和原始记录的监查等。监督要确保充分、有效，这样才能真正发挥监督的作用，才能加强科学证据的科学性和可靠性，降低鉴定风险，提升鉴定质量。

CNAS－CL08：2018 7.5.1 要求，“鉴定机构应确保每次鉴定活动的技术记录包含结果、报告和充分的信息，这些信息以便在可能时识别影响测量结果及其测量不确定度的因素，并能确保在尽可能接近原条件的情况下复现相关鉴定活动。技术记录应包括实施每项鉴定活动、审查数据/结果等责任人的标识和日期。”

近年来，全国各司法行政机关加大了对司法鉴定违法违规行为的查处、通报力度，取得了一定成效。司法部颁布修订后的《司法鉴定执业活动投诉处理办法》，自 2019 年 6 月 1 日起实施，进一步畅通了投诉渠道，增强了对投诉人的权利保护和投诉针对性，完善了投诉处理工作机制。但是，还需要进一步完善司法鉴定责任追究体系。例如，制定《司法鉴定违法违规行为处罚办法》，司法鉴定人和司法鉴定机构因故意或重大过失给当事人造成损失的，应当依法承担相应的

---

① ［法］孟德斯鸠：《论法的精神》（上），张雁深译，商务印书馆 1982 年版，第 154 页。

民事责任[①]。同时还要加强司法鉴定的事中事后监管，提高监管的有效性和精准性，借助专业力量，开展司法鉴定第三方评价和能力评估。建立完善司法鉴定工作与公检法三家的工作衔接和联动机制，及时掌握司法鉴定人违法违规情况，以加强责任追查。

五、优化实验室鉴定人员的数量和比例

首先，一些综合性实验室存在许多鉴定项目，这些项目之间人员数量分布不均，尤其是法医病理学鉴定人数量缺乏。导致法医病理学鉴定人数量不足的原因主要有：法医病理尸体解剖职业很辛苦，法医病理学家收入水平低，受社会尊重的程度低。无论是物质收入还是精神收获，都与付出的辛苦程度不成正比。这些明显影响鉴定人对法庭科学事业的积极性和主动性。类似现象在美国也存在，美国大量的法医学解剖是由没有获得法医病理学认证的病理学家进行的。美国每年大概需要70个法医病理学家职位，但是只有70%的职位有人申请，美国法医协会建议尸体解剖的案件量是每人每年不应超过250件，这样估计下来需要1000名法医病理学家。但是由于人员不足或缺乏资金支持，造成10%左右的职位空缺。尽管许多法医病理学家年收入在15万～18万美元，但是这一收入水平低于大多数医院的病理学家入行的收入水平[②]。与法医病理学人员缺乏形成鲜明对比的是法医临床学鉴定人的增多。近几年，我国法医临床鉴定火热，交通肇事、伤残评定等鉴定市场需求量大、案源多、利润高，导致大量鉴定人不顾自身鉴定能力呈趋之若鹜之势。

其次，我国公立法庭科学实验室的工作人员几乎全部是警察和检察技术人员。人民警察的首要职责是维护国家安全和社会治安秩序，预防、制止和侦查违法犯罪活动。一旦有案件发生，警察出现的目的应是寻找证据、侦破案件，恢复失衡的社会秩序和人际关系。而鉴定的目的则是追求真相，只对科学负责、只对事实负责。由于鉴定机构一般设立在警察部门内部，鉴定是破案手段之一，这就导致了“侦查引导鉴定”的尴尬局面，鉴定意见往往要服从于侦查破案需求，甚

① 潘广俊、俞晓辉：《司法鉴定若干问题的实践与思考——以浙江省为视角》，《中国司法鉴定》2018年第4期。

② 识别法庭科学共同体之需委员会，科学、技术和法律政策与全球事务委员会，应用和理论统计委员会工程与物理科学部，美国国家科学院国家研究委员会：《美国法庭科学的加强之路》，王进喜等译，中国人民大学出版社2012年版，第270页。

至产生为了满足案情构建需要而伪造鉴定意见的情况。因此，警察部门内部的鉴定技术人员往往苦于领导压力、行政压力、破案压力，不得不违背科学良知出具失真的鉴定。实践中，出现场的警察搜集回来大量物证让鉴定人员检验分析，鉴定人进行了大量的检验，结果耗时耗力耗财，而鉴定结果可能根本不被侦查人员采用，只因不符合他们的办案需要，或者与案情无关。

如果我们的法庭科学实验室人员在比例设置上也能像美国一样，以鉴定技术人员为主，以行政管理人员为辅，注重团队的合作和分工，让大量只具备初级技术水平的警察逐步提高侦查水平，或者让专业水平高的鉴定技术人员出现场，当场指导警察的证据收集和保管工作，也许就不会出现那么多高成本、低效益的检验工作，也不会造成因原始证据过度流失而使可收集到的或可使用的证据数量无辜变少。

第三节　能力验证

一、能力验证的含义

能力验证（Proficiency Tests），也称能力测试、水平测试，是利用实验室间比对的方法确定实验室的校准/检测能力或检查机构的检测能力[①]。

对于法庭科学领域而言，能力验证组织者按照预先制定的能力验证计划，组织多个法庭科学实验室对统一制作的检材或案件进行检测/检验，然后将法庭科学实验室的检测/检验结果与所有参加机构的公议结果或行业权威专家结果进行比对，并依据比对结果再对参加机构的特定项目的检测/检验能力进行评定，也可包括对其存在的问题提出改进建议。

二、能力验证的意义

（一）能力验证是评价和监督鉴定能力的有效方法

能力验证是对鉴定人职业资格动态控制的一种手段，即“安排鉴定人按照鉴

① 沈敏、吴何坚、方建新：《法庭科学实验室质量管理与认证认可指南》，科学出版社 2009 年版，第 9 页。

定检验的方法和程序对专门准备的测试样本进行检验，通过审查检验结果和检验行为来评价实验室和鉴定人的能力”[①]。实验室和鉴定人定期参加能力验证，既可以肯定其具备合格的鉴定能力，也可以及时发现其鉴定能力不足。尤其是法庭科学实验室有相当部分的鉴定项目具有检查活动的特点，即主要依靠鉴定人根据专业知识作出带有一定主观成分的判断。如果参加能力验证，就可使不同法庭科学实验室的检验系统、主观解释过程及分析结果具有可比性，将其不一致性控制在公认的允许误差范围内，并可主动发现、解决鉴定中存在的问题/潜在问题，促进实验室共同提高鉴定能力。

（二）能力验证能促进科学证据满足科学性要求

对于法庭科学实验室而言，它不仅要向外界证明自己具备相应鉴定能力，还要保证自己出具的鉴定意见最终能通过法庭的证据审查，而能力验证无疑是最好的方式之一。能力验证可以表明实验室具备其所承诺的质量水平，从鉴定结果、检验方法、设备水平、鉴定过程记录、鉴定人管理水平等方面，来证明实验室的鉴定能力，有助于实验室在社会和客户中提高知名度和置信度。客户也可以基于能力验证结果来选择鉴定服务机构。

如果实验室在能力验证活动中获得了“结果离群”“不满意”等结果，实验室领导层和质量管理者要认真识别问题原因：问题可能出在管理方面，例如样本混淆、样本存储不当、记录欠缺等；可能是仪器设备方面的差错；也可能是检验方法的错误；或者是鉴定人在检验和解读结果时的差错。通过能力验证可以识别出错误所在，针对不同的出错原因采取相应纠正措施；措施要落实到具体部门和人员，并限期整改，跟踪验证。

（三）能力验证是评价法庭科学实验室能力和水平的有效手段

在法庭科学领域，由于鉴定意见的证据属性以及鉴定对象（人证和物证）的复杂性和不确定性，使得评价、监控法庭科学实验室及其人员技术能力的能力验证活动尤显重要。法庭科学行政管理部门通过开展各专业的能力验证活动，可以达到了解实验室能力和水平的目的，为行业管理提供科学、客观的信息，发现各

---

① Smith F. P. and Kidwell D. A., *Accreditation of Forensic Science Laboratory*, *Encyclopedia of Forensic Science*, Academic Press, 2000. Clair J. Crime Laboratory Management, Academic Press (2003). 转引自郭金霞等：《司法鉴定质量控制法律制度研究》，法律出版社 2011 年版，第 193 页。

种问题和缺陷，从而可将实验室、鉴定人、国家等多方凝结成一股合力，各司其职，共同促进法庭科学实验室的持续发展。

在我国，能力验证是中国合格评定国家认可委员会（CNAS）评定和监督检测、校准、检查等机构技术能力的重要手段之一。CNAS 分别于 2011 年 2 月 1 日、2018 年 3 月 1 日颁布实施了《能力验证规则》（CNAS－RL02：2011，CNAS－RL02：2018），能力验证与现场评审构成了 CNAS 互为补充的两种能力评价技术。能力验证也是 CNAS 维持国际间认可机构相互承认协议（ILAC－MRA 和 APLAC－MRA）的基础要求之一。

三、能力验证的种类[①]

（一）公开能力验证和隐蔽能力验证

此分类以鉴定人是否知晓为标准。公开能力验证（Open Proficiency Tests），是鉴定人知晓其正在接受能力测试的情况下测试样品并完成鉴定报告。此类测试具有公开性，鉴定人通常对能力验证提供的样本更加认真、细心、耐心，投入更多精力，采取更适当的方法来完成鉴定行为，所以鉴定结果的质量通常高于日常鉴定水平。由此可见，此种能力验证并不能完全反映实验室日常的真实鉴定水平和能力。

隐蔽能力验证（Blind Proficiency Tests），由能力验证组织者委托实验室用户将测试样本作为一个虚拟案件的检材和样本，按照日常案件的手续和途径委托实验室鉴定[②]，鉴定人不知晓所接收的分析样本是能力验证提供的样本，所以也称为盲测。在盲测过程中，样本的包装、检验要求、委托手续和日常受理的案件一样，所以，盲测能够真实、全面地反映鉴定人员的实际鉴定能力、程序管理、操作规程、鉴定态度和服务水平。但该种能力验证具有隐蔽性且费用高，操作较复杂，实践中使用得并不多。

---

① 能力验证有多种，且可采用不同的方式进行。此部分对能力验证种类的划分，是从广义上的能力验证而言的。

② 王桂强：《物证鉴定的能力验证》，《刑事技术》2006 年第 4 期。

（二）外部能力验证和内部能力验证

此分类以能力验证的组织主体为标准。外部能力验证（External Proficiency Tests），是由参加能力验证实验室以外的机构组织和提供，是指利用实验室/机构间结果的比对来判定实验室/机构在指定业务范围内的能力。提供者（Provider）[①] 可能是专门的商业公司或没有关联的其他实验室，我国可由司法鉴定管理部门组织。外部能力验证的结果较为客观，容易被外部接受和认可，但该种方式周期较长且成本较高，日程安排上也要听从组织者的时间安排。

内部能力验证（Internal Proficiency Tests），是由实验室自己组织实施的，安排本实验室的鉴定人参加测试。内部能力验证是实验室内部质量控制的重要手段，也可用于新的检验方法的可靠性检查和鉴定人能力的考核评估。此种能力验证由于是自己组织的，具有组织容易、周期短、应用灵活等优点，但向外部证明其鉴定能力的证明力较弱。

（三）实验室间比对、存留物品再检验、定性检测、已知值方案、测量审核等多个种类

此分类以能力验证的目的为标准。实验室间比对[②]是外部能力验证最常使用的一类，主要针对的是人员的能力或仪器的校准，并能鉴别出实验室间使用的检验方法、仪器设备之间的差异。此方式能够较为全面、客观地评价实验室和鉴定人的整体能力，识别出实验室的问题并采取纠正措施，但该方法实施周期较长。

存留物品再检验，是对以往案件进行随机的重新检测。例如随机选择检验已完成的案件，由监督者或其他检验人员进行再分析[③]。此方法简便易行，在实验室内部能力验证时最常使用。

定性检测方案，是"对样本某一方面特性进行检测和识别，如含有某一组分、属于哪一类型等。"[④] 该方法适用于实验室的定性认定和检查机构的检查项目。

---

① 能力验证提供者：对能力验证计划建立和运作中的所有任务承担责任的组织，参见 ISO/IEC 17043 3.9。

② 具体是由一定数量的实验室参加，由权威实验室或机构提供具有充分均匀性和稳定性的测试样本，最后由组织者将各参加实验室返回的检验结果与指定值相比对，并据此评价实验室的鉴定能力。

③ 识别法庭科学共同体之需委员会，科学、技术和法律政策与全球事务委员会，应用和理论统计委员会工程与物理科学部，美国国家科学院国家研究委员会：《美国法庭科学的加强之路》，王进喜等译，中国人民大学出版社 2012 年版，第 217 页。

④ 王桂强：《物证鉴定的能力验证》，《刑事技术》2006 年第 4 期。

已知值方案，是将实验室对被测物品的实际测试结果与参考值进行比较的活动。由于检测样品的量值是已知的，故无须多个实验室参加。

测量审核（Measurement Audit），是对一个参加者进行“一对一”能力评价的能力验证计划。如使用相同或不同的方法进行重复检测，此类型简单易行，无须大规模多个实验室参加，也是内部能力验证经常采用的方式。

四、能力验证的实施

能力验证已成为各国管理和监督法庭科学实验室的主要活动之一。美国是世界上最早开展实验室能力验证活动的国家之一①，美国犯罪实验室主任协会下属的实验室认可委员会（ASCLD/LAB）对通过其认可的实验室进行监督的方法之一就是对参加者提交的能力验证报告进行审查。欧洲法庭科学研究所（ENFSI）在2003年对其所属成员实验室参加实验室认可的调查结果显示，85%的物证鉴定实验室能够常规地开展外部能力验证和内部能力验证活动②。

能力验证的实施一般包括五个步骤：各实验室要在质量体系文件中制定相关的政策和制度；确定组织机构；协调各鉴定项目的鉴定人参加和完成检验；负责对检验结果予以总结，尤其是针对不满意的结果，要分析原因，并采取相应纠正措施；对每次能力验证活动予以记录并存档③。其中，能力验证组织者负责能力验证项目的设计和实施。组织者可能是法庭科学管理部门、技术实力强的实验室，也可能是专门的商业性公司或没有关联的其他实验室。国外有许多能力验证提供者，其中从1970年就开始提供物证鉴定能力验证服务的美国CTS在组织规模、检验项目种类和权威性方面都占据优势。现在，CTS每年为世界各国物证鉴定实验室提供20多个能力验证检验项目，分发测试样本数千份④。测试样本是能力验证的基础，提供者及其合作方应具有确定特性测量的能力，例如指定值、均匀性和稳定性测试的能力。测试样本一定要充分均匀、稳定，在分发样本前一

① 1974年，美国执法和刑事司法研究就开展了一个持续二年的实验室能力验证计划研究项目，启动了美国物证鉴定领域的外部能力验证活动。参见王桂强：《物证鉴定的能力验证》，《刑事技术》2006年第4期。

② ENFSI，*Summary Report on the Accreditation Survey in* 2003 [EB/OL]．转引自王桂强：《物证鉴定的能力验证》，《刑事技术》2006年第4期。

③ 王桂强：《物证鉴定的能力验证》，《刑事技术》2006年第4期。

④ 王桂强：《物证鉴定的能力验证》，《刑事技术》2006年第4期。

般要进行预检验，预检验结果正确无误方可分发样本①。样本的设计、检验要求和难度，要与实验室的日常检验工作一致，这样有利于鉴定机构和鉴定人在发现自身工作薄弱环节的同时建立鉴定信心。如果参加能力验证，实验室应将检测程序文件化，保存好能力验证记录。组织者应该对实验室返回的检验结果进行客观评价和全面分析，并在能力验证报告中对各实验室给出相应的能力评价②。能力验证活动的关键就是确定能力验证切入点、评价指标、难度系数，要保证能力评价指标能够充分反映鉴定机构和鉴定人的主要技术能力。

五、我国能力验证的现状

能力验证将成为法庭科学实验室常态性工作之一。目前，我国法庭科学领域所开展的能力验证活动虽已覆盖了“三大类”各鉴定专业，但能力验证活动尚未普及。CNAS 按照 ISO/IEC 17043 的要求开展能力验证活动，寻求 CNAS 认可和已获准认可的实验室，必须满足 CNAS 的能力验证相关政策，并按照 CNAS 能力验证领域和频次参加能力验证。

司法部司法鉴定科学技术研究所负责开展能力验证活动。早在 2005 年 9～12 月，司法部司法鉴定科学技术研究所实施了“笔迹鉴定 CNAL T0257”和“法医学死因鉴定 CNAL T0258”能力验证计划项目，共有 44 家机构/实验室参加了这两个能力验证项目，其中 1 家为香港特别行政区政府化验所。2006 年 7 月，该所已接受和通过了 CNAS 组织的关于能力验证提供者认可的现场评审。其所提供的能力验证项目范围包括：①文件鉴定：笔迹鉴定；印章印文鉴定；印刷文件鉴

① 一般提供给实验室的材料可分为两种：实物性样品和模拟性鉴定案例。法医毒物、法医物证、微量物证、文件检验、痕迹、声像资料和电子数据等鉴定专业采取实物性样品形式，法医病理、法医临床、司法精神病等检查类鉴定专业一般采取模拟性鉴定案例形式。

② 一般而言，对定性检验项目的评价，由于该检验目的在于评价实验室对特定物品某一特性的识别能力，因此对其鉴定能力的评判主要采取参加实验室检测结果与标准检测结果的符合性进行对照评判的方式，对于完全不符合、部分符合和完全符合结果的评价量化权重分配，以及形成鉴定能力评判的量化标准，由“专家公议”形成。一般适用法医毒物、法医物证、微量物证、文件检验、痕迹、声像资料和电子数据等鉴定专业。对定量检测项目的评价，对所有参加实验室的检测结果进行统计分析，计算出相关统计量以作为鉴定能力评定的依据。常适用于法医毒物鉴定专业。对检查类鉴定专业项目，鉴定能力评价内容主要包括鉴定结论、分析说明、鉴定过程和技术判断指标、依据的方法或标准、外部信息资料的利用、鉴定文书的规范等。从能力验证项目模拟性鉴定案例的设计和优化、评价内容和参照标准的确定到评价标准的量化和权重、最终形成鉴定能力的评判等过程中都应采取“专家公议”的方式进行。常适用于法医病理、法医临床、司法精神病等鉴定专业。

定；可疑文件鉴定。②法医学鉴定：尸表检验分析死因；尸体解剖确定死因；器官、组织法医学检验；伤残程度评定；损伤程度鉴定。③法医毒物化学鉴定：血中乙醇含量测定；血、尿中滥用药物与农药测定。④法医物证学鉴定：个体识别（含亲权鉴定）。2005～2008 年已开展了 19 项能力验证计划项目，鉴定机构参加数累计超过 1300 多家，涉及 29 个省、自治区、直辖市以及香港特别行政区①。

目前，我国的法庭科学实验室正处于快速发展时期，实验室的技术方法推陈出新，仪器设备更换更加频繁，新的检验对象不断出现。社会性鉴定机构不断建立，鉴定人队伍迅速扩大，鉴定素质却良莠不齐。面对着鉴定要求越来越高、案件积压严重的情况，如何确保实验室的鉴定能力，能力验证无疑是监控和评估实验室和鉴定人能力的最佳方法。2013 年，司法部全面推进司法鉴定机构认证认可和能力验证工作，加强执业监管和执业保障，以促进司法公正②。法庭科学实验室为提高鉴定质量，也应经常参加能力验证计划。

2013 年 8 月 26 日，CNAS 在结合前期的认可基础上，为了逐渐适应国际互认的需求和统一司法鉴定/法庭科学机构认可标准，发布了 CNAS－CL08：2018《司法鉴定/法庭科学机构能力认可准则》。该准则覆盖了 ISO/IEC 17025：2017《检测和校准实验室能力认可准则》中规定的所有的管理要求和技术要求，同时准则中的部分条款要求和注解引用了 ISO/IEC 17020：2012《检查机构能力认可准则》、ILAC－G19：2014《法庭科学机构认可指南》中的部分内容和中国法律法规的相关要求。自此，中国司法鉴定/法庭科学机构认可结束了分别适用 ISO/IEC 17025 和 ISO/IEC 17020 两个认可体系的时代，走向了认可标准的统一。

“228 决定”实施后，公安部、最高检及司法部等部委，联合国家认证认可监督管理委员会、中国合格评定国家认可委员会推进司法鉴定/法庭科学机构的认可活动。经 CNAS 网站查询，截至 2018 年 5 月 17 日，通过司法鉴定/法庭科学实验室认可并在有效期内的三大类（法医类、物证类和声像资料鉴定）鉴定机构的总数为 350 家，其中司法鉴定机构 176 家，公安鉴定机构 138 家，检察鉴定机构 35 家，其他鉴定机构 1 家。

2018 年先后发布了 CNAS－CL08：2018《司法鉴定/法庭科学机构能力认可准

---

① 本数据来自郭兆明老师给证据法专业硕士研究生讲课的课件，在此对郭兆明老师提供翔实资料表示感谢。

② 《我国将推进司法鉴定机构认证认可和能力验证工作》，新华社北京 1 月 9 日电（记者崔清新），网址：http：//www.gov.cn/jrzg/2013－01/10/content_2308538.htm，最后访问时间：2013 年 3 月 19 日。

则》、CNAS－CL08－A001 至 CNAS－CL08－A008 8 个领域应用说明，覆盖电子数据、DNA、微量物证、法医学、文书、痕迹、毒物和声像资料鉴定领域。2018 年 9 月 1 日起实施，只接收按照 CNAS－CL08：2018 初次评审的申请，所有鉴定机构应于 2020 年 11 月 30 日前完成 CNAS－CL08：2018 的转换并取得认可证书。

第四节　法庭科学实验室的标准化建设

一、标准化的含义及其意义

科学证据的属性，需要以制度化、标准化的法庭科学实验室工作来减少鉴定风险。标准是衡量事物准则的一项实体性指标，是对客体在性能、规格、质量等诸多方面的限制和规范。标准化是制度化的最高形式，是为了适应科学发展和合理组织生产的需要，在产品规格、品种规格、零部件通用等方面规定的统一技术标准[①]。

法庭科学属于科学实证研究，偏重于技术性、实务性研究。法庭科学实验室的管理体系，以质量保证为目的，以质量控制为手段，具体方法则是开展标准化建设。1911 年，美国学者泰勒在其《科学管理原则》一书中创立了科学管理理论，提出了科学管理的原理与方法，就是以标准化为基础的研究[②]。标准化是质量管理的基础，能够使鉴定活动的管理和技术工作系统化、规范化和简单化。法庭科学的标准化包括对客观实体和法律程序上的双重控制。首先，可以对工作成果进行实质筛选；其次，标准化建设最重要的功能在于对鉴定行为的程序性控制，标准化为程序性控制提供了操作性指标、规范化指引。

我国法庭科学领域著名学者刘耀院士认为，“标准化（Quality Control 或

① 中国社会科学院语言研究所词典编辑室：《现代汉语词典》，商务印书馆 1996 年版，第 83 页。

② 美国 1976 年就制定了标准实验室规范（Good Laboratory Practices，GLP），实验室实验研究从计划、实验、监督、记录到实验报告等一系列管理而制定的法规性文件，涉及实验室工作可能影响到结果和实验结果解释的所有方面。虽然它主要是针对医药、农药、食品添加剂、化妆品、兽药等进行的安全性评价实验而制定的规范（我国首先从医药行业开始 GLP 认定活动），但它在严格控制可能影响实验结果准确性的各种主、客观因素，降低实验误差，确保实验结果的真实性等方面能为法庭科学实验室提供良好借鉴。

Quality Assurance)，就是指在经济、技术、科学和管理等实践中，对重复性的事务或概念，通过制定、发布和实施标准达到统一，以获得最佳秩序和社会效益的活动过程”[①]。可见，刘耀院士将质量控制、质量保证和标准化等同，体现了三者之间的紧密联系。从三者的内容上讲，广义的法庭科学标准化是“从物证提取、送检到物证的检验、鉴定文书的出具[②]以至鉴定机构的设置、鉴定人员的聘用都必须在全国范围内统一规范”[③]，它确实和实验室的质量控制、质量保证所规范的内容是一致的，都涉及鉴定人、鉴定机构、鉴定程序、鉴定方法、鉴定文书等内容。但这三者规范视角不同，侧重点也各有不同。质量保证是实验室向外界提供的一种证明、一种承诺；质量控制则是通过建立实验室的日常化质量控制程序，以确保鉴定的准确性和有效性，并兑现质量保证的承诺；标准化主要强调的是鉴定的一致性、规范性。狭义上的标准化，主要是指鉴定方法与鉴定程序的标准化（统一规范鉴定机构和鉴定人的资质可通过鉴定人资质认证制度解决）。因为即使鉴定机构拥有相同的硬件仪器设备，鉴定人员具有水平相当的知识背景、专业经验和培训经历，但是如果使用的鉴定方法不同，得出的鉴定结论就会有差别，就无法将两份鉴定结果进行比较。而且，尚未确认的先进技术方法是否足够成熟可靠，既有的技术方法是否已经落后过时需要及时将其淘汰，这些都涉及标准化建设范畴。当然，即使实验室使用相同的鉴定技术方法，但是如何将先进成熟的技术方法适当、有效地应用于鉴定对象，也就是鉴定程序问题，同样需要标准化建设。

二、鉴定方法的标准化

（一）方法之于鉴定的重要性

1. 方法和科学方法

“知识是经过一系列步骤产生的，在这个过程中，按照方法累积数据，评定

① 刘耀：《法庭科学标准化》，序言，第 50 页。

② 在澳大利亚，证据的收集和分析阶段的标准已经制定，并接受公众评价；正在使用的解释标准已经是第六次修订稿；报告的标准正在制定中。澳大利亚标准化过程广泛征求公众建议，鼓励法庭科学共同体外部人士的积极参与。See Alastair Ross, *Forensic Science in Australia: Where does Australia Sit in Relation to Trends and Issues in the International Context?* 24 Current Issues Crim. Just. 124 (2012).

③ 刘耀：《法庭科学标准化》，序言，第 65 页。

信息的优点和不足，并推论出关于因果关系的知识。”[①] 在某种意义上，科学作为系统的知识，就是指方法而言的，科学的本质就是科学方法。正如英国著名哲学家卡尔·皮尔逊所言，科学的统一仅仅在于它的方法，而不在于它的材料[②]。当研究特定对象时，科学家依赖于一套源于科学专业原则的习惯做法、程序、步骤和规则，这一套工作的实践做法被称为“方法”。使用这些方法，科学家提出并检验那些普遍的原则和理论，来预言和解释世界与真理。

韦氏词典这样定义“科学方法”，是“系统地寻找事实的原理和程序，包括问题的确定和阐述，通过观察和实验收集数据，构想出假设并对假设进行验证”。法庭科学实验室中的“法”，主要是指鉴定所使用的科学方法和操作程序。国外的 SOP 标准化的操作程序，主要就是针对鉴定方法而言，因此也可将“法”解释为鉴定程序应符合技术标准和相应步骤。可见，鉴定方法和鉴定程序密切相关，但“鉴定方法”不能等同于“鉴定程序”。一般而言，鉴定标准主要是指“鉴定方法”的标准和分析判定依据的标准。选择何种方法，方法是否科学稳定，操作程序是否规范合法，都关系着科学证据是否科学可靠，能否被采纳为定案证据。鉴定方法往往是以一定学科的科学技术为基础，因此，研究鉴定方法问题必须以相关学科的科学理论与技术方法为基础，必须针对不同种类的鉴定项目制定专门的方法规范，如法医病理学、法医生物学、法医人类学、法医精神病学、法医毒物学等。而且，法庭科学实验室的不同环节使用着不同方法，如检材的提取方法、鉴定材料的保管方法、检验方法、检验结果的评价方法。而法庭科学的广泛性决定了鉴定方法的不同，不同鉴定程序也需要不同的技术方法，这充分体现了方法的重要性以及方法标准化的重要意义。技术方法的标准化（包括技术方法的确认），是确保实验室质量水平的最主要措施（除此还有内部质量控制程序、能力验证计划）之一。

2. 鉴定方法的范畴和重要性

美国 *Daubert* 案的审判法官将科学知识限定于“硬”科学，即科学方法就是指实验室方法（这种界定是有争议的）。对于硬科学而言，科学只承认实验，只

---

① 识别法庭科学共同体之需委员会，科学、技术和法律政策与全球事务委员会，应用和理论统计委员会工程与物理科学部，美国国家科学院国家研究委员会：《美国法庭科学的加强之路》，王进喜等译，中国人民大学出版社 2012 年版，第 116 页。

② ［英］卡尔·皮尔逊：《科学的规范》，李醒民译，华夏出版社 1999 年版，第 399 页，转引自刘晓丹：《论科学证据》，中国检察出版社 2010 年版，第 7 页。

有实验方法[①]才被认为是科学的方法。但显然诉讼中涉及的专业知识有很多，科学方法也有很多，科学证据的基础学科不限于自然科学，许多软科学的方法同样有利于案件事实的查明，也可以是科学的方法，不能将科学方法的主要部分——受控性较高的实验方法——认定是科学方法的全部。因此，虽然本书强调鉴定方法的标准化，但并不赞同只有硬科学、实验室的可验证方法才属于科学方法。辨别知识和方法是否以科学的方式未必是进行严格的实验室检测，科学知识和方法应是开放的，可公开接受批判并不断改进。

科学方法可促进客观性，但是科学方法本身并不意味着客观。法庭科学实验室中使用的方法是否可靠、适当，直接影响着检验结果，因此对技术方法的管理是法庭科学实验室质量管理体系的核心内容之一。要想让同一检材在不同实验室或同一实验室内的不同专家鉴定间得到一致的、可重复的鉴定结果，就必须使用相同的检验方法进行鉴定。不同的鉴定方法若有不同精度等特性，就很难从同一检材中得到可重复的结果。科学技术的不断进步使得鉴定人员面前呈现着大量不同的可供他们选择的技术方法，虽然许多灵敏高效的技术方法提高了检验能力，但选择错误或低效率方法的风险也比以往任何时候更大了。因此，实验室必须对检验技术方法与检验操作程序进行严格控制和管理。

（二）鉴定方法标准化的含义

鉴定方法标准化，主要是指法庭科学实验室人员应当按照相关技术规范和技术标准，选择适当的技术方法实施鉴定。实验室方法有标准方法[②]和非标准方法[③]之分，有国家标准、行业标准、地区标准以及经司法部批准使用的技术规

---

① 根据实验方法，实验者能够控制某一情形下的某些变量，这些变量是构成研究对象产生的相关条件，于是通过重复地改变一种或几种变量，实验者就能研究这些变量对研究对象的影响，从而发现现象和变量之间恒定的依赖关系。如果没有系统的实验研究，就不会有物理学、化学、生物学的发展现状。所以，*Daubert* 案采取的方式就是将科学的方法限定为实验方法。

② 标准方法（Reference Method），是指具有较高的精密度和稳定性的方法，其准确度已经权威方法或不同原理的其他方法核验，已证明不存在可察觉的方向性系统误差，可估计出其测量结果的总不确定度。

③ 非标准方法，是指由其他方式制定的方法，包括实验室本身或客户制定的方法（ISO/IEC 17020）：a）非标准方法；b）实验室设计/制定的方法；c）超出其预定范围使用的标准方法，扩充和修改过的标准方法。对于实验室制定或选用的方法，如能满足实验室的预期用途并经过验证，也可使用，但所选用的方法应通知客户。

范、权威部门推荐的且经过确认的方法[①]、正式公布的方法[②]。

CNAS－CL08：2018 7.2.1.1 要求："鉴定机构应使用适当的方法和程序进行所有的鉴定活动，适当时，还应包括测量不确定度的评定，以及使用统计学技术进行数据分析。"[③] 对检测和校准方法的偏离，仅应在该偏离已被文件规定、经技术判断、授权和客户接受的情况下才允许发生。实验室应制定方法偏离控制程序。

国际上，早在 1970 年，美国著名的标准化组织——材料测试协会（ASTM）就成立了法庭科学标准化委员会[④]，对相关标准进行管理。我国早在 20 世纪 90 年代，公安系统就已经开始物证鉴定方法的标准化建设。但是标准化管理工作缓慢，司法鉴定技术标准无经费投入，很多标准滞后、空白，这导致鉴定行为的随意性增大。目前我国法庭科学工作重点之一就是"要加强法庭科学标准化、正规化、规范化建设，使鉴定人员在具体办案中有法可依，最大程度保障鉴定质量"[⑤]。鉴定方法的标准化建设不仅可以使法庭科学领域实施鉴定时有法可依，还能在科学证据的法庭运用阶段，为法官审查和评估鉴定意见的可靠性和证明价值提供参考标准。

在选用鉴定方法时，鉴定人要注意两个问题：一是无论使用哪种技术方法，该方法都要具有可复审性，以便于鉴定意见被他人复核，否则该鉴定意见可能因无法重复、真伪不能获得验证而失去可采性[⑥]。二是选用的鉴定方法不同，鉴定意见的证明力大小也将不同。鉴定方法的标准化建设不仅可以使法庭科学领域实施鉴定时有法可依，还能在科学证据的法庭运用阶段，为法官审查和评估鉴定意见的可靠性与证明价值提供参考标准。

（三）技术方法的准入机制

方法为法庭科学提供技术支撑，如果对技术方法不加严格准入管理，就会导致大量尚未成熟、可靠性很低的伪科学、非科学进入法庭，影响到鉴定结果的可

---

① 丛斌、常林：《法医法学》，人民卫生出版社 2009 年版，第 191－193 页。

② 正式公布的方法，是指在国际、区域、国家标准中，或由知名的技术组织或几个实验室联合发布或发表在相关的科学文章或期刊中的方法。

③ 参见 CNAS－CL08：2018 7.2.1.4－7.2.2.2。

④ 该委员会下设犯罪学、文件检验、法医病理、毒物学、法医牙科学、司法精神病学等 15 个专业分委会。

⑤ 陈忆九、刘宁国、张建华：《试论法医病理学检验标准体系》，《中国司法鉴定》2004 年第 3 期。

⑥ 王进喜：《浅论证据法与司法鉴定职业行为规则的契合》，《中国司法》2011 年第 9 期。

复审性，进而影响到鉴定意见的可靠性和可信性。方法的准入机制就是“为新技术方法进入法庭科学活动设置一道门槛，对鉴定实践中采用的技术和方法设立允许采用的条件”[①]。

1. *方法确认的含义*

方法确认是实验室质量保证的重要一环。法庭科学实验室使用的所有技术程序，在应用于个案前必须经完全确认[②]。方法确认（Methods Validation）是对鉴定使用的技术方法进行评估以确定其有效性和可靠性，或是否适合于特定用途。CNAS－CL08：2018 7.2.2 要求：“鉴定机构应对非标准方法、实验室制定的方法、超出预定范围使用的标准方法，或改动过的标准方法进行确认。确认应尽可能全面，以满足预期用途或应用领域的需要。”

确认包括对抽样、处置和运输程序的确认，可通过与其他使用有证标准物（如果可使用）已经确认的方法或众所周知的特征进行比较。方法确认有两类：开发确认（Developmental Validation）和内部确认（Internal Validation）[③]。当按预期用途评估被确认方法的性能特性时，应确保与客户需求相关，并符合规定要求。方法性能特性可包括但不限于：测量范围、准确度、结果的测量不确定度、检出限、定量限、方法的选择性、线性、重复性或复现性、抵御外部影响的稳健度，或抵御来自样品或测试物基体干扰的交互灵敏度，以及偏倚[④]。上述特性的精神核心在于源技术方法的科学性。科学性是正确反映研究对象的客观规律性，是鉴定意见的本质属性。衡量一个鉴定意见科学与否的主要标准，就是该技术在源科学中获得的认可度、技术本身的稳定度、技术自身的缺陷和不确定因素是否获得了有效控制，以及该技术方法在鉴定中的应用条件是否符合源科学的要求。美国 *Daubert* 案对于科学证据可采性衡量建议，主要就是采用了这些标准。

2. *方法确认的重要性*

新技术发展将为法庭科学实验室带来检验方法的变化，法庭科学的各个分支学科因科学技术不断更新而正在向纵深发展。比如，痕迹检验由痕迹形态观察转向物质成分分析，物证鉴定由常量转向微量，毒物鉴定由原始毒物分析转向代谢物分析，刑事照相由现场照相转向图像处理，法医病理学检验由形态学转向功能

---

① 刘鑫：《司法鉴定技术与方法准入研究》，《中国刑事法杂志》2008 年第 2 期。

② 参见 CNAS－CL08：2018 7.2.2.1。

③ 王桂强：《物证鉴定的技术方法确认和标准操作规程》，《刑事技术》2006 年第 6 期。

④ CNAS－CL08：2018 7.2.2.3。

理论，等等。于是，实验室对于新方法的引进、原有方法的改进或扩大应用范围、仪器或试剂条件变化等，都需要进行事前的方法确认。

实验室开展方法确认，可以评估某一技术方法获得可靠结果的能力；确定技术方法中影响检验结果质量的关键因素，必须重点控制与监督的操作步骤和环节，并据此确定用该技术方法获得可靠结果所需要的条件和需要的质量控制（QC）环节，界定检验方法的局限性①。实验室所使用技术方法的可复审性和有效性的提高，必然促进检验结果的准确性和可靠性。一般而言，使用经过确认的标准方法出具鉴定意见的可靠性，要大于使用未经确认的技术方法得出的鉴定意见。

法庭科学应以足够可靠的科学原理和方法为基础，鉴定人依靠的理论和技术方法应已接受经验验证、公开发表过、被同行认可、获得大多数人的接受。但现实中，我国法庭科学实验室所使用的方法，有的是鉴定机构自身研制的，尚未得到科学共同体的公认，未经可靠验证的原理和未经标准化的技术方法；有的仍处于试验阶段。依据如上方法产生的鉴定意见，错误的可能性很大。例如，我国曾轰动一时的“杜培武涉嫌故意杀人案”，就是由于检控方将尚未经可靠验证、未被大多人普遍接受的测谎结论作为查明案件事实的手段，而导致法官做出错误的事实认定。因科学原理不够成熟，鉴定技术方法自身不成熟、不可靠，或者尚未经同行普遍认可而产生的可靠性差错，这种错误属于实质性错误。技术方法的错误，还包括随着科技的发展，原来较为成熟可信的技术方法本身已经过时，应该被淘汰，先进的技术方法应取代过时的传统方法。例如法医学中，从最原始的滴血验亲法，到靠血型鉴别身份，直到现今的DNA个体识别技术的出现。因此，过时陈旧的方法应适时退出法庭科学这一严肃领域。

目前，国际实验室认可合作组织（ILAC）、美国犯罪实验室主任协会/实验室认可委员会（ASCLD/ LAB）、加拿大认可委员会（SCC）和澳大利亚认可委员会（NATA）发布的关于法庭科学实验室认可指南或补充规定中，都对法庭科学实验室认可提出了“所有法庭科学实验室使用的技术方法在用于实际案件物证检验之前必须通过确认”的要求。但是，一个法庭科学实验室可鉴定的项目很多，每一个项目可选择的技术方法也有多个，对任何一种方法都进行技术确认固

① SWGDAM. *Revised Validation Guidelines* [EB/ OL]. See http: // www. fbi. gov/ hq/lab/fsc/backissu/ 2004207/ 2004203. /，最后访问时间：2012年10月11日。

然愿望良好但显然不切实际。所以，正如 ISO/ IEC 17025 所要求，应该集中力量仅对鉴定质量起关键作用的方法进行确认；至于其他方法，如果因之未通过能力验证活动，可有针对性地启动确认程序以评估其可靠性和局限性。

（四）方法的标准操作规程（SOP）

方法确认仅仅是确保鉴定技术可靠性的第一步，属于“有法可依”，最重要的是“有法必依”，即鉴定人必须正确、切实地运用了技术方法。所以实验室要针对每一个技术方法制定相应的操作规程，即标准操作规程（Standard Operating Procedure，SOP），也称作业指导书，是针对技术方法应用的每个环节、步骤等具体操作制定的标准和详细的书面规程。SOP 是实验室管理技术方法的有效手段，是质量管理体系中的重要组成部分，可以使实验室所有鉴定人能够一致而正确地使用检验方法，从而为获得高质量检验结论提供技术保证；减少各种因素对结果的影响，最终提高鉴定意见的可靠性。

实验室必须有制定和使用 SOP 的政策和程序，涵盖从起草、修改、试用到审核、批准、使用和修订的所有活动。内容上，主要由该方法适用的鉴定类别、鉴定目的、方法概述、使用的仪器和材料、具体操作步骤、数据分析和结果解释等部分组成，还应包括该方法的所有安全警示、取样方法、仪器参数设置、仪器检查/调整/校准要求、材料的检查、质量控制的内容和方法、需要记录的数据和观测结果、接受和排除数据的判据、检测结果的解释和检验结论表述方式等。此外，SOP 还应注明该技术方法的确认时间、修订时间和授权部门等。SOP 应描述清晰、准确、简明，格式统一，可操作性强，但是 SOP 的详略程度应满足最低要求，即应该使遵照 SOP 指示的所有鉴定人能够做出相同操作并获得相同的检验结果①。SOP 明确规范鉴定人根据检测结果形成鉴定结论（或意见）的判断标准，明确规定表述的标准和词汇，以促进鉴定人尽可能使用相同或相似术语表达相同的观点，有利于为法庭应用时能正确评价鉴定意见。

实践中的许多鉴定差错，就是因为鉴定方法缺陷导致的。欧美国家非常重视标准化建设。美国、英国、法国、德国、澳大利亚等国均已将法庭科学标准纳入国家标准管理体系，并通过专业标准化委员会、相关行业协会、研究机构对鉴定标准进行管理。我国目前的法庭科学技术方法准入程序处于管理薄弱状态，许多

---

① 王桂强：《物证鉴定的技术方法确认和标准操作规程》，《刑事技术》2006 年第 6 期。

方法都缺乏方法准入程序，也未建立书面SOP，这不仅影响到实验室鉴定方法操作的合法性，还影响到法官在审查鉴定意见时无法从实质上判断方法是否可靠、有效。

（五）方法的退出机制

法官对于科学证据的证据资格和证明价值审查的核心内容，是科学证据背后科学技术的成熟度、可靠性，但科学技术不仅是成熟可靠的，还要具备先进性。也就是说，在庭审时法庭科学知识不应是已被科学界淘汰的落后的知识和方法。美国著名的*Frye*规则之所以日益遭到批判就是由于它未能很好地处理过时技术退出法庭的问题。因为按照*Frye*规则，如果一个理论及其技术已经获得普遍接受，就可以进入法庭，证明案件事实，但是如果该理论逐渐被新的科学技术取代，就已经失去了最初的先进性和有效性。例如，笔迹鉴定、显微毛发比对曾经一度被法庭奉为权威科学，但现在这些鉴定技术已经被科学领域视为伪科学和垃圾科学。所以，应用于法庭上的科学原理及其技术的可靠性和有效性要定期审查，及时淘汰落后的知识和方法。

能够应用于法庭科学鉴定活动的工具和技术方法有很多，从最初的显微镜、比较显微镜技术开始，发展到现在的检测微量物质的光谱分析和色谱分析技术、扫描电镜技术、现代激光技术、红外技术、紫外技术、仪器自动化技术，多种技术联用是现在仪器设备的重要发展方向。检验技术的检验范围越来越宽，检验技术越来越精密、科学，鉴定技术的更新换代不可避免。作为法官，对科学证据的正确评估，要以当时的科学技术发展水平为基础。在庭审时，只有有效、可靠的科学方法才能有助于事实发现的准确性，过时的、风光不再的技术方法要让位于先进的技术方法。而我国目前尚未确立判断法庭科学中所使用的科学知识和技术是否过时的标准，因此立法上应确立法庭科学技术的退出机制，避免过时的科学一直存留在法庭上，进而危害司法公正。对此，首先可引入内行专家委员会评审，他们不仅要评审法庭科学技术和方法准入标准，还要对已经过时的技术和方法进行定期审查，审查科学技术的科学先进性和有效性，对已经淘汰的技术应编制成名单，由司法行政机关以行政法规规章的形式予以公告，如果还有鉴定人依据这些被淘汰的技术出具鉴定意见，法官将直接否定其证据资格。

在我国，为解决司法鉴定行业标准化缺乏的问题，司法部从2010年到2015年组织业内具有技术优势和行业影响力的机构和专家，先后研制、颁发了74项司法鉴定技术规范，初步满足了司法鉴定活动的迫切需要，搭建了司法鉴定标准体系的总体框架。2013年，最高人民法院、最高人民检察院、公安部、国家安全部、司法部联合公告并印发了《人体损失程度鉴定标准》，统一了全国人身伤害领域的鉴定标准。2016年，五部门再次联合公告并印发了《人体损伤致残程度分级》，推动全国范围内各领域人体损伤致残程序鉴定标准由分散到统一迈进了一大步。2019年是司法鉴定标准化之年，司法部正致力于进一步加强司法鉴定标准化建设，完善司法鉴定标准化工作机制，不断提高司法鉴定科学化、标准化水平。

三、鉴定程序的标准化

（一）鉴定程序失范的现实

实践中，法庭科学实验室尚未形成和实行先进的质量管理模式。运行缺乏规范的指引，鉴定的各个环节缺乏溯源，操作程序往往是封闭的，缺少外部监督，其作业流程是否规范、合法，外界几乎无从知晓。加之刑事案件实验室多设立于侦查机关内部，鉴定人与侦查人员互相接触甚至身份重叠，这就导致侦查权影响甚至僭越鉴定权。暴露出来的一些鉴定差错，恰恰是由于法庭科学实验室程序不公开、不透明，才导致鉴定人有机会肆无忌惮地弄虚作假。例如，在法医病理学鉴定中，常见错误操作有：鉴定人根本不实际解剖尸体却出具鉴定报告；解剖过程常常违反操作规程；解剖的范围和顺序不符合规定。美国同样存在鉴定程序违规和失控的情况，“2002年9月22日，美国媒体报道内政部的资深病理学专家Paula Lannas在负责勘验一连串牵涉谋杀案及暴力等重大刑事案件的死者尸体时，其解剖的鉴定方法被批评为连续使用不专业及不适当的方法，违反了法医病理学实务”①。这种错误主要就是因鉴定程序缺乏外部监督和当事人参与、过于封闭、不公开不透明造成的。如果在专家检验现场有外部监督或当事人聘请的专家辅助人的参与，鉴定人就不会有造假机会，也不敢违规操作，更不敢隐匿真实的检验数据。

鉴定程序标准化建设对于法庭科学鉴定质量保障非常重要。“鉴定标准的缺

① 朱富美：《科学鉴定与刑事侦查》，中国民主法制出版社2006年版，第261页。

失是基础性、制度性、根本性的重大缺陷。”[①] 法庭科学事业的发展和完善，必须依靠法律和标准共同保驾护航。从证据的收集、保管、送达到实验室进行分析，到对分析数据的解释并报告，都需要有一揽子标准以供遵循。以证据的收集和保管为例，实验室应当严格依照有关技术规范处理证据，对每一份证据都要做好收集保管记录，形成一个连续的、不间断的，同时责任可追溯到个人的保管链条，防止原始证据被污染、被调换、被混淆。只有具有严格的法律程序约束的证据收集保管行为，其证据的可靠性和合法性才更有保证。

（二）以程序正义理念为基础

在美国证据法学家达马斯卡的《漂移的证据法》中，行文贯穿始终的一条线就是任何证据和证据法都应放在程序法中加以关照和认识。对于法庭科学之于证据法的关系，笔者更倾向于将科学证据的程序性关照扩展为广义的程序，即通过类似于诉讼程序的程序正义理念来加强法庭科学实验室程序的控制，这不仅有利于法庭科学实验室的管理，还可以提高科学证据的科学性，促进法官对科学证据的实质审查。程序正义理念同样要求法庭科学实验室鉴定活动应当遵循一系列的方式、方法、步骤以及相关的规则和标准，鉴定程序要具有法定性、合法性、公开性和平等性。一方面，检查或检测人员要严格按照作业指导书的规定实施一系列的步骤、行为；另一方面，鉴定过程应由双方当事人平等地见证、监督和异议（这是由当事人作为诉讼主体具有诉讼程序参与权决定的）。

真正能够有效保证和控制法庭科学实验室工作质量的措施，应增强程序的透明性。透明性能更好地评估鉴定工作并向外行人展示其科学性和可靠性，鉴定差错成因之一就是由于鉴定程序缺乏监控所致。如果对鉴定过程进行充分规范，对鉴定过程进行及时而完整的记录，并完好保存记录档案，就可以保证同行复查所要求的程序透明性。

（三）提升我国鉴定程序标准化建设

我国法庭科学实验室建设多重数量而不重质量和水平，实验室的资质认定工作只重数量进度不重鉴定能力的实际提升。一些实验室基本的硬件鉴定条件明显

---

① 徐景和：《司法鉴定改革：社会价值与发展方向》，《中国司法鉴定》2008 年第 6 期。

不足，更不要说软件鉴定水平的提升，这些问题都严重制约了法庭科学的鉴定水平和服务质量。鉴定程序标准化，有利于控制影响鉴定质量的各种因素，促进鉴定活动的科学化和规范化。

当今诉讼活动严重依赖科学证据，但又担心鉴定意见是否科学可靠，而通过标准化建设在很大程度上可以约束鉴定人的潜在偏见，降低人为错误。我国早在20世纪90年代就开始进行鉴定程序的标准化建设工作，也取得了一定成绩，但目前发展很不平衡，各省、地市、县的科研人员、技术水平、设备层次参差不齐。有些地方技术和设备虽已达到发达国家水平，但在标准化管理方面还存在相当大的差距。刘耀院士认为，在当今世界，谁掌握了标准的制定权，谁就在一定程度上掌握了技术和经济竞争的主动权①。因此，我们必须加强国际标准化发展的战略研究，尽快建立符合形势发展要求的国家鉴定标准体系。

第五节　法庭科学实验室的全面质量管理：实验室认可

"科学原则和良好的实验室技术超越国界，超越不同的实验室和不同的客户需求。每个实验室之间使用的技术可能不同，但是不同技术都要遵从科学原则；不同实验室服务于不同客户，但是每一个实验室都需要质量保证。"② 一个法庭科学实验室要出具让顾客满意，并能经受得住时间和事实考验的合格鉴定意见，必然需要具有相应的实验室能力（Laboratory Capability），即进行相应检测和检查活动所需的一系列人力资源、物质资源、环境资源和信息资源，可将这些资源简称为六要素保障：人、机、料、法、环、测③。虽然这六要素来源于ISO/IEC 17025，但不能认为只有通过实验室认证认可的实验室才应符合六要素的特殊要

---

① 范兴川、潘静：《成就事业，成就自己——记著名法医毒物分析专家刘耀院士》，《科学中国人》2006年第12期。

② Donnell R. Christian，Jr. Stephanie Drilling，*Implementing Quality in Laboratory Policies and Processes：Using Templates，Project Management，and Six Sigma*，30，CRC Press（2010）.

③ 国家认证认可监督管理委员会、司法部司法鉴定管理局：《法庭科学实验室资质认定工作指南》，中国计量出版社2009年版，第114页。

求。对于为法律提供客观、公正服务的法庭科学而言，这六要素应是每一个实验室都应具备的普遍性要求。

一、实验室认可的内涵和意义

（一）实验室认可的内涵

认可，是指正式表明获准认可机构具备实施特定工作能力的第三方证明。实验室认可是权威机构对检测或校准实验室有能力进行指定类型的检测或校准做出一种正式承认的程序。我国实验室认可方面的权威书籍将“认可”界定为：“权威机构依据相关的准则并遵循一定的程序，通过注册评审员和技术专家全面而系统的评价，对检测实验室或检查机构等技术能力和管理水平所做的一种正式承认”①。按照英国认可服务组织（UKAS）的观点，认可是“被评估者，即检测和校准实验室、认证和检查机构根据国际公认的标准获得评估，以证明他们的资格、中立性和业务能力。这是一种能够识别出经过证实的、有资质的评估者的能力，可以保证对实验室、认证或评估主体的选择建立在大量信息之上，而不是一场有极大变数的赌局”②。如果一个实验室通过某个名誉较好的认证机构的认可，就说明该实验室在特定的检验、测量和校准方面达到了规定的技术能力水平；实验室有能力出具一定的数据，这些数据是准确的、可溯源的、可重复的。虽然对认可的界定大同小异，但有两个共同点：第一，认可的目的，在于确认、认可和证明某机构或组织在某一领域的资格；第二，获得认可的途径，通常由独立的、公正的和有资格的评估者根据国际公认的标准进行。

（二）实验室认可的意义

1. 实验室认可可以使实验室的鉴定能力获得外界认可，增添实验室信心

一般而言，认可证明标志着任一领域的实验室服务质量，这样，客户就可以在通晓实验室能力和声誉的基础上，做出知情的选择来挑选实验室为其提供服务③。通过认可的实验室/机构，就意味着其具备了国际标准化组织要求的基本

① 沈敏、吴何坚、方建新：《法庭科学实验室质量管理与认证认可指南》，科学出版社 2009 年版，第 2 页。

②③ Maciej J. Bogusz and Huda Hassan, *Role of Accreditation Procedures in Maintaining Quality*, see *Quality Assurance in the Pathology Laboratory*, 142, CRC Press (Maciej J. Bogusz ed. 2011).

技术条件和能力，能够据此客观、公正和独立地从事检测和检查活动，其出具的检验报告能够达到“一次检验，全球承认”的效果，能够获得国内和国际认可。其鉴定意见的科学性和可靠性，更容易被法官认可。

2. 实验室认可能增加客户、公众和政府的信任

“如果客户知道您的产品或服务接受过某个独立的、有能力的检测组织的全面评价，就会增强客户对您的信心。”① 实验室认可制度是一种有效的对外宣传和证明手段②。政府关心消费者与公众的健康和福利、环境安全，需要制定新政策和法规并贯彻落实；客户关心自己的利益得失需要采取一定的行动。这些决策和行动都需要以数据为支撑，但是决策者在做出决策前要有信心确保其所依据的全部数据具备准确性和可靠性，可以让客户、政府和管理者增加对实验室的信任③。

3. 鉴定行为有了操作基准，减少检验行为的不确定性

实验室认可，能够为通过认可的实验室提供行为统一的参照标准，避免实验室与同行过于疏远隔离，实验室的技术水平也可以定期获得权威机构的独立评估。作为实验室，要确保所提供鉴定服务的科学性和可靠性。所以，实验室要开展一系列基础研究活动，为鉴定人员提供源源不断的稳固的知识基础；还要注重人员的培训和继续教育工作；装备上要尽可能先进，且进行日常性维护；信息共享上，应建立更大范围内的信息共享系统。从而确保检验数据和专家意见的准确性，减少人为偏见，降低不确定性，更好地满足社会对检测数据和检查结果的质量要求。

4. 减少实验室的负面评价，提高检验效率，节约成本

实验室通过参加实验室认可项目，建立良好的质量管理体系，对鉴定过程进行全面控制、持续改进，可以确保在设备仪器采购上是安全的，提供商是可靠的；可以减少实验室出现错误的概率，例如错报、漏报；减少重复取样、重复检验的次数，既可避免昂贵的重复测试，又节约了时间成本，从而有精力实施更多、更重要的鉴定。

---

① *Why Use An Accredited Laboratory?* ILAC (2001).

② See *the Advantages of Being an Accredited Laboratory*, ILAC (2001).

③ See *How Does Using an Accredited Laboratory Benefit Government and Regulators?* ILAC (2001).

二、实验室认可的主要内容

（一）认可的标准

随着实验室认可制度的发展，世界各国实验室认可机构都不断建立和完善各自的实验室认可规则，并形成了许多实验室认可的国际标准、区域标准或国家标准。国际实验室认可工作一般分为检测和检查两种。所以，各国的法庭科学实验室认可工作所遵循的最基本准则是国际标准化组织和国际电工委员会颁布的国际认可准则 ISO/IEC 17025：2017《检测和校准实验室能力的通用要求》；各类检查机构认可适用的标准是 ISO/IEC 17020：2012《检查机构能力认可准则》以及 ILAC－G19：2014《法庭科学机构认可指南》[①]。我国司法鉴定/法庭科学机构认可活动准则是 CNAS/CL08：2018《司法鉴定/法庭科学机构能力认可准则》。

（二）认可的范围

由于法庭科学学科的内涵与外延的广泛性，认可范围很广，难以穷尽，因此，各个国家的认可范围不同，但主要认可范围是一致的。根据 ILAC－G19：2002 的规定，认可范围大致包括 12 大类 80 种鉴定项目。主要有管制物质；毒物学；毛发、血液、体液和组织；微量证据；枪支和弹道；笔迹和文件鉴定；指纹；标记和压痕；音频、视频和计算机分析；事故调查；现场勘查；法医病理学、昆虫学和齿科学[②]。

（三）认可的原则

国际上实行自愿申请原则、非歧视原则、专家评审原则和国家认可原则。但

---

① 需说明一点，ILAC－G19：2014《法庭科学机构认可指南》原文为“Modules in a Forensic Science Process”，该译法来源于 CNAS－CL08：2018《司法鉴定/法庭科学机构能力认可准则》前言中的翻译。实验室认可和 ISO9001 认证不同，后者也是国际上对实验室进行审核和认证的管理体系，它广泛应用于制造业和服务机构，对它们的产品和服务的质量管理制度进行评价。尽管 ISO9001 也发挥重要作用，但是它不是针对供应商的技术能力。这就意味着，即使获得了 ISO9001 认证，也不能确保其数据的准确性和可靠性。而实验室认可则是专门针对实验室的技术能力的一种标准和程序，是对实验室中可能影响数据质量的全部要素的完全的评估。

② ILAC－G19：2002 1.1。

我国“424决定”第五条规定：“法人或者其他组织申请从事司法鉴定业务的，应当具备下列条件：（三）有在业务范围内进行司法鉴定所必需的依法通过计量认证或者实验室认可的检测实验室。”这一要求将原本在国际上自愿性的认证认可制度在我国被强制化了，但这恰恰体现了实验室认可制度之于法庭科学质量管理和科学证据证明价值的重要意义。

（四）实验室认可的六要素

根据ISO/IEC 17020、ISO/IEC 17025的要求，实验室能力要素分为两大部分：管理要求和技术要求。对人员能力、鉴定方法、鉴定程序、实验室设施和环境、原始记录等共19项要素进行全面管理，这是对鉴定行为与鉴定过程进行的全方位的动态化控制，保证检测数据的科学性、可复审性、可追溯性、有效性，从而确保鉴定意见的相关性、可靠性、合法性。

实验室认可制度将影响鉴定质量的因素具体划分为人、机、料、法、环、测六要素，以满足国际通用能力要求。①人，是指实施具体检测行为和检查行为的鉴定人员，这些人的教育背景、专业资格、培训、经验及能力都直接或间接影响着鉴定质量。②机，指实验室应配置服务（包括原始样品采集、制备、处理、检验和存放）所需的全部设备等物质基础；每件设备均应有唯一性标签、标记或其他识别方式；仪器设备是否科学、先进，其型号、量值溯源、校准情况都影响着检测数据和检查结果。③料，指检材、试剂、（有证）标准物质等的存储状况、标识是否完好，是否形成落实到责任人的良好保管链条。④法，指鉴定方法，选择何种鉴定方法不仅关系到该鉴定意见是否科学、可靠、可信，还关系到该鉴定结果能否得到其他地区或国家的承认。⑤环，指实验室的环境条件，空气湿度、通风、用水、用电系统是否具有可使用性，这些条件影响检测数据的可靠性。⑥测，指数据和结果是否获得复核与有效控制。法庭科学实验室的产品本质上是数据和结果，结果是否准确、可靠，需要对这些数据和结果进行自查或互查。对于检测数据和检查结果的核查，应用统计技术进行分析，发现其发展趋势，采取相应的预防措施或纠正措施，可以防止报告错误的数据或结果。

三、实验室内部质量控制制度

法庭科学实验室工作的最终成果，是呈现在法庭上的司法鉴定文书或专家意见。但就本质而言，法庭科学实验室的产品是数据和结果，结果是否准确、可靠，需要对这些数据和结果进行自查或互查。CNAS－CL08：2018 8.4.2 要求鉴定机构应建立并实施有关记录的标识、存储、保护、备份、归档、检索、保存期限和处置等必要的控制措施。鉴定机构应根据法律法规、协议确定的期限要求保留相关记录，记录的调阅应符合保密性的承诺并能易于获得。根据管理学上的过程控制原理，通过过程控制实现质量控制（Quality Control），这是质量管理的重要组成部分。控制首先是一种制度，而非个人的德行或彼此之间的理想关系，它是一种关系的调整和行为的安排，它能使资源在最少阻碍和最小浪费的条件下尽可能多地满足人们的某种要求。质量控制是法庭科学实验室的生命线。"为了达到质量要求所采取的作业技术和活动"[①]，监视过程，可以识别错误、舞弊和偏见，肯定标准操作程序和实验方案的持续有效性和可靠性，确保遵循最优方法，矫正需要改进的程序和实验方案[②]。

广义的质量控制，可以分为内部质量控制和外部质量控制。内部质量控制的方法一般有：定期使用有证标准物质进行内部控制；利用相同方法或不同方法进行重复检验；对留存样品进行重复检验；分析对象不同特性结果的相关性等[③]。

实验室应该对其检测过程涉及的各个环节进行控制，主要包括人员、实验室环境、仪器设备、实验方法、试剂盒标准物质、检验记录等进行控制，例如DNA 实验室要有完善的记录系统、系统的防污染措施、有效的监督机制和报告审批制度等。其中，法庭科学实验室是否确实对数据和结果进行核查和审批，进行最后把关，体现了该实验室是否具有严密的工作流程和严谨的工作态度，也体现了实验室是否具有良好的职业行为。实验室管理层对每一个环节都要认真监控，防止鉴定差错流出实验室，将鉴定差错控制在实验室环节内，并采取相应补救措施和预防措施。

---

① Ashraf Mozayani, Carla Noziglia, *The Forensic Laboratory Handbook: Procedures and Practice*, 217, Humana Press (2006).

② 识别法庭科学共同体之需委员会，科学、技术和法律政策与全球事务委员会，应用和理论统计委员会工程与物理科学部，美国国家科学院国家研究委员会：《美国法庭科学的加强之路》，王进喜等译，中国人民大学出版社 2012 年版，第 27 页。

③ 国家认证认可监督管理委员会、司法部司法鉴定管理局：《法庭科学实验室资质认定工作指南》，中国计量出版社 2009 年版，第 147 页。

四、实验室认可制度的局限

《美国法庭科学的加强之路》在许多方面都提出了恳切建议。例如鉴定报告使用标准术语，制定标准操作程序，将认证和认可制度强制化，个人认证强制化，建立日常质量控制程序，加强教育和培训，加强科学研究等。这些建议旨在促进法庭科学技术的自我修正和持续改进，都可纳入实验室认可制度中，因为认可制度对实验室要素的全方位规制完全可以满足法庭科学实验室的管理要求。这些建议虽然来自美国对其法庭科学领域问题的调查和总结，但对于我国现阶段提升法庭科学服务水平也具有现实意义。我国从 2003 年开展的实验室认可和能力验证活动，已经在全国范围普及，这为我国法庭科学事业的不断完善奠定了良好基础。但是，欣喜之余，我们更要看到法庭科学领域的自身不足，并质疑实验室认可制度能否真正治愈这些不足。

首先，我们不得不承认，法庭科学领域具有广泛性和多样性，涵盖法医物证、法医病理、法医临床、法医精神病、文件检验、毒物分析、枪弹鉴定、微量物证分析、电子数据分析等①。各个鉴定项目使用的技术依托于截然不同的学科基础，甚至每一个鉴定项目下使用的鉴定方法也会有很大差异。法庭科学自身的多样化和差异性要求我们在实施实验室质量管理手段时，针对每一类鉴定项目的需求，应采取不同对策，根据它们各自的特点而有所侧重。相比较而言，实验室认可对于以检测活动为主的检测实验室来说意义更大一些，而能力验证、个人认证对于以形态解释为主的检查机构来说则更为有效。

以法医病理学为例，它“更依赖于各种诊断行为和医学知识体系的综合运用，更类似于复杂的医学决策过程，而显著不同于相对注重专门技术和方法的实验室活动，这在分析不同学科的理论水平、发展需求和改善路径方面尤为重要”②。所以，我国在推行实验室认可制度、质量控制措施时要根据不同学科的不同特性，发展具有针对性的提升手段，而不能采取“一刀切”的政策。否则，要么使这些质控措施流于形式，要么使它们成为法庭科学技术的发展障碍。

---

① 法庭科学实验室的证据可分两大类：一类是以专家对观察到的形态进行解释的形态经验型证据，例如指印、书写样本、工具痕迹、咬痕以及毛发等样本；另一类以实验分析为主要特征的分析型证据，例如核 DNA 分析和线粒体 DNA 分析、毒物和毒品分析。

② 邢学毅：《加强美国法庭科学之路的反响与启示》，《证据科学》2011 年第 4 期。

其次，虽然实验室认可目前已经成为我国法庭科学执业的前置条件，但并不能当然地认为凡是通过实验室认可的实验室所出具的鉴定结果都是可靠的、准确的。因为实验室通过认可，只能表明该实验室具备了正常的鉴定水平，在实践中遵守着一套已确立的质量标准，并采取符合这些标准的做法，但并不意味着这个实验室不会出现错误，也不表明这个实验室在每起案件中都会使用最优方法。因此，我们只能把通过实验室认可作为鉴定机构准入的强制性门槛，但决不能把它们作为鉴定意见免于法庭质证的通行证。

最后，虽然一些法庭科学领域，例如 DNA 分析和法医毒物分析，在鉴定方法的标准化方面做得很好，但其余大多数鉴定项目都缺乏方法的标准化，缺乏标准操作程序。虽然我国近几年迅速开展了实验室认证认可工作，但是通过认可的实验室在日后的日常鉴定活动中是否能真正按照认可准则去做，还是未知数，缺少监督和执行力度的制度只是苍白的摆设，付诸实施才是法律准则的生命力。

五、法庭科学实验室认可的发展情况

（一）国际上法庭科学实验室认可的情况

1988 年，美国联邦调查局（FBI）建立了 DNA 技术分析工作组（TWGDAM），为 DNA 实验室制定了质量控制的标准。1994 年，美国制定了《DNA 鉴定法》，创立了 DNA 图谱国家数据库系统，还建立了 DNA 咨询委员会，公布了质量保证的标准。该法案还要求 FBI 的工作人员必须经过能力验证，但该法案的一个重大缺陷是未要求实验室认可，2004 年的《所有人正义法案》则堵住了这个重大漏洞[①]。目前，虽然大多数美国法庭科学实验室都进行了 ISO/IEC 17025 的认可，但是有些实验室没有参加，而且大部分警察部门都没有经过认可。

在英国，在实验室分析上曾一直处于垄断地位的 FSS 就是通过实验室认可来确保鉴定质量，虽然其因财政危机已宣告破产，但是幸存下来的主要社会性鉴定实验室对关键性工作已经进行了认可。当然一些较小的服务机构尚未通过认

① See Paul C. Giannelli, *Wrongful Convictions and Forensic Science*: *The Need to Ragulate Crime Labs*, 86 N. C. L. Rev. 163 (2007—2008).

可，英格兰和威尔士的大多数警察机构都没有进行认可。但英国的法庭科学管理者已经制定了时间表，以满足欧盟机构主持的实验室认可要求。相较而言，实验室认可工作开展得较好的是澳大利亚和新西兰，几乎所有的法庭科学服务者（实验室和警察系统内部）都通过了 ISO/IEC 17025 的认可要求。

（二）我国法庭科学实验室认可的情况

2003 年 12 月，北京市公安局法医检验鉴定中心通过国家实验室认可，这是国内第一家通过实验室认可的法庭科学实验室。“228 决定”第五条明确规定：“法人或者其他组织申请从事司法鉴定业务的，应当具备‘有在业务范围内进行司法鉴定所必需的，依法通过计量认证或者实验室认可的检测实验室’。”自此，我国开始逐步推行法庭科学实验室的认证认可制度。

目前，我国实验室认证认可实行的是“一套体系，两套制度”。“一套体系”是指评价依据的是同一套国际标准体系“两套制度”一是指实验室和检查机构的资质认定；二是实验室和检查机构的认可制度。中国合格评定国家认可委员会（CNAS）是我国唯一经授权实施认可的权威机构。实验室通过参加这两种认证方式，可以确认和保障该实验室具备了符合认证认可准则要求的持续的技术条件和技术能力。通过认可的实验室的鉴定意见，可通行于国际法庭科学领域。

可喜的是，2018 年 12 月 28 日，国家市场监督管理总局、中国国家标准化管理委员会发布的《印章印文鉴定技术规范》（GB/T 37231－2018）、《印刷文件鉴定技术规范》（GB/T 37232－2018）、《文件制作时间鉴定技术规范》（GB/T 37233－2018）、《文件鉴定通用规范》（GB/T 37234－2018）、《文件材料鉴定技术规范》（GB/T 37235－2018）、《特种文件鉴定技术规范》（GB/T 37236－2018）、《男性性功能障碍法医学鉴定》（GB/T 37237－2018）、《篡改（污损）文件鉴定技术规范》（GB/T 37238－2018）、《笔迹鉴定技术规范》（GB/T 37239－2018）共 9 项法庭科学技术标准，已于 2019 年 4 月 1 日正式实施。这标志着我国法庭科学标准化管理向前迈进一大步。

国际上，认可多是由实验室或检查机构自愿参加的，认可的结果国际互认。在我国，根据“424 决定”的相关规定，实验室认可成了一种强制性规定，这与国际上通行做法相悖。是否强制认可，反映出对于技术要求、组织活动和认可的高成本等方面的担忧，许多国家对“如何实现认可”这一问题力不从心。即使在法庭实验室认可制度发达的美国，也存在着这种困扰[①]。

总体而言，实验室认可工作无疑是完善法庭科学实验室建设和管理工作的最佳方式。但是法庭科学实验室管理，是一项复杂且具有一定难度的系统工程。它涵盖了法庭科学鉴定工作各要素各环节，是过程控制，也是结果保证。

第六节　与科学性有关的法庭科学职业行为规则

一、与科学性有关的法庭科学职业行为规则的重要性

在法庭科学实验室管理制度中，不能忽视社会权力这一因素。社会权力由国家权力派生，权力与权利同源，本源上都来自于人民，来源于法律。一个健全的法庭科学实验室管理制度，就要全面构建国家、社会、公民的权利与责任体系，要认真研究法庭科学行业协会的性质、功能和价值，努力推动行业自律。“只有形成政府监管、社会监督、行业自律的工作格局，法庭科学管理工作才能够全面健康发展。”[②] 从性质上看，行业管理机构属于民间团体，是自愿组成的协会或学会经选举产生的机构，对法庭科学领域内的事务进行专业管理，强调的是行业自律性，以保证法庭科学共同体的适时交流和持续发展。行业管理可以弥补代表政府监管的行政机关管理“外行领导内行”的不足，在法庭科学的学术交流、技术监督、行业自律、政策法规的建议、技术标准的制定、鉴定人技能培训与职称评定等诸多方面提供交流平台和协作场所。

加强法庭科学职业行为规则建设，不仅是贯彻证据裁判主义、实现司法公正的重要举措，也是对法庭科学实验室鉴定行为进行过程控制的有效方法。法庭科学实验室活动是由具体人员的职业行为构成的，人员的能力、性格、素养各不相同，知识水平、从业经验参差不齐，这些直接影响着鉴定质量。如果没有统一的职业行为规则，每个人凭借其自身悟性、道德素质、主观意识随意办案，职业鉴

---

① 在美国，只有纽约、俄克拉荷马和得克萨斯三个州要求强制认可，其他州均是要求法庭科学共同体的自愿参与。识别法庭科学共同体之需委员会，科学、技术和法律政策与全球事务委员会，应用和理论统计委员会工程与物理科学部，美国国家科学院国家研究委员会：《美国法庭科学的加强之路》，王进喜等译，中国人民大学出版社 2012 年版，第 6 页。

② 徐景和：《司法鉴定改革：社会价值与发展方向》，《中国司法鉴定》2008 年第 6 期。

定行为质量则难以保证。法庭科学是科学与法律的交汇，因此职业行为规则既要反映科学的要求，也要反映法律的要求[①]。从不同角度分析，法庭科学职业行为规则呈现不同形式。例如，从司法行政管理角度看，由于司法公正应当是实体公正、程序公正和鉴定公正的统一与协调，所以为了有效发挥法庭科学"科学求真、公正鉴定"的功能，法庭科学实验室在鉴定活动中必须遵循一系列原则，例如依法鉴定原则、科学鉴定原则、独立鉴定原则、公正公开原则、客观中立原则，同时还要履行回避义务、保密义务。从调整内容看，一般涉及鉴定人和机构的执业前提，委托关系的建立、维持与终止，保密，鉴定实施的原则与程序，出庭，同行与上下级关系、与公众关系、与行业组织的关系等内容，涵盖法庭科学鉴定活动的各个方面。例如《美国加利福尼亚州刑事技术人员协会职业道德守则》将职业行为规则划分为五个部分：与科学方法有关的道德；与意见和结论有关的道德；与出庭有关的道德；与刑事技术一般业务有关的道德；对职业的道德责任[②]。

目前，许多国家都已制定了法庭科学职业行为规则，例如《澳大利亚和新西兰法庭科学协会道德守则》《加拿大法庭科学协会职业行为规则》。美国的法庭科学行业自律组织最为发达，许多州不仅建立了自己的法庭科学协会，而且还制定了法庭科学职业行为规则。美国的法庭科学职业行为规则早在 1910 年就被提出[③]，例如《美国注册法证科学执业者理事会行为守则》《美国中西部法证科学工作者协会道德守则》《美国犯罪实验室主任协会职业道德守则》《美国法证科学学会良好法庭科学实践指导原则》《美国加利福尼亚州刑事技术人员协会职业道德守则》《美国刑事技术协会职业行为规则》《美国精神病学与法学学会司法精神病学道德指南》《美国心理学学会道德准则》等。但是，美国至今未建立一个全国性的法庭科学道德准则，也许是法庭科学学科庞杂、涉及内容过于广泛所致。相较于国外的行业组织和行业管理情况，我国法庭科学行业管理较薄弱，尚待系统研究和完善。

---

① 王进喜：《浅论证据法与司法鉴定职业行为规则的契合》，《中国司法》2011 年第 9 期。

② ［美］彼得·巴尼特：《法证科学职业道德：刑事技术职业标准》，王进喜译，中国法制出版社 2013 年版，第 113—116 页。

③ Edward K. Cheng, *Same Old：Scientific Evidence Past and Present*, 104 Mich. L. Rev. 1387, 1399 (2006).

二、客观性原则

客观性和中立性均要求鉴定人员应忠于科学知识与理性，在鉴定活动中不偏不倚，但是，“客观性规范的是鉴定人员与客观对象、客观规律的关系，中立性规范的是鉴定人员与相关利益取向的关系”[①]。可见，客观性原则针对的是鉴定人与客观对象、客观规律的关系，客观性要求鉴定人应忠于科学和真相。作为科学知识的拥有者、仪器设备的操作者、检测数据的翻译者，鉴定人要谨记法庭科学的局限性。在检验活动中，尊重科学，客观实施检测行为，恪守客观规则，谨慎出具鉴定意见，而且在法庭上不得以误导性方式向事实裁判者阐述其结论。

科学并非无所不能，科学也有自身局限，存在着一定的不确定性。一些鉴定意见的出具过程是一个综合性的理解过程，甚至会涉及众多科学家观点之间的交锋和协商。因此，鉴定人对于不能得出明确结论的鉴定项目，应出具倾向性意见，不能为了满足法官的明确结论需要，或者迎合当事人的不合理需求而违背科学良知和职业操守。但是，法庭科学领域却存在着违背科学规律、对科学的局限性视而不见、超越科学界限解决法律问题的现象。对此，鉴定人一定要谨记：科学从不讲述完整的故事，科学证据不能解决诉讼案件的所有问题，只能解决其中一部分或很小部分的专门性问题。因此，鉴定人一定要有所为有所不为，对于超越专业知识等事实问题之外的事项，尤其是法律问题不要涉及，以免落得侵犯事实裁判者的司法权之嫌。对此，鉴定人不仅要遵守鉴定义务，也要勇敢行使自己的鉴定权利，如拒绝鉴定权。

法庭科学人员出庭展示其意见时，也应保持客观性。正如美国《加利福尼亚州刑事技术人员协会职业道德守则》所规定的，“刑事技术人员出庭的目标，不仅仅是提出支持雇佣他的一方的观点。他有伦理上的义务来保证法院理解存在的证据，并以不偏不倚的方式出示该证据”[②]。

---

① 杜国栋：《论鉴定人员职业规则》，《证据科学》2011 年第 5 期。

② ［美］彼得·巴尼特：《法证科学职业道德：刑事技术职业标准》，王进喜译，中国法制出版社 2013 年版，第 115 页。

三、实验室规则

现代科学技术发展，为“法庭科学活动提供了更多的仪器设备和科学方法，也带来了更为复杂的操作实施问题。相应地，法庭科学职业行为对技术实施程序也有了越来越多的调整内容”①。科学鉴定原则主要指实验室规则，包括与科学方法有关的道德，即鉴定人在实验室环节应遵守的规则，针对的是科学证据的科学性要求。概括起来，实验室规则要求包括以下六点：

第一，鉴定人要本着真正的科学精神，应研精究微，积极进取，逻辑严谨，无偏无倚②。

第二，真正的科学工作者，应就检材进行充分的检验，选择进行那些最为关键的检验项目。同时，防止鉴定人为了增加结果的证明力而进行不必要的、多余的检验，有时需要对检验结论进行再检验和再验证。

第三，科学反对秘密方法，反对封闭过程。鉴定人有义务将所使用的检验方法和过程，向办案人员和相关人员披露。

第四，要确保鉴定方法应用于鉴定对象的有效性。

第五，真正的科学方法要求使用获得普遍接受的、可靠的程序。

第六，鉴定方法应是获得确认的。即使不属于国际或国内通行的方法，但应是经过正当程序被开发和确认的方法，否则鉴定结论是无效的，而且鉴定人要与科学方法共同进步，要以开放心态接纳更优的方法。

① 王进喜：《法律职业行为法》，中国人民大学出版社 2012 年版，第 222 页。笔者所援引的原文的主语是司法鉴定活动，鉴于本书采用将“法庭科学”“法证科学”和“司法鉴定”等同的观点，所以为了前后逻辑用语一致，笔者在引述中将司法鉴定置换为“法庭科学”，或者“法证科学”，三者在本书中等同使用。

② ［美］彼得·巴尼特：《法证科学职业道德：刑事技术职业标准》，王进喜译，中国法制出版社 2013 年版，第 113 页。

第四章 确保法庭科学实验室法律性品格的监管

第一节 “料”的保管链条的完整和合法

实验室中的“料”，是指检材、鉴定资料、样品、试剂和标准物质等。检材是指与鉴定事项有关的生物检材和非生物检材，例如活体、尸体、血痕、血液、组织、毛发、骨、牙齿、精斑、物品、文书等。鉴定资料是指存在于各种载体上与鉴定事项有关的记录，包括案卷、病理、影像学资料等。标准物质，是指在给定地区或给定组织内，通常具有最高计量学特性的测量标准，在该处所做的测量均从它导出。

“料”的真实、完整、合法，是鉴定意见科学可靠的基本前提，检材是否具备鉴定条件关系着鉴定结果的准确性。例如，尸体解剖应在腐败前进行；损伤程度的评定应注意收集伤者受伤当时的情况与伤后历经的实践；临床记录完整与否；临床检验报告是否齐全；生物源物证采集的量和来源，保存条件和时间等，这些环节都对鉴定结果有直接影响。如果生物物证保存不善导致霉菌或细菌生长，就会失去鉴定价值，影响案件事实的查明。

一、实验室应具有样品标识系统

从检材提取到鉴定意见出具，要经历一系列环节，例如检材的提取、运输、接收、处置、存储、保留、清理的程序。这一系列环节和程序是否规范，影响到样品的真实和完整性，进而影响鉴定意见的可采性和证明力。在实验室的整个流转期间，标识应保留且完好，避免样品或其记录的混淆。如果合适，标识系统应包含物品群组的细分和物品在实验室内外部的传递。在鉴定中用于鉴别、比对或解释等用途的数据、检材/样本及相关材料（如机动车油漆、毒品样品、打字机打印样式、弹头、子弹、DNA、频率数据库等），应作为内部参考物质进行详细记录、唯一性标识和妥善保管①。

二、实验室抽样计划和程序

实验室为了后续检测或校准，而对物质、材料或产品进行抽样时，应有用于抽样的抽样计划和程序。抽样计划和程序在抽样的地点应能够得到。只要合理，抽样计划应根据适当的统计方法制定。抽样过程应注意需要控制的因素，以确保检测和校准结果的有效性。

原则上，应由两名专业人员进行抽样。要按照取样规范进行，保证取得的样本适合鉴定需要，并且取样过程要予以记录。记录的内容，包括样品包装、转台、特征、数量和性状，以及异常情况、鉴定耗尽或损坏样品的情况，而且某些环节需要告知委托方并征得其确认或同意。

实验室应建立样品控制程序，防止样品污染或被损坏，确保其完整性，并有适当的设备设施贮存、处理样品，确保样品不受损坏。必要时，对贮存物品的状态进行定期检查，以确保其功能正常运行并防止污染或性能退化，或者检出变质物品。当抽样作为检测或校准工作的一部分时，实验室应有程序记录与抽样有关的资料和操作。这些记录应包括所用的抽样程序、抽样人的识别、环境条件（如果相关）、必要时有抽样位置的图示或其他等效方法，如果合适，还应包括抽样程序所依据的统计方法②。实验室和犯罪现场技术人员之间要保持良好的沟通以确保程序适当。

---

① 参见 ISO/IEC 17025 6.4.1 注 3，或 CNAS－CL08：2018 6.4.1 注 3。

② 参见 CNAS－CL08：2018 7.3.1 至 7.3.3。

三、鉴定材料的保管链条

法庭科学实验室法律性的主要体现之一就是对检材的收集和保管的法律控制。《司法鉴定程序通则》第二十二条规定："司法鉴定机构应当建立鉴定材料管理制度，严格监控鉴定材料的接收、保管、使用和退还。司法鉴定机构和司法鉴定人在鉴定过程中应当严格依照技术规范保管和使用鉴定材料，因严重不负责任造成鉴定材料损毁、遗失的当依法承担责任。"鉴定材料的保管是否符合要求将直接影响到鉴定意见的可采性和证明力。

（1）物证应标记、编号，注明收集的时间、地点、收集人，以免混淆。例如在刑事犯罪现场，侦查人员、鉴定人员要对各种证据予以正确而全面的观察、记录、收集、保存、包装。为了确保被收集和存储的物证与犯罪现场具有正确的联系，通常可采取照相、书面记录和画简图的方式固定这种联系，还需要格外注意各个证据种类有相应的包装要求。例如衣服上或被褥上的血液斑痕包装前应在空气中完全风干，以避免细菌滋生影响后续的分析活动；对于微量物证要有专门容器以免损失和污染。生物学样品，例如血液和体液，要放置在清洁、有标识的容器中。如果检材样本等没有做出编号或者编号不足以识别该证据的，证据来源的可靠性就会受到严重的质疑。在 *United States v. Gary Ladd*① 案中，由于犯罪实验室检验的血液和尿液样本编号模糊，辩方因此质疑证据样本的编号被篡改，该案中鉴定意见因证据来源有问题而不可采。

（2）鉴定机构应确保每项鉴定活动的技术记录包含结果、报告和充分的信息，这些信息便于在可能时识别影响测量结果及其测量不确定度的因素，并能确保在尽可能接近原条件的情况下复现相关鉴定活动。

---

① See *United States of America v. Gary Ladd*, 885 F. 2d 954, 1989 U. S. 在该案中，辩方针对化验结果提出了以下两个质疑可采性的理由：第一，控方收到死者梅西（Massey）的血样和尿样后在州实验室化验中的保管链条非常粗糙；第二，新罕布什尔州实验室在将血样和尿样送往州私人实验室（CSL）进行进一步关键性化验时，其编号为 T87－1938－BBO，但根据 CSL 的记载，其收到样品后的编号是 T87－1936－BBO，其中的一位数字不一致，且后来这个数字被认为改动过，使得"6"看起来更像"8"。对于第一个辩护理由，控方提出了充分的证据证明样品的保管是严格按照州实验室的操作流程进行的，并且血样和尿样是被分开保存、密封的；而奇怪的是，控方并没有对第二个辩护理由提出任何抗辩。最终法官认定第一个辩护理由不成立，第二个辩护理由成立。这就意味着州实验室的化验结果可采，而 CSL 的化验结果不可采。

技术记录应包括实施每项鉴定活动、审查数据/结果等责任人的标识和日期。鉴定活动的原始观察结果、数据和计算应在观察或获得时予以记录，并按特定任务予以识别，并及时归档。当使用实验室信息管理系统（LIMS）时，如系统不能自动采集数据，鉴定机构应保留原始记录。鉴定机构应确保技术记录修改后可以追溯到前一个版本或原始观察结果，并同时保存原始的以及修改后的数据和文件，包括更改日期、更改内容和负责更改人员的标识。授权签字人对鉴定文书的审核记录，应能表明鉴定活动中每个关键发现、支持鉴定意见的结果/数据、分析判断和说明、鉴定意见的审核过程等。授权签字人的审核意见可以通过多种方式体现，如逐项或总体的意见，以及针对性的说明等。

鉴定机构应建立和保存针对每例鉴定的文件档案。存档内容应包括（但不限于）：与客户沟通的所有记录、委托受理协议、检材/样本的状态描述和“保管链”记录（接受、内部传递、返还或其他处置）、鉴定过程记录、鉴定结果/数据、所利用的外部信息或资料、外部提供者相关工作的数据/结果或报告、授权签字人审核鉴定文书的记录、鉴定文书副本等[①]。一定要注意物证被检验前不得被更换、变形、污染。实验室应有贮藏物证检材的安全区域[②]。科学证据不能是孤立的一份检材，也不能是法庭上的一纸文书，而应是一个连续不间断的过程，是一条“收集—提取—包装—送检—保管—检验—出具报告”完整的链条。“证据保管链不完整，证据的真实性得不到确认，将会被认定与案件无关，并因此被排除出认定案件事实的证据之外”[③]。很可能因为链条上任一环节的中断就彻底导致科学证据整体失效，可谓“一环出错，满盘皆输”。

（3）标准物质的清单、标签、合格证、供应商及其资料，配制、期间核查、存放条件、领用及其记录，以及相关的管理程序，属于实验室质量管理的一项重要内容。试剂、标准物质如果保存不善，受到交叉感染或污染，就会影响到鉴定技术的有效性。尤其是对于灵敏度极高的DNA检测技术而言，样本、试剂或标准物质的零星污染都会直接导致检测数据失真，影响到鉴定意见的可靠性。

（4）许多诉讼案件收集来的检材是微量稀少的，因鉴定需要耗尽或者可能损坏检材的，或者在鉴定完成后无法完整退还检材的，应当事先向委托人讲明，征

---

① CNAS－CL08：2018 7.5.4.

② 刘健、胡兰、姜成涛、赵兴春：《美国法庭DNA鉴定实验室质量控制标准》，《法医学杂志》1999年第4期。

③ 杜国栋：《论证据的完整性》，中国政法大学出版社2012年版，第154页。

得其同意或者认可，并在协议书中载明。在鉴定过程中，要尽量节省检材，以确保对鉴定结果进行复检时的可行性。如果检材一次耗尽，在程序上一定要有约束，例如要求双方当事人在场、见证，经双方书面同意方可进行鉴定。

值得一提的是，DNA 实验室不仅采取了各项防护措施确保“料”安全、清洁（如在检测过程中，工作人员要穿防护衣；要在检测环境受控的情况下执行关键的 DNA 分析程序；要使用专门的过滤器、吸移管排除样本对样本的交叉感染；要采取严格的样本控制规则和自动化的操作程序）。更重要的是，在日常的样本、试剂和标准物质的管理上，实验室形成了良好的质量管理程序，将这些管理措施日常化、规范化，将这些优良做法内化成每一位实验室人员的工作习惯和业务素养，打造出无懈可击的鉴定意见，让鉴定人能够在法庭上从容镇定地面对当事人和律师的犀利质询。

第二节　鉴定人证据意识的养成

法庭科学从业人员应该对科学证据的法律性有更加清晰的认识，主要体现为鉴定人证据意识的养成。证据意识，是指人们在社会生活和交往中对证据的作用和价值的一种觉醒和知晓的心理状态，是人们在面对纠纷或处理争议时重视证据并自觉运用证据的心理觉悟[①]。鉴定人具有证据意识，可以在鉴定前有意识地审查检材的完整性、真实性，在实施鉴定时能恰当保管证据、保留鉴定的原始记录，以避免未来的鉴定争议，防止出庭作证接受质询时的被动性。

一、鉴定人具有证据意识的意义

鉴定人应具有证据意识。一是因为鉴定活动的结果最终要为法律服务，鉴定意见在法庭上的证据能力和证明力如何，由法官审查判断，主要就是对鉴定文书和鉴定过程的审查，这就要求鉴定人在实施检查和检测活动中要符合技术规范和程序规则，以免因鉴定程序问题而影响鉴定意见的证据资格。二是因为鉴定人被

① 何家弘：《证据意识漫谈》，《法学杂志》1998 年第 3 期，第 32 页。

要求就鉴定意见的科学性、合法性和可靠性出庭予以解释、说明时，就需要使用一定的铺垫性证据[①]来证明所出具的鉴定意见是科学可靠的。这就需要鉴定人注意保留鉴定过程的原始记录，例如照片、录像、表格等，且应当完整、真实，避免由于自己缺乏证据意识而使鉴定意见遭受不当评价。

二、鉴定人证据意识的表现形式

第一，全面审查鉴定对象。鉴定对象的客观、完整是鉴定工作的基本前提。前提错误，无论鉴定过程多么规范、合法，鉴定方法多么标准先进，结论也是错误的。因此，原始证据，即检材和样本，例如法医病理学上的尸体、法医物证学中的血斑、精斑、组织块，以及反映原始案情的勘查笔录、病理资料等，是否客观、完整，是否被调包、被伪造篡改，是否被污染，是否具有明确的来源，是否与待证事实有关联，收集途径、程序是否合法等，都属于审查范畴[②]。

第二，完整记录鉴定过程。鉴定过程的原始记录是反映和评价鉴定活动规范、合法的重要依据。“司法鉴定人应当对鉴定过程进行实时记录并签名。记录可以采取笔记、录音、录像、拍照等方式。记录应当载明主要的鉴定方法和过程，检查、检验、检测结果，以及仪器设备使用情况等。记录的内容应当真实、客观、准确、完整、清晰，记录的文本资料、音像资料等应当存入鉴定档案。”[③]“鉴定目的是怎样确定的、检材是如何清点和使用的、仪器校准的结果和运行状况如何、实验材料是否事先经过了验收、检验鉴定环境是否符合要求、检验方法是怎样选择的、检验过程中观察到了什么结构，用什么方法进行的结果解释、结论是在谁的参与下如何得出的等”[④]。鉴定的原始记录应忠实于观察到的事物原形。

第三，准确回答“专门性问题”。需要鉴定的事项具有专门性，所以鉴定人要在接受委托时，帮助委托人确定具体的鉴定项目和专业性问题。在出具鉴定意

① 美国《加利福尼亚州证据法典》第 403 条：在相关性、个人知识或者真实性存在争议时，对铺垫性事实和其他预备性事实作出裁决（Determination of foundational and other preliminary facts where relevancy, personal knowledge, or authenticity is disputed）。

② 鲁涤：《试论法医学鉴定人的证据意识》，《中国司法鉴定》2010 年第 6 期。

③ 《司法鉴定程序通则》第二十七条。

④ 鲁涤：《试论法医学鉴定人的证据意识》，《中国司法鉴定》2010 年第 6 期。

见时要有针对性地回答问题，才能准确地帮助法官或当事人查明事实真相。如果答非所问，就会因鉴定意见不具备必要性和相关性而失去证明价值。美国《加利福尼亚州刑事技术人员协会职业道德守则》第Ⅱ条B项规定："检测旨在解释真相，所有的解释都应当与该目的一致，不得故意歪曲。"[①] 这就需要鉴定人懂得所需鉴定事项在证明案件中处于什么环节，扮演什么角色。实践中还存在一种情况，鉴定人超出专业范围回答非事实领域的问题，也就是鉴定人越权回答本该由法官决定的法律问题，这种鉴定意见是无效的。

第四，注重鉴定程序的重要性。"重实体、轻程序"不仅是我国诉讼法领域的一大顽症，同样也是鉴定领域长期忽视的问题。鉴定程序的每一个环节都会影响到鉴定意见的可靠性和合法性。鉴定程序如果违法，即使结论是正确的，也不能令法官和当事人信任，鉴定意见很可能失去证据资格。

需指出的是，证据意识并不是鉴定人资格准入的标准之一，但如果想成为出色的鉴定人，就要具备证据意识，证据意识的强弱往往决定着鉴定人处理专门性问题的思维是否全面和深刻。证据意识能提升鉴定人的职业素养，是优秀鉴定人区别于平庸鉴定人的一个重要标志。具有证据意识的鉴定人能够更加规范地实施鉴定行为，其回答专门性问题时能够更好地满足法庭的要求，确保鉴定程序合法，因此其出具的鉴定意见就会更加可靠、更有说服力，获得法官采信的可能性就会更高，长期的良性循环必然为其带来良好的职业声誉。

第三节　与法律性品格有关的法庭科学职业行为规则

子曰："人而无信，不知其可也。大车无輗，小车无軏，其何以行之哉？"[②] 守信，是任何社会群体所必然要求个体遵行的普遍礼俗和道德法规，否则秩序无法维系，社会关系陷入不信任和混乱，这是人类总体生存的社会性道德责

---

① ［美］彼得·巴尼特：《法证科学职业道德：刑事技术职业标准》，王进喜译，中国法制出版社 2013 年版，第 113 页。

② 《论语·为政》，参见李泽厚：《论语今读》，生活·读书·新知三联书店 2008 年版，第 80 页。

任。职业道德自然应成为任何一门职业都应具有的四项内涵之一[①]。职业共同体整体职业形象如何，是一项职业为公众认可、被社会尊重、保持良好的社会地位和社会评价的基础。司法鉴定职业道德是确保和提升职业形象的最佳途径，它是对鉴定人内心情感的要求，这种内在的不可控制的、难以衡量的特性只能依托于外在制度来实现。

一、与法律性有关的法庭科学职业行为规则的重要性

首先，法庭科学具有科学知识的神秘权威，肩负法律的莫大信任，这个职业与生俱来地带有内在伦理要求，但现实却是鉴定的委托人不同、任务不同、职业经验不同、个人修养不同，在面对两难选择时，就必然具有不同的道德罗盘。法庭科学实验室的管理者和对检验结果的解释人员经常面临着职业困境，有的是当事人的无理要求或金钱诱惑，有的是上级领导的压力或指示，有的是科学自身的不确定性或局限。法庭科学职业行为规则可以为这些困境和难题提供明确指引。法庭科学行为模式应以哲学为依托，巩固与法律文化、法庭伦理、科研伦理之间的密切关系。

其次，法庭科学是社会上众多职业之一，法庭科学的职业化特征要求法庭科学职业共同体应形成一套共同遵循的行为规则。无论是大陆法系的鉴定人还是英美法系的专家证人，其司法角色性质均是凭借其专业知识弥补事实认定过程中专业知识的不足，以便诉讼事实获得证明或查明。鉴定人是鉴定的具体执行者，鉴定人的素质由专业知识、法律知识和职业伦理等综合构成，是保证鉴定意见准确、可靠的决定性因素。

最后，法庭科学继续教育内容之一就是职业道德的遵守，这需要以法庭科学职业行为规则为根据。由于职业道德不是万能的，如果只靠人品、道德这种无形的、抽象的、难以控制的、苍白无力的伦理标准来要求法庭科学实验室及其鉴定人的行为是远远不够的，应确立调整范围更加广泛的、更为系统的职业行为规则。司法行政管理部门或行业协会应制定职业行为规则，为鉴定人的职业行为提供指引。

---

① “职业”应满足四项内涵：接受过高等教育；实践训练；符合伦理要求；审慎服务。参见常林：《司法鉴定专家辅助人制度研究》，中国政法大学出版社 2012 年版，第 109 页。

法庭科学职业行为规则作为鉴定行为合法性要求的重要载体，在保证法庭科学活动合乎证据法可采性要求方面必然要发挥重要作用。本书认为，与法庭科学实验室的法律性品格有关的职业行为规则主要有独立性原则、中立性原则、职业性规则、利益冲突规则。

二、独立性原则

社会是一张关系大网，法庭科学只是这张关系大网上的联结点之一。因此，科学知识应用于法律领域后，其精神特质——价值无涉性将不可避免地被相关的社会关系所侵蚀。法庭科学从它产生之初，就和政府、警察、侦查、法庭缠绕在一起，世界上大多数国家的主要鉴定机构都设于警察系统内。鉴定人并不像科学家那样有很多行动的自由，鉴定人的行动已经不完全取决于他们自己，而是取决于他们在实际鉴定中所能掌握的资源及其他因素。因此，独立鉴定原则应是确保鉴定结论公正性的必备原则。

我国《司法鉴定人登记管理办法》第二十二条规定，司法鉴定人“受所在司法鉴定机构指派按照如下时限独立完成鉴定工作，并出具鉴定意见”。美国《加利福尼亚州刑事技术人员协会职业道德守则》第Ⅱ条F款规定：“科学的头脑是没有偏见的，拒绝受到所考虑的特定材料之外的证据或事项的左右。它应当不受与本案证据不一致的暗示、压力和胁迫的影响。”[①] 但无论立法周详还是粗疏，实践中总是出现违背鉴定独立性原则的做法。对于设立于警察系统内部的大多数法庭科学实验室而言，独立性是最大的问题。我国在建立面向社会的司法鉴定机构的同时，还保留了侦查机关根据侦查工作需要而内设的鉴定机构[②]。根据《公安机关鉴定机构登记管理办法》第二条规定，公安机关鉴定机构是公安机关及其所属的科研机构、院校、医院和专业技术协会等依法设立并开展鉴定工作的组织。公安机关鉴定机构登记管理部门负责对鉴定机构的考核，考核不合格的，鉴定机构的鉴定资格将被注销。作为警察内部的鉴定机构，其任务、开支、考核、

① ［美］彼得·巴尼特：《法证科学职业道德：刑事技术职业标准》，王进喜译，中国法制出版社 2013 年版，第 113 页。

② 《全国人民代表大会常务委员会关于司法鉴定管理问题的决定》第七条：侦查机关根据侦查工作的需要设立的鉴定机构，不得面向社会接受委托从事司法鉴定业务。人民法院和司法行政部门不得设立鉴定机构。

业绩都来自警察系统的需要和认定，因此其鉴定活动实际上受控于警察，这造成了侦查机关内部鉴定的职权化倾向。如果侦查机关完全控制鉴定，就可能使鉴定活动蒙上过强的功利主义色彩，甚至沦为工具①。美国也有类似情况，美国的大多数法庭科学实验室都隶属于警察部门等执法机构，其实验室管理者要向该机构的领导人进行报告。美国国家研究委员会 NRC 报告显示，美国同样呼吁公立法庭科学实验室应当独立于执法机构，或者在执法机构内实行自治。只有这样，法庭科学实验室才能就案件确立自己的优先选择，并发出自己独立的声音。同时，还有人要求国会应当提供激励资金、保证公立法庭科学实验室和研究能够免受执法机构或者公诉人办公室的行政控制②。

三、中立性原则

法庭科学实验室的中立性品格最终是为了确保鉴定人的中立立场，这对于鉴定意见的科学性和公正性至关重要。中立性原则要求，鉴定人在鉴定活动中不偏不倚，鉴定人应独立于其委托人和其他当事人。“科学家和工程师作为专家证人，应忠诚于其在案件中运用的知识，而不是法庭上的任何一方。他不应该是检控方或者辩护方所雇佣的技术上的传声筒。”③《美国法庭科学道德守则范本》规定，一切与雇主、委托人或者司法系统的利益冲突应予以记录和披露；不得接受可能导致利益冲突的分派，例如在涉及多个被告或者原告的诉讼中，未经披露并获得拥有类似利益的其他当事人的同意，不得同时为两个以上的诉讼当事人工作；在为对抗性的一方当事人工作之后，除法律另有规定或者允许，不得为对方当事人工作④。但实践中，鉴定人的中立性遭到很多批判，尤其是英美法系的专家证人被视为当事人为了胜诉精心挑选出来的“雇佣枪手”，他们的结论会受到委托人需求的感染，对委托人的要求“忠贞不贰”，早将科学良知弃置一边，忘记了自

---

① 常林：《谁是司法鉴定的“守门人”？——〈关于司法鉴定管理问题的决定〉实施五周年成效评析》，《证据科学》2010 年第 5 期。

② See Committee on Identifying the Needs of the Forensic，Sciences Community；Committee on Applied and Theoretical Statistics，National Research Council，*Strengthening Forensic Science in the United States：A Path Forward*，58，National Academies Press（2009）.

③ James G. Speigh，*The Scientist or Engineer as an Expert Witness*，47，CRC Press（2009）.

④ 王进喜、戴晓东译：《美国法庭科学道德守则范本》，http：//lawyering. fyfz. cn/art/604231. htm，最后访问时间 2012 年 11 月 1 日。

己的工作地点是实验室，所属领域而非律师的办公室[①]。对此，我们不能忽视鉴定人提供服务与律师提供服务的根本区别就在于鉴定人只对科学和事实负责，他们“不是对抗者，他们在法庭上宣誓要讲出全部实情，他们应当尽全部努力来实践该誓言”[②]。

为了确保鉴定的中立性，中立性原则还派生出鉴定人的回避义务和保密义务。鉴定人担任过本案的证人、勘验人、辩护人、诉讼代理人，或与本案当事人有其他关系可能影响司法鉴定公正的，应当回避。而且，鉴定人本人或者其近亲与委托人、委托的鉴定事项或者鉴定事项涉及的案件有利害关系，可能影响其独立、客观、公正进行鉴定的，也应当回避[③]。美国发布的《注册法庭科学执业者理事会行为守则》第十四条要求每一位执业者保守秘密，除非：①委托人或者患者明确授权你披露某些事项；②法院或者裁判庭命令进行披露；③法律规定了披露义务；④你对法院和司法的首要职责是进行披露[④]。

四、职业性规则

职业性规则是职业的“标识”。共同目标是一个组织存在的灵魂，也是组织奋斗的方向。为了确保鉴定的科学性，法庭科学实验室应有共同的目标。如果没有共同的目标，实验室是发展不起来的。如果组织成员不了解组织要求他们做什么，做成功以后他们会得到什么样的回报，个人就不可能主动完成工作。对个人来说，组织的目标不一定是“个人”的目的，但必须使他们看到这种共同目标对整个组织所具有的意义。组织目标和个人动机是不同的，而个人之所以为组织做出贡献，并不是因为组织目标就是他们的个人动机，而是因为要让他们看到或者感受到，通过组织目标的实现，有助于实现他们的个人目标，并获得相应的满足。职业性规则是指法庭科学行业“作为一个职业共同体，每一个成员都应共同努力提高职业在社会中的形象、声誉与地位，并推动共同价值实现的相关规范。

---

① Mark R. Patterson, *Conflicts of Interest in Scientific Expert Testimony*, 1330－1331, 40 Wm. and Mary L. Rev. 1313 (1999).

② ［美］彼得·巴尼特：《法证科学职业道德：刑事技术职业标准》，王进喜译，中国法制出版社 2013 年版，第 122 页。

③ 参见《司法鉴定程序通则》第十二条。

④ ［美］彼得·巴尼特：《法证科学职业道德：刑事技术职业标准》，王进喜译，中国法制出版社 2013 年版，第 140 页。

强调鉴定人的职业性规则最终目的是提高司法鉴定整个行业的社会声誉”[①]。

首先，鉴定人应诚实守信地寻找案源，严禁不实陈述。鉴定人招徕业务的行为属于社会行为之一，这就要求鉴定人在主动追求业务机会的时候，不能违背社会道德义务，“放于利而行，多怨”[②]，欲利于己，必害于人，一次可能侥幸不被追查，时间久了必然引起人们的排斥和批判。

其次，同行之间应彼此尊重、增加协作。“作为一个职业共同体，存在着共同的利益。这种利益受益于该职业的社会形象。同行之间的互相尊重，有利于该职业整体形象的改善，有利于社会公众对该职业的尊重。一个内部之间进行无修养的互相贬损的行业，无法树立起社会对其的信心。”[③]《美国刑事技术协会职业行为规则》要求，鉴定人“以适用于自己的同样标准，对其同行予以尊重”[④]。“己所不欲、勿施于人”的为人处世之道在我国延续了两千多年，我国并不缺乏传统文化滋养的哲学根基。法庭科学共同体内部之间应进行有效的交流、形成协作奋进的组织形态，而且同行之间的尊重和协作可以克服许多现实问题。

最后，举报同行的不当职业行为。法庭科学职业道德不仅要求个人自律，同时还要求应当对他人的不当行为予以揭露。出于维护职业共同体整体利益的考虑，如果鉴定人明知他人故意虚假鉴定使案件事实认定错误而不举报，这就是在纵容他人损害整个职业共同体形象，其有义务进行举报[⑤]。

检验结果能否正确反映案件真相，与鉴定人的鉴定职业操守具有密切关系。鉴定人应在鉴定活动中施展科学的心智，形成科学的品位，坚守科学的良知。当前我国存在大量社会鉴定机构，为了增加盈利，鉴定人需要寻找案源收取鉴定费用，严重破坏了鉴定市场的良性竞争。职业性原则要求鉴定人应该谨慎、客观、诚信，不应当进行虚假的、夸大的、渲染性的宣传；不得以不正当方式竞争；不得以回扣、低收费等方式招徕业务。

① 杜国栋：《论鉴定人职业规则》，《证据科学》2011年第5期。

② 《论语·里仁》，参见李泽厚：《论语今读》，生活·读书·新知三联书店2008年版，第129页。

③ 杜国栋：《论鉴定人职业规则》，《证据科学》2011年第5期。

④ [美]彼得·巴尼特：《法证科学职业道德：刑事技术职业标准》，王进喜译，中国法制出版社2013年版，第138页。

⑤ 杜国栋：《论鉴定人职业规则》，《证据科学》2011年第5期。

五、利益冲突规则

"任何雄辩，任何说教，任何不那么卓越的真理，都不足以长久地约束活生生的物质刺激所诱发的欲望。"[①] 因此，鉴定人要处理好利益冲突和职业使命的关系。我国司法鉴定市场化使当事人成为用户，当事人有权利决定雇佣谁；而作为法庭科学服务者则要面对着利润上的诱惑和财政上的压力，鉴定人可能为了获得案源、赚取利润、降低成本而偏离客观中立，牺牲真相和正义。所以，强调利益冲突规则具有一定现实意义。

作为鉴定人，要秉持诚实、正直、客观和中立，且开始就要宣布任何个人、商业和/或经济上的利益都视作利益冲突[②]。《英格兰注册法庭科学执业者理事会行为守则》第十七条规定：如果你因先前的关系或者个人利益而发生了或者可能发生现实的或者可以感知的利益冲突，你应当向你的委托人、患者或者雇主说明。在这种情况下，只有取得他们明确的书面同意后才能采取行动。美国也要求"法庭科学工作者（即鉴定人）应当努力免于任何利益冲突，应当秉持独立性以保证其客观性"[③]。鉴定人在法庭科学活动中可以获得正常的报酬，但不应当为谋求个人利益而影响其科学性，例如鉴定费用的收取应当基于工作量，而不是基于不法利益或附条件的收费。鉴定人"在执业活动中不得以任何形式和理由要求为自己谋取不正当利益，在执业活动时不得与委托人进行与执业活动无关的交往"[④]。

利益冲突规则影响着证据的可靠性。在确定科学证据是否可采时，不仅要确定科学原理本身是否良好，鉴定人自身是否适格，还要探查科学证据背后是否存在利益冲突。"鉴定活动不是在真空中进行的，鉴定经费来源、鉴定人的选任、专家间的观点冲突、利益相关团体等都会影响专家意见的客观

---

① ［意］切萨雷·贝卡里亚：《论犯罪与刑罚》（四十七章版），中国方正出版社2004年版，第7页。

② Forensic Science Regulator, *Codes of Practice and Conduct for Forensic Science Providers and Practitioners in the Criminal Justice System*, 9, (FSR－Codes－Version 1.0 (December 2011).

③ 《美国法证科学学会良好法证科学业务指导原则》第四条。参见［美］彼得·巴尼特：《法证科学职业道德：刑事技术职业标准》，王进喜译，中国法制出版社2013年版，第126页。

④ 《四川省鉴定人职业道德和执业纪律规范（试行）》第十一条第2项。

性。"[①] 其实，法官在判断科学证据的可采性，多个衡量标准的背后始终贯穿着利益冲突原则，法官不仅要考虑与诉讼有关的利益冲突，还要考虑与诉讼无关的日常研究偏好对专家阐释检测数据的影响。科学领域自身担心利益冲突会对科学的可靠性造成影响，因而建立了一些对利益冲突的约束规则，如同行评议[②]、公开发表[③]等。这些对利益冲突的科学性约束刚好成为法官在审查科学证据可靠性时的衡量标准。但审判法院是否按照这个标准去做，则是另外一回事，还需要进一步的考察研究。

第四节　法庭科学执业责任的追究

责任原则既是管理学上一个重要的基本原理，也是法理学上"权利—义务—责任"这一基本法律逻辑规则上的重要一环。"并不是所有的鉴定责任都要由监管部门负责。必须建立司法鉴定机构是司法鉴定质量、公正与效率的第一责任人的制度。"[④] 法庭科学实验室活动属于广义的诉讼行为，实质上属于一种证据行为/证明行为，因此对法庭科学实验室的责任主体，除了司法行政行业的事前准入，实验室内部的事中控制，还要依赖于对法庭科学实验室行为的事后责任追究，即鉴定责任追究制度。广义而言，鉴定错误的法律责任包括实体性责任和程序性责任。实体性责任包括行政责任、刑事责任和民事责任；程序性责任主要是指因违反诉讼法和证据法的规定要受到的程序性制裁。

---

① See Mark R. Patterson, *Conflicts of Interest in Scientific Expert Testimony*, 1323, 1340 Wm. and Mary L. Rev. 1313 (1999).

② 经同行评议就意味着具有一定的利益冲突，因为能经过同行评议则意味着原理是获得普遍接受的，这样难免会排除一些很可能正确，只是尚未经确证的新兴理论。See Mark R. Patterson, *Conflicts of Interest in Scientific Expert Testimony*, 1388, 1340 Wm. and Mary L. Rev. 1313. (1999).

③ See Mark R. Patterson, *Conflicts of Interest in Scientific Expert Testimony*, 1327, 1340 Wm. and Mary L. Rev. 1313 (1999).

④ 徐景和：《司法鉴定改革：社会价值与发展方向》，《中国司法鉴定》2008 年第 6 期。

一、行政责任

行政责任，是指法庭科学实验室和鉴定人在执业活动中违反有关法庭科学管理的行政法规、部门规章、法庭科学职业行为规则等规定，由司法行政主管机关依法给予的行政处罚，处罚对象可能是整体的鉴定机构，也可能是个体鉴定人。"424决定"对鉴定人和鉴定机构的执业行为做了统括性规定，鉴定人和鉴定机构"应当遵守法律、法规，遵守职业道德和职业纪律，尊重科学，遵守技术操作规范[①]"并进一步规定了鉴定人或鉴定机构具有一定的违法情形，会受到省级人民政府司法行政部门的警告、责令改正、暂停执业、撤销登记、罚款等处罚。《司法鉴定人登记管理办法》和《司法鉴定机构登记管理办法》针对我国的违法鉴定、错误鉴定规定了四种行政责任形式：警告并责令改正；罚款；暂停执业；撤销登记。为了加强司法鉴定执业活动监督，2019年6月1日司法部发布的《司法鉴定执业活动投诉处理办法》第二十四条规定了给予行政处罚；给予批评教育、训诫、通报、责令限期整改；涉嫌犯罪的，移送司法机关追究刑事责任等处理措施。

首先，警告并责令改正。如果一个鉴定人同时在两个及以上鉴定机构执业，或者超出登记的执业类别范围执业；私自接受鉴定委托的；违反保密义务和回避义务的；拒绝接受司法行政机关监督、检查或者向其提供虚假材料的[②]，就可能由省级司法行政机关依法给予警告，并责令其改正。

如果一个司法鉴定机构超出登记的业务范围开展鉴定活动的；未经依法登记擅自设立分支机构的；未依法办理变更登记的；出借《司法鉴定许可证》的；组织未取得《鉴定人执业证》的人员从事司法鉴定业务的；无正当理由拒绝接受司法鉴定委托的；违反司法鉴定收费管理办法的；支付回扣、介绍费，进行虚假宣传等不正当行为的；拒绝接受司法行政机关监督、检查或者向其提供虚假材料的[③]，将由省级司法行政机关依法给予警告，并责令其改正。

其次，暂停执业、罚款或撤销登记。如果鉴定人因严重不负责任给当事人合

---

① 《全国人民代表大会常务委员会关于司法鉴定管理问题的决定》第十二条。
② 《司法鉴定人登记管理办法》第二十九条、第三十条。
③ 《司法鉴定机构登记管理办法》第三十九条。

法权益造成重大损失的；具有一定的违法情形并造成严重后果的；提供虚假证明文件或者采取其他欺诈手段骗取登记的；经人民法院依法通知，非法定事由拒绝出庭作证的；故意做虚假鉴定的①，就会由省级司法行政机关给予停止执业三个月以上一年以下的处罚；情节严重的，撤销登记；构成犯罪的，依法追究刑事责任。

如果司法鉴定机构因严重不负责任给当事人合法权益造成重大损失的；具有某些违法情形，并造成严重后果的；提供虚假证明文件或采取其他欺诈手段，骗取登记的②，由省级司法行政机关依法给予停止从事司法鉴定业务三个月以上一年以下的处罚；情节严重的，撤销登记。如果法人或者其他组织未经登记，从事已纳入本办法调整范围司法鉴定业务的，省级司法行政机关应当责令其停止司法鉴定活动，并处以违法所得 1～3 倍的罚款，罚款总额最高不得超过 30000 元。

二、刑事责任

刑事责任，是指在法庭科学执业活动中触犯了刑事法律所要承担的刑法上的责任。鉴定人故意做虚假鉴定构成犯罪的，依法追究刑事责任③。这是最为严重的鉴定责任，鉴定机构和鉴定人可能会触犯刑法上的罪名，例如泄露国家秘密罪、泄露商业秘密罪、商业贿赂罪、伪证罪等。

在两大法系国家，无论是专家证人还是鉴定人都可能构成伪证罪，但很少有鉴定人被追究伪证罪责任。原因有二：一是由于证据法上刑事有罪的证明标准是“排除合理怀疑”，这个证明标准需要公诉机关证明鉴定人故意做伪证、故意误导法庭、故意隐瞒事实、故意出具错误的鉴定意见等情形，而这些事实的证明对于举证责任承担者而言是非常困难的，即使完成了初步的举证责任，也未必能达到“排除合理怀疑”的证明标准。二是可供鉴定人逃避惩罚的理由有很多，因为鉴定错误的原因有很多，可能是技术性原因也可能是责任性原因，而实践中二者往往很难区分，所以鉴定人造假如果被发现，其往往以鉴定人业务水平有限为借口规避鉴定责任，最终结果往往是鉴定错案责任追究制度无法落到实处。在鉴定人

① 《司法鉴定人登记管理办法》第二十九条、第三十条。

② 《司法鉴定机构登记管理办法》第四十条。

③ 《全国人民代表大会常务委员会关于司法鉴定管理问题的决定》第十三条第三款。

刑事责任追究困难的情况下，受害方只能退而求其次，要求鉴定人和鉴定机构承担民事责任或程序制裁后果。

三、民事责任

民事责任，主要是指司法鉴定机构和鉴定人与委托人之间的民事责任问题。主要包括两种情形：一是鉴定人在鉴定过程中直接侵害到当事人的合法权益，以及鉴定意见出错导致当事人败诉或被判刑罚，鉴定人此时要承担一定的违约责任，二是鉴定人由于未尽到合理的注意义务对当事人造成了相应的损失，而需向当事人承担侵权赔偿责任。

在我国，鉴定民事责任因司法鉴定机构的社会化改革而凸显。以前鉴定机构主要是集中于公、检、法、司、国家安全机关等内部，因此鉴定责任主要是行政责任、刑事责任和国家赔偿责任，但司法鉴定机构社会化、市场化、私人化改革后，鉴定人和委托人之间建立的是一种契约关系，此时如果鉴定出错或造成伤害，司法鉴定机构和鉴定人就可能承担民事违约责任或侵权责任。

鉴定人在执业活动中，因故意或者重大过失行为给当事人造成损失的，其所在的司法鉴定机构依法承担赔偿责任后，可以向有过错行为的鉴定人追偿[①]。司法鉴定机构和司法鉴定人在鉴定过程中应当严格依照技术规范保管和使用鉴定材料，因严重不负责任造成鉴定材料损毁、遗失的，应当依法承担责任。这种保管不善的责任应属于民事责任范畴。司法鉴定机构在开展司法鉴定活动中因违法和过错行为应当承担民事责任的，按照民事法律的有关规定执行。

免于承担民事责任的法定事由同样是鉴定人逃避责任的借口，主要是原告无法完全证明民事侵权责任的一般构成要件，即使有侵权行为和损害后果，二者之间具有因果关系，但主观过错是原告方难以证明的。鉴定人则可以以技术水平受限等不可抗力作为抗辩理由。

实践证明，鉴定人对当事人承担民事责任的情况极少发生。这是因为，当事人是鉴定人的委托方，鉴定人违反职业行为规则的大多数情形都是为了当事人的利益，为了帮助当事人胜诉，甚至是在当事人及其律师利诱下才制造假数据，出具虚假的鉴定意见。当事人正常情况下是绝不会反过来追究鉴定人责任的。如果

① 《司法鉴定人登记管理办法》第三十一条。

当事人决定追究鉴定人或鉴定机构的责任，很可能是因为败诉了，此时当事人需要花费大量时间和精力去查找鉴定责任的技术源头和法律依据，这对于缺乏专业知识的当事人而言，难度很大。而且，鉴定结论的产生过程都由鉴定机构控制，当事人很可能因不能完成证明责任而退缩或不了了之，其中还不能排除当事人曾向鉴定人提出过无理要求，或存在不法委托行为。因此，通过当事人追究鉴定人的责任来监督鉴定人执业过程收效甚微。

四、程序性责任

程序性责任，主要是将法庭科学活动置于广义的司法诉讼活动而产生的。因此，程序性责任产生的依据是诉讼法和证据法的相关规定。要求鉴定人承担程序性责任，既可以确保诉讼活动、审判活动的顺利进行，也可以提高鉴定意见的质量。

鉴定人为了避免承担程序性责任，应当遵守以下行为规则，也称为鉴定人的义务：一是在鉴定委托阶段，鉴定人接受委托后，要按照委托协议的要求妥善保管检材和样本，按照实验室规定进行鉴定；二是鉴定人的回避义务；三是鉴定人要按照法律要求出庭作证，接受当事人双方的质询和法官的审查；四是鉴定人在法庭上要遵守法庭秩序。鉴定人如果违反程序性责任，可能要遭到各种处罚，例如警告、罚款、拘留、藐视法庭罪、伪证罪。如果鉴定人的资质和行为等不符合合法性要求，其出具的鉴定意见就不具有可采性，不能作为定案的根据。这种程序性制裁同样属于程序性责任范畴，可对鉴定人的业务水平和执业态度构成一定的威慑和督促。法官剥夺科学证据可采性的程序性制裁是对鉴定人威慑力最大的制约制度。

第五章
法庭对科学证据的再检验

第一节 鉴定人出庭接受法庭的再检验

法庭科学实验室的工作效果直接体现在科学证据的质量高低上，而科学证据的质量则表现为它在法庭上的可采性和证明力。科学证据的可采性和证明力是衡量法庭科学工作效果的最终标准，也是衡量鉴定可靠性的两项证据法指标。曾经，在法庭上，科学证据的“科学性所迸发的耀眼光环阻却了法律职业人员理解和评估这些证据的能力和意愿。科学性这张名片，成为畅通无阻的通行证”[①]。但事实认定科学化给事实裁判者带来的审查能力不足的烦恼只是暂时的，法庭上的各种证据是平等的，无权威，无主宰，一切证据都要接受当事人的质证。科学证据对法官没有预定的效力，任何证据必须经查证属实才能作为定案的根据，这不只是诉讼法和证据法的法定要求，也是科学证据的局限性所决定的。尤其是法庭科学实验室作为科学证据生成的主要场所，其各个要素的状态都影响着科学证据的可靠性。因此，为了使法官能正确审查科学证据，原则上鉴定人应出庭接受质询，向法庭提供客观、公正、全面的说明和解释，这是检验鉴定质量的三种方

① 王进喜：《浅论证据法与司法鉴定职业行为规则的契合》，《中国司法》2011年第9期。

式[①]中最有效的一种。况且，即使每一位科学家都遵循了共同的科学研究范式，但是他们有时会以不同的方式来看待这个世界（鉴定对象），并且用不同的语言来描述它，各个专家观点之间的竞争性讨论，应在法庭上进行，让诉讼利益相关方参加进来，而且，这种科学论证是为了在庭审上更有说服力，而非庭审之前的行政性强迫，也可降低庭审之后的不断上访和申诉的风险。

一、鉴定人出庭是一项法定义务

（一）相关法律规定

鉴定人出庭属于法庭科学实验室检验工作的延续，这是一项法定义务，鉴定人要到法庭上阐述鉴定意见及其依据，便于法官审查科学证据的可采性与证明力。如果鉴定人不出庭，质证活动就无法有效进行。

2008 年 12 月 16 日发布的《最高人民法院关于民事的诉讼证据的若干规定》第五十九条第一款规定，“鉴定人应当出庭接受当事人质询。”2010 年 7 月 1 日起施行的《关于办理死刑案件审查判断证据若干问题的规定》第二十四条规定：如果对鉴定意见有疑问，人民法院应当依法通知鉴定人出庭作证或者由其出具相关说明，也可以依法补充鉴定或者重新鉴定。2017 年修正的《民事诉讼法》也做了相关规定，第七十八条规定：“当事人对鉴定意见有异议或者人民法院认为鉴定人有必要出庭的，鉴定人应当出庭作证。经人民法院通知，鉴定人拒不出庭作证的，鉴定意见不得作为认定事实的根据；支付鉴定费用的当事人可以要求退还鉴定费用。”可以说，鉴定人出庭较其他证人出庭更具有现实意义：①诉讼中科学证据越来越多，法官审查科学证据时需要鉴定人出庭，这是法庭对法庭科学实验室活动的再检验。②鉴定人出庭顺应了我国当事人主义审判方式改革的要求，还为庭审质证有效性的实现提供了可能。如果鉴定人不出庭，当事人质证权将很难实现。③对于鉴定人自身而言，存在着出具完鉴定意见就结束了一个案件的心

① 我国法官审查判断科学证据的方式有三种：一是法官和鉴定人在庭前进行沟通，通过交流使法官准确理解和运用鉴定意见；二是鉴定人亲自出庭接受质询，对鉴定所依据的原则和方法做必要的说明；三是法官或诉讼参与人就鉴定意见存在的问题向司法鉴定管理部门或专业协会投诉，通过司法鉴定管理部门或专业协会组织相关专家对鉴定意见进行审查。参见朱广友：《法医临床司法鉴定实务》，法律出版社 2009 年版，第 351 页。

理，这会减轻他们出庭作证的义务感，不利于鉴定人科学、严谨地进行鉴定。因此，鉴定人应当出庭作证。对于有争议的鉴定意见，强制要求鉴定人出庭，但这会产生鉴定人工作量的增加、出庭费用的负担、时间的协调、对鉴定人的补偿或报酬等问题。这些问题看似复杂，但都可以在签订委托协议时双方明确约定。

一直以来，我国司法实践中鉴定人很少出庭作证，以至于证据法基本原则之一的"直接言词原则"在与鉴定有关的案件中未能真正发挥作用。特别是刑事诉讼中的多数鉴定是由侦查机关的鉴定机构进行的，再加上刑事技术鉴定报告与作为证据使用的鉴定意见混淆不清，鉴定人始终以侦查人员的名义从事鉴定活动，致使鉴定人出庭作证寥寥无几。鉴定人不出庭问题仍是困扰刑事审判的一大难题。

"徒法不足以自行，徒善不足以为政。"一项立法预设功能的实现，还需要司法实务部门严格遵守和执行。如果鉴定人违背出庭义务，要给予严厉处罚，以此威慑不出庭的鉴定人，促其按照法律规定积极出庭。

（二）鉴定人不出庭的法律责任

对于鉴定人出庭的强制措施与不出庭的惩戒措施，学术界早在 2005 年就有论述，认为可以借鉴其他国家和地区的有关规定。对于接到出庭通知或者有证据表明已接到出庭通知的鉴定人，无正当理由仍不出庭或拒绝出庭的，可采取训诫、责令具结悔过，并责令其到庭质证；经训诫后仍不到庭或仍不质证者，法庭可采取传唤、拘传等措施，强制其出庭作证；对仍不质证的鉴定人或被拘传到庭的鉴定人仍拒不质证者，应视具体情节追究其行政责任（如罚款、拘留）[①]。

我国 2012 年修正《刑事诉讼法》过程中曾考虑过对鉴定人出庭规定诸如强制到庭、拘留等措施，但经权衡后，法律委员会最终选择"经人民法院依法通知，鉴定人拒不出庭作证的，鉴定意见不得作为定案的根据"。这一决定采纳了程序性制裁的思路，是程序正义理念的胜利，可以说"这是立法机关坚持立法前瞻性而没有简单迎合或者迁就部分委员意见的明智之举，也符合诉讼的基本规律"[②]。因为鉴定人毕竟不同于普通证人，鉴定人如果不出庭，可另行委托其他鉴定人来代替。而且根据《刑事诉讼法》规定，强制措施仅适用于犯罪嫌疑人和

---

① 卞建林、郭志媛：《规范司法鉴定程序之立法势在必行》，《中国司法鉴定》2005 年第 4 期。

② 郭华：《刑事鉴定制度修改的背景、争议及解读》，《证据科学》2012 年第 2 期。

被告人，所以不应对鉴定人采取拘传、拘留等强制措施。鉴定人如果不出庭，其鉴定意见的证据资格就被剥夺，这样做足以起到威慑鉴定人的作用。尤其是鉴定市场化改革后，鉴定人的收益来自于委托人，如果鉴定人拒绝出庭，就会招致委托人的不满，会影响到鉴定人的收益和声誉，长此以往必然影响鉴定人的职业生涯。再者，如果不采取强制措施，还可以通过司法鉴定行政管理机关的行政处罚，例如暂停执业、撤销登记等来约束鉴定人。即使立法规定了拘传等强制措施，实践中执行难度也会很大，因为诉讼中不出庭作证的鉴定人多数是公安、检察院等侦查机关的鉴定人，法院对通知到庭而不到庭的侦查机关的鉴定人实施拘留在实践中不具有可操作性，而且有的鉴定人宁愿被拘留也不愿冒本人或者近亲属受打击报复的风险，其实施效果也不会太理想①。

按照2017年修正《民事诉讼法》的规定，如果鉴定人接到法院的通知不出庭作证，该鉴定意见便不能作为定案依据，并且当事人可以要求鉴定机构退回鉴定费用。这一条款的实施效果如何？据了解，在新《民事诉讼法》实施一个月后，以往鉴定人出庭率低的现象得到直接改观，这一条款能够直接促进鉴定人出庭②。

二、鉴定人的权利和义务

（一）鉴定人的权利

1. 鉴定人有权拒绝回答与鉴定无关的问题

鉴定人在法庭上，可以拒绝回答与鉴定无关的问题。例如，案件中涉及本应由法官解决的法律问题。美国《加利福尼亚州刑事技术人员协会职业道德守则》第Ⅲ条J款规定，法庭科学从业人员应当“拒绝回答超出其称职性的问题”③。同理，《美国刑事技术协会职业行为规则》第十条也规定了法庭科学人员有权“拒

① 郭华：《刑事鉴定制度修改的背景、争议及解读》，《证据科学》2012年第2期。

② 李娜、袁定波：《证人出庭难鉴定人出庭少有效改观》，《法制日报》2013年2月4日第5版，http://www.legaldaily.com.cn/bm/content/2013－02/04/content_4173773.htm?node＝20733，最后访问时间：2013年3月24日。

③ ［美］彼得·巴尼特：《法证科学职业道德：刑事技术职业标准》，王进喜译，中国法制出版社2013年版，第115页。

绝超出其称职性范围作证”[1]。

我国法官倾向于将本属于法官裁决范畴的法律问题转化成科学问题，把一些棘手的法律问题推到鉴定人面前，似乎鉴定专家有责任“一言定乾坤”，这种做法严重混淆了法官和鉴定人的关系，既导致了法官司法不作为，也导致了鉴定人越俎代庖的恶果。长此以往，法官对鉴定意见不加审查，庭审对科学证据质量的再检验功能名存实亡。对于鉴定人而言，鉴定人早将自己拒绝回答与鉴定无关问题的权利抛置脑后，承担了许多不该承担的法律责任，犯下了很多原本可以避免的错误。所以，对于与鉴定无关的问题，鉴定人要适时行使拒绝回答的权利。

2. 鉴定人有权获得经济补偿

“盖鉴定人为专家，且多从事于鉴定之事项为职业者，自应许其请求相当之报酬，否则有失公平也”[2]。《司法鉴定收费管理办法》第十一条规定：司法鉴定机构在接受委托提供司法鉴定服务过程中，单方邀请专家参与鉴定或者出具咨询意见的，其费用由司法鉴定机构承担，但经委托人同意的除外。但是，司法鉴定人在人民法院指定日期出庭作证发生的交通费、住宿费和误工补贴，不属于司法鉴定收费范围，由人民法院按照国家规定标准代为收取后交付司法鉴定机构[3]。

鉴定人因出庭作证会产生交通费、食宿费和耽误日常工作导致的损失，对于交通费和食宿费，法官或当事人应根据法律规定或协商给予合理补偿。对于误工补贴，虽然鉴定人出庭应是法庭科学实验室鉴定活动的一部分，但却会给鉴定人的正常工作带来一定不便，对此可在签订委托协议书时，由双方当事人协商鉴定人出庭费用的负担问题，争取不要因此影响鉴定人出庭的积极性。

然而，在鉴定人出庭作证的有关费用问题上，2018 年发布的《刑事诉讼法》对此未作规定，是不妥的。因为鉴定人出庭作证与普通证人在性质上没有任何区别，况且普通证人出庭不需要准备，而鉴定人在此方面付出的代价比普通证人有过之而无不及，其出庭作证更需要经济补偿。

3. 鉴定人有权获得保护

鉴定人提供的鉴定意见是出于科学知识提出客观中立的意见，因此鉴定人只

---

① ［美］彼得·巴尼特：《法证科学职业道德：刑事技术职业标准》，王进喜译，中国法制出版社 2013 年版，第 137 页。

② 周荣：《证据法要论》，吴宏耀点校，中国政法大学出版社 2012 年版，第 122 页。

③ 《司法鉴定收费管理办法》第十三条。

对科学和事实负责，其意见不可能对双方当事人均有利，所以可能会遭到不利方当事人的异议，甚至威胁、打击、报复。尤其是某些案件的事实认定往往由一纸鉴定意见定胜负，鉴定意见发挥着关键性作用，鉴定人承受的压力和威胁就会更大。因此，法律制度要对鉴定人予以特别保护。

多数学者认为，《刑事诉讼法》的修改不仅要保护普通证人本人及其近亲属的人身安全，还要保护鉴定人及其近亲属的人身安全，并建议在《刑事诉讼法》中增加对鉴定人的保护制度。“有的常委委员和部门提出，实践中还存在鉴定人的人身安全面临危险的情况，也需要根据情况采取保护措施，建议将鉴定人纳入保护范围。”① 2012 年修正的《刑事诉讼法》第六十二条规定：“对于危害国家安全犯罪、恐怖活动犯罪、黑社会性质的组织犯罪、毒品犯罪等案件，证人、鉴定人、被害人因诉讼中作证，本人或者其近亲属的人身安全面临危险的，人民法院、人民检察院和公安机关应当采取一项或者多项保护措施……”“证人、鉴定人、被害人因诉讼中作证，本人或者其近亲属的人身安全面临危险的，可以向人民法院、人民检察院和公安机关请求予以保护。”鉴定人和证人一样都需要获得人身安全保护，这不仅是独立鉴定原则的基本前提，也是对于个人基本人权的尊重。

但在实践中，鉴定人受到威胁以及打击的案件很常见，在一些涉及伤害、死因的鉴定案件中，鉴定人承担的风险、遇到的问题比普通证人大得多。尽管 2012 年修正的《刑事诉讼法》规定了危害国家安全犯罪、恐怖活动犯罪、黑社会性质的组织犯罪、毒品犯罪等几类严重犯罪的案件，但法条仅规定“可以向人民法院、人民检察院和公安机关请求予以保护”，如果人民法院、人民检察院和公安机关对请求不予理睬或者保护不及时，鉴定人或者其近亲属可能因无任何救济程序而束手无策。在此种背景下，鉴定人及其近亲属的保护规定难免沦为一种法律上的“庄重”宣言。

（二）鉴定人的义务

1. 正当理由陈述义务

作为科学知识的拥有者，鉴定人不仅要向法庭提供专业性意见，还要向法官

① 参见 2011 年 12 月 26 日第十一届全国人大常委会第二十四次会议《全国人民代表大会关于〈中华人民共和国刑事诉讼法〉修正案（草案）修改情况的汇报》。

证实其意见的合理性和正确性。也就是说，在“意见”和“法官认为意见正确”之间，需要鉴定人来承担证明责任，“证实”二者之间联系的必然性与合理性（见图 5－1）。

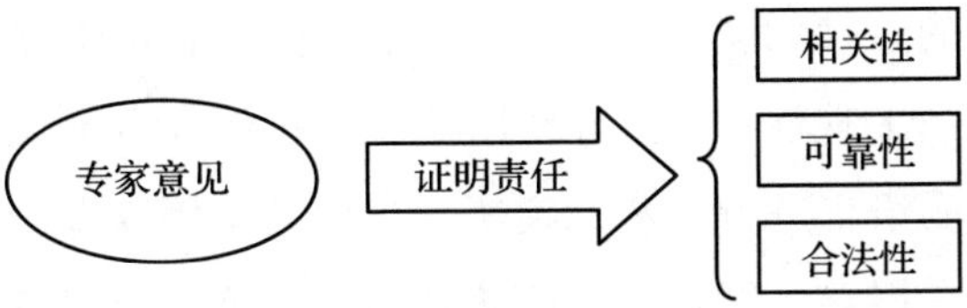

图 5－1　鉴定人的正当理由陈述义务（证明责任）

鉴定意见最终能否通过法官的审查并获得证据法上的认可，不仅需要判断结论是否正确，还需要审查结论是否有充分理由为支撑，因为理由是否充分往往决定着结论是否正确，是否令人信服。一个缺乏充分理由支撑的观点，只能算是一种个人意见，如果鉴定人不能提供理由充分、正当的专家意见，就是认识上不负责任的人。这种认识上的不负责任，在没有应用于其他领域时是完全无害于他人的，但是当这些专门知识用来作为定纷止争、维护社会正义最后一道防线——司法裁决的依据时，鉴定人必须担负专家意见的正确性与合理性的说服责任[①]。否则，该专家的职业行为是不称职、不道德的，其所出具的鉴定意见不仅要承受职业伦理上的非议，还要遭受程序上的制裁。因此，专家要在法庭上就其观点提供充分的理由支撑，否则其作证行为既违反职业行为规则，也违背科学证据可靠性的证据法要求。

2. 语言规范义务

鉴定人在回答当事人的询问时，态度要不卑不亢，语言尽量规范且通俗易懂，充分展现法庭科学的科学性、独立性、中立性立场，便于外行诉讼当事人和法官理解、分析、判断鉴定意见。鉴定人“应当在各个方面避免使用会带来比应得的证明力更大的证明力的术语和意见。如果一个意见需要限定或者解释，证人说明这样的限定不仅是适当的，也是其责任”，“专家证人应当铭记于心的是，与外行证人使用的同样措辞相比，外行陪审员易于对科学工作者使用的措辞赋予更

① 戴晓东：《专家证人职业道德研究——以正当理由义务为视角》，中国政法大学硕士学位论文，2011 年。

多或者更少的意义。因此，刑事技术人员应当避免可能被错误解释或者误解的术语”[①]。北京市高级人民法院、北京市司法局《关于司法鉴定人出庭作证的规定（试行）》第十条第一款也规定：“质询过程中，司法鉴定人对与鉴定事项有关的质询应以通俗易懂的语言如实作答。”美国《加利福尼亚州刑事技术人员协会职业道德守则》第Ⅲ条Ⅰ款规定：“刑事技术人员在作为专家证人作证时，应当尽全力使用可被理解的语言进行解释和说明，以便陪审团就证言获得真实、有效的概念。使用不清晰、误导、循环或者暧昧的语言，给法院或者陪审团造成争点混淆是不道德的。刑事技术人员应当清晰、直白地回答所有向其提出的问题，并拒绝回答超出其称职性的问题。”[②]

需要注意的是，鉴定人语言的简明、直白和通俗易懂不能以牺牲传递信息的准确性为代价。《美国法证科学学会良好法庭科学实践指导原则》规定，鉴定人“应以简洁、易懂的语言表达其关于事实的意见，但是必须小心谨慎，因为这样的做法可能过于简单化，失去某些精确性”。“在努力进行有效交流时，法庭科学工作者应当努力尽可能准确，避免歪曲。应当尽所有合理努力来保证他人（包括律师）不会曲解法庭科学工作者的意见”[③]。

3. 回避及保密义务

鉴定人和案件事实有利害关系，可能影响其鉴定的中立性时要履行回避义务。对案件涉及当事人隐私等秘密性信息，有保守秘密的义务。相关内容已在与法制品格有关的法庭科学一节详述，此处不再赘述。

三、鉴定人出庭的准备工作

第一，作为一名合格的鉴定人，不能仅在接到法官出庭通知时才意识到要出庭，出庭作证在具体实施鉴定、出具鉴定报告过程中就要考虑到“所出具的鉴定意见的结论是否站得住脚”“鉴定过程和鉴定方法是否经得住拷问”“哪些问题可

---

① 美国《加利福尼亚州刑事技术人员协会职业道德守则》第Ⅲ条E、F款。参见［美］彼得·巴尼特《法证科学职业道德：刑事技术职业标准》，王进喜译，中国法制出版社2013年版，第114－115页。

② ［美］彼得·巴尼特：《法证科学职业道德：刑事技术职业标准》，王进喜译，中国法制出版社2013年版，第115页。

③ ［美］彼得·巴尼特：《法证科学职业道德：刑事技术职业标准》，王进喜译，中国法制出版社2013年版，第127页。

能导致法官和当事人要求鉴定人出庭”“如果出庭，如何才能保证通俗易懂地解释和回答专业性极强的问题”[①] 等。

第二，鉴定人接到鉴定人出庭通知后，要尽快与法官取得联系，向法官询问对已经出具的鉴定意见存在异议之处，同时了解和掌握对方及相关人员可能提出的问题，然后根据有争议的问题为出庭做准备。

第三，鉴定人要仔细阅读案卷材料，了解案情但要独立于案情。法庭科学是为法律服务，因此具体鉴定目的与案情关系密切，现实中案件千差万别，需要法庭科学解决的问题具有很强的针对性。所以鉴定人要详细、全面阅读案卷，了解案件背景，双方当事人的基本情况、社会关系及其事实主张，这样“掌握当事人诉讼期望，双方当事人矛盾、纠纷症结和争议点，预测出庭作证可能提出的问题”[②]。

第四，鉴定人要全面、系统地准备出庭材料。首先，鉴定人要重新熟悉鉴定文书和档案资料。由于鉴定人出庭接受质询就是法官对法庭科学实验室活动的再检验，在法庭上，当事人和法官可能提出鉴定文书中涉及的任何问题，不仅针对鉴定结论，也可能针对鉴定过程。所以鉴定人要重新全面温习鉴定材料，通读鉴定文书，包括标点符号、错别字等微小差错也不能放过；要熟悉案件的基本情况，回顾鉴定过程，重新思考鉴定方法的适当性、结论所依据的原理和数据的可靠性、充分性。其次，鉴定人要为鉴定意见奠定牢固的“基础”，这种“基础”不限于鉴定项目所涉及的专业知识，还包括相关学科知识，例如法医病理鉴定中可能涉及解剖学、临床医学知识；鉴定人要具备相关的法律知识，如非法行医的定罪量刑问题；鉴定人还应查阅参考文献、当前的主流权威教科书的观点，获得同行认可的原理和技术方法，如果鉴定方法是实验室自身研制的，要有方法经确认的程序证明材料。

第五，鉴定人要事先拟定出庭作证报告，主要包括：①鉴定程序；②鉴定方法，包括技术标准和技术规范；③鉴定意见及其主要依据；④其他与鉴定意见有关的问题，主要集中于鉴定意见的内容上，应该主动或应申请携带既往的检验记录的复印件，可以是图表、文字性说明、录像等形式。为了在法庭上获得良好的展示效果，还可制作图片、幻灯片等说明性材料。

---

① 朱广友：《法医临床司法鉴定实务》，法律出版社 2009 年版，第 353 页。

② 朱广友：《法医临床司法鉴定实务》，法律出版社 2009 年版，第 355 页。

第六，鉴定人出庭一定要携带司法鉴定人执业证、相关专业技术职务或任职资格证、个人身份证明、所在鉴定机构的司法鉴定许可证复印件。如果鉴定机构已通过国家实验室认可，最好携带通过认可的证书复印件等相关证明文件。

四、鉴定人接受法庭质询

出现在法庭上的鉴定人，类似于证人的身份，一般应如实回答问题，接受双方当事人质询和法官审查。对于当事人的询问，鉴定人可使用庭前准备好的幻灯片、图表、参考文献等进行详细论述。回答问题时，不能只局限于与鉴定有关的专业术语和高深理论，而是要注重向法官和当事人说明鉴定所依据原理的可靠性、方法的科学性、程序的公正性以及鉴定意见的正确性与有效性。

（一）交叉询问是一种有效的证据审查方式

著名的交叉询问（Cross-examination ）规则是英美法系对抗式诉讼模式的核心，即控辩双方在法官和陪审团面前为查明事实而交替盘问证人的一种法庭调查方式。一般步骤是：主询问—反询问—再次主询问—再次反询问。此环节可循环进行，直至对证人全部询问完毕。该规则体现了审判中双方当事人程序的对等性和公正性。对科学证据而言，许多实验室都设置在警察等执法机构内部，鉴定人可能会迫于工作压力和上级指示，为工作便利、效率、业绩考虑，而放弃选择最优方法，偏离客观中立立场而做出不负责任的鉴定意见。因此，要求鉴定人出庭接受交叉询问，加强对质的有效性，可以暴露出许多缺乏鉴定能力的或不负责任的虚假鉴定。

虽然在大陆法系中，对鉴定人的询问一般不像英美法系那样明确划分为主询问—反询问—再询问—再反询问。由于鉴定人主要是经法院委托/指定，一般对鉴定意见直接采纳，或者主要是认为对其不利的一方当事人来攻击鉴定意见，不像英美法系那样双方都充分攻击专家证言的可信性，花费大量时间和精力“鸡蛋里头挑骨头”，将专家证言攻击得体无完肤。但是，由于各国法庭科学领域最近十几年遭遇到因大量垃圾科学、伪科学涌入法庭而造成的诚信危机，法庭更多地采纳英美法系交叉询问规则的做法，对专家证言、鉴定意见进行充分质询。

一般而言，鉴定人出具的鉴定文书如果被采纳，但没有给不利一方的当事人提供质询该鉴定人以交叉询问的机会，就违背了当事人的“与证人对质”的条款。与证人对质的权利是一项国际上公认的基本诉讼权利，《公民权利和政治权利国际公约》第十四条第五款有明确规定：“询问或业已询问对他不利的证人，并使对他有利的证人在与对他不利的证人相同的条件下出庭或受询问。”[①] 对质权可以保证质证过程中双方当事人平等武装，是检测证言可靠性和真实性的重要工具。这是即使各国法律传统不同也都应共同遵守的公正审判标准的核心内容之一。

当然，针对法庭科学实验室报告的对质权可以被当事人放弃。例如，当事人及其律师没有针对不利证据提出异议，就视为当事人放弃了对质权。美国许多州都适用“通知和要求”条款，根据该条款，检控方有义务通知被告庭审中将提出鉴定报告来指控其罪行；在合理期限内被告有权要求鉴定人亲自出庭，否则鉴定报告将不具可采性。被告始终要承担针对对质权提出异议的义务，否则视为放弃对质权。

（二）交叉询问的内容

一般而言，双方质询的内容包括：鉴定机构的资质，鉴定人资格、教育经历、从业经验、培训情况、职业操守，检材的可检验条件和保管情况，鉴定程序，仪器设备，鉴定原理和方法，对鉴定过程的记录，以及鉴定文书的说理性和规范性等。鉴定人要对这些质询内容提供说明和解释。重点论述如下几点内容。

1. 检材和样本的情况

证据保管链对于鉴定人当庭证明该证据的来源具有重要价值。许多警察部门都会对所扣押物品进行各种形式的保管，在法庭上检控方有义务建立证据的保管链条。1997 年，美国国家法医审查小组（National Medicolegal Panel）表示，对于刑事侦查活动而言，通过建立和维护证据保管链来确保证据的完好性非常重要[②]。许多鉴定，尤其是同一认定中的样本是不可缺少的对照资料，样本条件直接影响到鉴定意见的准确性，鉴定人应当就所涉样本来源的准确性、样本时效、

---

① 岳礼玲：《公民权利和政治权利国际公约与中国刑事司法》，法律出版社 2007 年版，第 139 页。

② National Medicolegal Review Panel, *Death Investigation: A Guide for the Scene Investigator, National Institute of Justice*, 20 (November 1999). 转引自杜国栋：《论证据的完整性》，中国政法大学出版社 2012 年版，第 165 页。

样本数量、质量与标准等问题作出如实解释①。这都是针对证据保管链完整性的质询，但这并不意味着凡是接触过物证的人都要被传唤出庭。而且，保管链条的中断是否直接决定证据的可采性也是有争议的，美国 *United Ststes v. Lott*② 案的少数意见就认为保管链条的中断属于证明力问题，而非可采性范畴。

2. 选用的鉴定方法

鉴定方法的可靠性是专家意见科学性的根本保证，因此鉴定人应向法庭如实介绍其选择的技术方法是否可靠，采用的专业技术标准是否正确，检验程序是否规范、是否符合有关专业技术标准③。

3. 校准证书

有时法官审查的内容可能与案情无关，可能是作为另一个证据被采纳的基础而提出的。这种情形充分说明证据自身的不可自证性，而有可能陷入证明逻辑的无限循环中，每一个证据都需要次级、次次级证据依次证明下去。对于法庭科学实验室报告而言，提出者需要证明检测活动中使用的仪器在检验分析时是否处于良性运行状态，使用前是否符合相关校准、维护等程序要求，结果是否可溯源，是否由经授权人员操作等（具体审查要点可参照实验室认可准则的相关要求），否则诸如毒物的分析报告即不可采，检测毒物的设备校准证书当属于这种情况。在 *Common wealth v. Melendez－Diaz*④ 案中，美国最高法院对此解释到，“与反对意见不同，我们并不认为与证据保管链、样品的真实性、检测设备的准确性有关的任何证言都要作为控方证人亲自出庭……设备的常规维护记录恰恰是最好的非言词证据”。所以，为了证明法庭科学实验室所出具报告的可靠性，鉴定人往往需要向法院提交诸如校准证书等次级证据。设备经过校准是客观检测的必备条件之一。一个合格的实验室要对影响鉴定质量的各个因素予以动态化控制，仪器设备的日常维护和校准是管理上的重要一环，对于高度依赖于仪器灵敏度和精准度的检测实验室而言更为重要。但仪器再精密先进，也仅仅是帮助鉴定人作出分析判断的协助性工具。如果将仪器检测结果完全等同于鉴定意见，那么法律对鉴定人的资质要求也就失去了必要性。

---

① 李金元、姚平：《司法鉴定人出庭作证规范初探》，《中国司法鉴定》2008 年第 S2 期。

② *United Ststes v. Lott*，854 F. 2d 244，250（CA7 1988）.

③ 许为安：《论鉴定结论的质证》，《中国司法鉴定》2008 年第 1 期。

④ *Common wealth v. Melendez－Diaz*，129 S. Ct. 2527，2009 WL 1789468（2009）.

4. 鉴定意见前提与限制条件

很多情况下，鉴定意见的确定性建立在一定的前提或程度上。如果不充分解释这种限定性条件和局限性，事实裁判者有可能会误解并作出不合理的判断。所以，出庭的鉴定人要对专家结论进行全面解释，不能以偏概全，将不确定性变成确定性。鉴定人应当“严格根据本案证据（假设或者真实），且在这些证据支持的范围内提供意见和结论”①。对此项说明义务更为细致的法律规定是《美国注册法证科学执业者理事会行为守则》第十二条：“报告应当清晰、全面和公正，列明或者说明：a. 你的权限范围和指示来源；b. 你的调查和结论所依据的材料；c. 总结你和你的团队的工作结果和结论；d. 你的调查或者结论可能受到外部因素的限制，特别是你在获得相关材料方面所受的限制，或者严重影响你的工作质量的时间、人力资源、物质资源或者经济资源方面的不合理限制；e. 你已经根据本守则开展了工作并制作了报告。”②

5. 法庭科学实验室记录的重要性

法庭科学实验室记录，是对一系列原始检测和检查活动的记录，是对鉴定意见形成过程每一个微观环节和程序的记载与再现。记录集中体现了科学证据科学性和法律性的状态，是法庭科学实验室全面保存原始证据的必要手段。原则上，记录要具有充足性、原始性和规范性，即形式要合法，内容要全面、真实，要忠实于鉴定活动的原貌。因此，实验室记录是法官评价法庭科学实验室活动的主要依据，是鉴定人在法庭上证明检测过程和检查过程符合操作规范、科学性要求及程序合法的重要证据。

原则上，实验室对鉴定活动进行管理时应当“一案一档”，真实记录：实验室和鉴定人的资质，鉴定环境是否符合要求，仪器设备的校准结果和运行状态，检材的清点和使用状况，鉴定所依据的材料，选取的技术方法，历经的程序和鉴定过程所见所察，对数据结果的解释及其所依据的解释方法，以及做出鉴定意见的参与者，是否有外部专家会诊等情况。从而表明鉴定人具备资质，依据了标准方法，使用了良好设备，按照科学管理的程序完成了鉴定工作③。如果实验室不

---

① 《美国刑事技术协会职业行为规则》第 9 条，参见［美］彼得·巴尼特《法证科学职业道德：刑事技术职业标准》，王进喜译，中国法制出版社 2013 年版，第 107 页。

② ［美］彼得·巴尼特：《法证科学职业道德：刑事技术职业标准》，王进喜译，中国法制出版社 2013 年版，第 140 页。

③ 鲁涤：《试论法医学鉴定人的证据意识》，《中国司法鉴定》2010 年第 6 期。

能应法庭要求提供完整的原始记录，就说明鉴定活动是可疑的，实验室管理是有漏洞的，此时，鉴定意见的可靠性是站不住脚的，将失去证明价值。

无论是法官，还是鉴定人、当事人，都应以证据法的思维对待这些原始记录。作为鉴定人，由于有可能被要求出庭接受质证，所以一定要重视原始记录再现鉴定活动的证明作用，要从记录的客观性、真实性、关联性和合法性上来证明鉴定意见生成时所依据的人、机、料、法、环、测的适格性和有效性，从而证明鉴定意见具有证据资格和无懈可击的证明力。作为与案件结果具有密切关系的当事人，无论同意还是反对鉴定意见中所持的观点或结论，都要着重查看原始记录在内容上是否完整，是否符合科学活动的工作流程，形式上是否合法规范，有无涂抹、修改。例如记录是否包括足够的信息，是否有相关责任人员签字，是否记录了检测依据，标准方法选用是否合理等。作为事实裁判者，让每一位法官都成为涉案专业专家是不可能的。守门人的职责要求法官具备一定程度的法庭科学知识，却是可以理解的。例如法官要了解鉴定实施的具体流程与操作程序，这样法官在庭上质证和认证过程才能把握住重点，有效控制庭审。本书认为，法官应开拓审查科学证据的新思路，通过对原始记录的审阅，努力审查出影响鉴定质量的人、机、料、法、环、测每一个要素是否符合科学要求和法律要求。法官将对科学证据进行实质审查的要点转化成对实验室能力要求的审查，可以缓解需要法官掌握各种专业学科知识的压力。

当前，国际上通过实验室认可的法庭科学实验室数量不断增加，认可涉及的鉴定领域和检验技术方法不断扩大，认可活动日益规范，影响增加[①]，这是我国法庭科学实验室不可忽视的国际背景。作为审查法庭科学实验室工作结果的法官，不应对法庭科学实验室认可工作视而不见，而应用开放的视野、灵活的思路来看待实验室认可工作，吸取各个领域工作经验为我所用，法官审查证据视角的转变，也可以促使法庭科学实验室标准化建设并提升管理的规范性。

（三）法庭上的证据规则

1. 意见证据规则

依据意见证据规则，证人只能就其凭知觉、直接感知的事实提供证言，不得

① 花锋：《法庭科学实验室认可工作开展状况与启示》，《刑事技术》2009 年第 5 期。

发表依其直接观察得出的推断或意见[①]。意见是“从观察事实所得出的推论”[②]，意见证据和观察事实的根本区别在于证人是否在事实基础上进行了推理、评价和结论。而专家证人或鉴定人的功能，恰恰在于基于其具有某方面的专业知识，在一定观察事实的基础上，进行一定程度的推测、分析和判断，从而弥补外行在知识结构上的不足。如果法庭允许普通证人发表推论和意见，则可能“有僭越事实裁判者之职能，使立证混乱发生偏见之虞”[③]。但是法庭适当地允许专家证人就某些问题发表专业意见，例如鉴定人只能就DNA分型匹配关系发表专业性意见但不能就事实认定发表推论性结论，则有助于法官厘清事实。所以，科学证据属于意见证据规则的一大例外，“专家可因知识、技能、经验、训练或者教育而具备专家资格，可以以意见或者其他形式作证”[④]。

科学证据作为意见证据规则的例外要有一定限度，如果逾越了必要限制，则会像普通证人的意见一样造成事实认知上的误导，可能会造成司法鉴定权对司法裁判权的侵犯。例如，鉴定人不能就案件的法律适用问题，如行为与结果之间的因果关系、被告人行为的法律性质、被告人的主观心态等作出超越鉴定范围的判断意见[⑤]。又如，DNA鉴定意见的鉴定人只应就样本和检材之间DNA分型的匹配概率关系发表意见，而不应回答犯罪的实施者等问题，因为后者属于事实裁判者的裁判范围，需要根据全案证据综合印证判断，而不是一个DNA鉴定证据所能断定的。

2. 传闻证据规则

根据传闻证据规则[⑥]的要求，专家证人必须出庭，且就某一事实作证，但是专家证人未必要陈述自己耳闻目睹的事实情况，如果法院没有进一步要求，专家

---

① 意见规则的理论基础是证人职能和裁判职能的区别。证人只是证据方法之一，职能仅在于将其对事实的亲身感知如实在法庭上陈述，而根据这些亲身感知对案件事实的推断和结论，则属于法官的裁判职能。如果允许普通证人发表推论和意见，则可能误导法官，有侵犯法官裁判职能之虞。所以，依据意见规则，证人不能发表依据直接观察所得的推断和意见。

② Colin Tapper, *Cross on Evidence*, 489, Butterworths (7th ed. 1990). 转引自张保生：《证据法学》，中国政法大学出版社2009年，第293页。

③ 王进喜：《刑事证人证言论》，中国人民公安大学出版社2002年版，第306页。

④ 《美国联邦证据规则》第702条。

⑤ 陈瑞华：《刑事证据法学》，北京大学出版社2012年版，第156页。

⑥ 传闻证据规则是英美证据法上的概念，大陆法系与之相对的概念是直接言词原则，基本含义是指“要求一切证据材料都必须在法庭上以直接、口头的方式进行陈述、讯问、审查和辩论”。参见樊崇义：《证据法学》，法律出版社2008年版，第81页。

则无义务对其实验所依据的事实或者数据作证，但在交叉询问环节，可以要求专家披露那些基础性的事实或数据①。

通常，专家意见的基础有很多形式②。主要分为三类：一是审判前通过亲身观察或者学习获得的事实或数据，如病理学家在进行尸体解剖后就死因发表的意见，即建立在其亲身观察基础之上；二是在审判时获得的事实或数据，即意识到或者观察到的事实或数据；三是特定领域专家所合理依赖的事实或数据，即第二手信息③。《美国联邦证据规则》第703条放宽了原来普通法上对专家意见基础的严格要求，这意味着如果专家意见的基础本身不可采，专家意见仍可能被采纳。放宽限制的原因是专家得出意见的基础很多都来源于平时的学习、经验积累，意见基础上的宽松可以使专家证言与其日常工作的背景知识保持一致。显然，这样就减轻了法庭科学专家往往缺少第一手知识的困境，降低了传闻证据规则对法庭科学生成的科学证据的法律要求，为专家作证扫除了障碍。当然，如果法官认为专家意见的证明价值明显超过其损害效果，则要将所依据的事实或数据披露给陪审团，此时，很可能导致相关事实和数据被排除。

在美国，传闻证据规则是采纳专家意见（实验室报告）的最大障碍。例如 *City of Mason v. Murphy*④ 案中，一位法医化学家在信中说，被告人血液中乙醇浓度为0.26% grams/100ml。这封信属于传闻证据，因为在信中做出陈述的这名专家既没有出庭作证，也没有提出证据证明其主张的真实性。所以法院认为，这封信及其内容不可采，因为它们是传闻，而且不属于任何传闻规则的例外（如公共记录的例外、商业记录的例外以及记录的回忆例外等）。

传闻证据规则和直接言词原则是现代法治国家普遍遵循的诉讼证据原则，科学证据同样要符合传闻证据规则和直接言词原则的要求。鉴定人应出席法庭，以便法官或者当事人能够观察其神情、表达力、记忆力、诚实度，还可使法官和

---

① 《美国联邦证据规则》第705条。

② 专家意见的基础有很多种形式，例如一名医生作为专家证人来到法庭上，他的意见基础可以是自己以前在学校学习来的系统的医学知识，从老师和同学那得来的专业知识，也可以是参加工作后临床工作中积累下来的经验，还可以是从患者或其家属对病情前后的描述得来的信息，也可以是阅读公开发表的医学期刊著作得到的观点，还可以是他个人对患者的观察，还可以是从医院病历档案中获得或从其他相关领域的专家那获得，甚至可以是从委托人的律师、法律文件那得来，还包括庭审中的观察。See Ian Volek, *Fedural Rule of Evidence703: The Back Door and the Confrontation Clause, Ten Years Later*, 80 Fordham L. Rev. 959 (2011—2012).

③ 王进喜：《美国联邦证据规则（2011年重塑版）条解》，中国法制出版社2012年版，第224页。

④ *See City of Mason v. Murphy*, 123 Ohio App. 3d 592, 599, 704 N. E. 2d 1260, 1264 (1997).

当事人能够对其鉴定意见、结论和依据之间的因果关系、所依据原理的成熟度、所使用的鉴定方法和仪器设备、鉴定程序的合法性等进行面对面的对质，从而对鉴定意见的可靠性做出正确判断。鉴定人出庭是当事人双方平等对抗的前提，这种平等对抗有利于矛盾的揭示，有利于法官全面掌握案件事实，从而化解矛盾，增加裁决的可接受性。鉴定人出庭，不仅增加了审判的公开性，确保各方的知情权，而且审判公开性还将程序正义理念扩展到法庭科学实验室的鉴定程序合法，强化了各方对法庭科学实验室程序合法性的监督和再检验。实验室检验环节不合法可能导致鉴定意见不可采。

总之，专家是依赖于一定的科学原理、技术检测出一定的数据结果以及从他处得来的信息，但不是所有数据、信息都能被允许作为事实认定的依据。自从2000年《美国联邦证据规则》第703条修改后，就有人担心对专家意见基础性知识和事实可采性的放宽会导致许多本不可采的信息通过专家这个“渠道”或“后门”成功混入法庭，我们不能排除这种可能，所以法官应加强对科学证据基础的合理性和可靠性予以审查，因而，《美国联邦证据规则》第703条[①]可以作为有限目的的披露意见的基础。但是，虽然立法上对予以披露的情形进行了限制性规定，但实践中大多数案件审理仍要求专家予以披露。这是因为我们不得不承认，陪审团很难从逻辑上区分不可采的基础性事实之实质性用途和评估性用途[②]。

专家是否披露那些基础，取决于对方当事人是否有弹劾要求。例如，在美国的一起非法持有枪支案中，检控方的指印专家介绍了自己的专业背景、指印分析的科学基础，以及指印鉴定使用的特定比对技术，在此基础上作证，被告被逮捕时所查获枪支上的指印与被告的指印样本是匹配的，地区法院采纳了他的证言。上诉庭审中，上诉法院判定地区法院采纳该指印专家的证言并没错，虽然指印专家没有对其结论进行详细说明。对证据更多的披露有助于法官认定案件事实，但根据《美国联邦证据规则》第705条规则规定，如果交叉询问者不主动承担对专家证言所依据事实和数据进行弹劾的责任，那么专家证人本身是没有义务对之主

① 《美国联邦证据规则》第703条规定：“专家意见所依据的事实或者数据，可以是该专家意识到或者亲身观察到的案件中的事实或者数据。如果特定领域的专家就某事项形成意见时将合理依赖那类事实或者数据，则该事实或者数据不需要具有可采性来使该意见被采纳。但是如果事实或者数据本来不可采，则只有在法院确定其在帮助陪审团评价意见方面的证明价值明显超过了其损害效果的情况下，专家才可以将其披露给陪审团。”

② See Ian Volek, *Fedural Rule of Evidence703: The Back Door and the Confrontation Clause, Ten Years Later*, 80 Fordham L. Rev. 997 (2011—2012).

动披露，法官也没有义务主动对之进行审查①。

美国在专家资格要求上持宽松态度，奠定了庭审上严格审查专家意见的基础。本书强调此点是着眼于我国社会性鉴定机构不断增多、鉴定人资格审查流于形式等现实问题，美国相关作法对我国当前现状具有一定借鉴意义。

综上所述，庭审上的交叉询问规则确实能够起到伪科学的“过滤器”作用，但是凡事过犹不及，随意质疑专家证人的可信性，会浪费大量时间和精力，过于追究细节问题会迷失庭审重点，损害到优秀专家的尊严，所以英美国家很多真正优秀的专家拒绝卷入双方当事人发起的科学大战、旷日持久的法律诉讼中。回顾科学证据的审查标准流变历史，人们会发现历史仍是向前发展的，只是进程螺旋曲折。法官对科学证据的证据能力和证明力从最初的畏惧神秘，到不加审查、盲目采信，直到现在已经认识到科学知识的局限性和不可靠性，因此，正确审查科学证据既是我国司法现实的需要，也是法官履行“守门人”职责的必然要求。

第二节　有效审查科学证据的制度架构

一、事实裁判者是科学证据的外行

“随着两种真实——人类通过感官认识到的真实与借助（为探索感官所不及的世界而发明的）辅助性手段而揭示的真实——之间的鸿沟不断增大，人类的感官活动对事实调查的重要性在不断减弱。”② 随之，司法裁判活动中，需要请求专家协助的事项迅猛增多。事实裁判者——无论是法官还是陪审员，在面对科学知识时是一样的，他们都不具有科学知识，不通晓专业技术，因此对科学证据无能为力，并不是某些学者认为的只是“陪审团制度才加剧了科学证据和诉讼程序之间的潜在紧张关系”③，这个难题不仅为陪审制度所独有，职业法官审判制度

---

① See *United Ststes v. Havvard*, 260 F. 3d 597 (7th Cir. 2001)，转引自王进喜：《美国联邦证据规则（2011 年重塑版）条解》，中国法制出版社 2012 年版，第 231 页。

② ［美］米尔吉安·R. 达马斯卡：《比较法视野中的证据制度》，吴宏耀、魏晓娜译，中国人民公安大学出版社 2006 年版，第 224 页。

③ 杨波：《对科学证据的反思——以程序为视角的关照》，《当代法学》2005 年第 6 期。

也同样为之头痛。而且由于司法制度上的原因，他们很难拒绝检察官提供的科学证据。我们也要防止出现这种情况："法律系统不仅通常在某个科学领域关于没有确切答案的时候要求专家提供科学答案，而且通常会在某个科学领域已经提供了新答案的时候未能予以采纳，或迟迟不予采纳。法律需要遵循先例，法院有时也会在科学领域取得进步时遵循早期的裁决。"①

虽然立法已明确赋予法官对科学证据可采性和证明力进行实质审查的职责，但法官很难真正做到，因此，法官到底在多大程度上能够实质审查科学证据的科学可靠性令人堪忧。不能排除我国也会出现美国的 *Daubert* 规则取代 *Frye* 规则后的同样情况，即，虽然 *Daubert* 规则为法官审查科学证据的科学性提供了详尽的考虑要点，但是法院审理案件在专家证言有效性和可采性方面并没有什么变化②。正如 *Daubert* 案中 Kozinski 法官所担心的，许多法官并没按照 *Daubert* 规则的要求去做，仍依照 *Frye* 规则审案，并坚称证据符合新的分析方法，但实际上内在逻辑上毫无关系。还有一些批评的声音认为，*Daubert* 规则取代 *Frye* 规则只不过是换了个标签，但不可否认的是，法官确实缺乏科学认识上的能力③，而法官必须肩负起不仅要审查专家结论，还要审查结论所依存的科学知识的职责。

两大法系国家均存在法官过度依赖或过度怀疑科学证据、无法履行好"守门人"职责的现实困难。在美国，即使科学证据可采性规则已经确立，但在司法实践中也存在诸多不如人意的情形。美国的一些案件中，由于绝大多数的实验室报告由政府实验室出具，而这种报告通常都被视为可以自我验真的文件，所以，政府实验室报告可以被直接采纳为证据，不再需要证人出庭提供证言以对其真实性进行确认④。当然，虽然控方要求直接赋予政府实验室报告可采性的情况常常出

---

① Susan Haack, *Of Truth, in Science and in Law*, 563－586, Brooklyn Law Review, 73 (2).

② 识别法庭科学共同体之需委员会，科学、技术和法律政策与全球事务委员会，应用和理论统计委员会工程与物理科学部，美国国家科学院国家研究委员会：《美国法庭科学的加强之路》，王进喜等译，中国人民大学出版社 2012 年版，第 98 页。

③ See Sophia Gratowski et al., *Asking the Gatekeepers: A National Survey of Judges on Judging Expert Evidence in a Post－Daubert World*, 25 Law and Hum. Behav. 433, 452 (2001).

④ See Fed. R. Evid. 902. See also *United States v. Davis*, 14 M. J. 847, 849 n. 2 (A. C. M. R. 1982) ("如果一份实验室报告带有验真证明，也可以被承认为是一份官方记录。"); Also *see Ealy v. State*, 685 N. E. 2d 1047, 1050 (Ind. 1997) ("被告人认为，即使尸检报告是可以自我验真的文件，但它也不能成为传闻规则的例外。被告人的观点是正确的。自我验真只是意味着不需要基础证据对其真实性进行确认，但它并不属于传闻的例外。")。

现，但美国法官却一直在努力反抗和抵制这种不正义的做法。例如*United States v. Riley*[①]案，审理法院指出："我们知道，并没有哪条规则明确规定，可以基于某位警察的证言来承认州犯罪实验室出具的报告的可采性。我们也不同意控方的这种观点——只要犯罪实验室是在警察局旗下，这种证言便是合适的。这种行政上的管理并不能保证证言在任何特定案件中都具有证据资格。相反，从证明责任的角度来说，控方必须按照规则的要求传唤证人对基础事实作证。"

综上所述，导致法官不履行审查科学证据职责的原因有很多：一是法官囿于科学证据的神秘高深，或者仅依据鉴定人的职业声誉良好，或者是因为鉴定报告是出自官方实验室之手，而直接推定鉴定意见是科学的、正确的；二是法官缺乏审查科学证据的专门知识，即使想严格审查科学证据的证据资格和证明力，但是由于其缺乏专业知识，没有能力有效实质地审查鉴定意见的科学可靠性；三是科学证据出错属于鉴定人的责任，法官不承担任何责任，因此即使立法用心良苦地设定实质性审查标准，可裁判者往往还是倾向从科学证据的形式要件和表象特征上泛泛审查。诸如普遍接受性这样的科学性表征对法官更具吸引力，这在一定程度上是因为法律工作者在使用这些科学性表征审查科学证据感到更为安逸、轻松，还可以使法院能够避免认真对待科学问题，或逃避科学问题，还可以消除这些法律人自身陷入科学知识的需要。这些法律工作者遵从相关专业人员的判断，而不是自己就相关科学领域进行学习[②]。虽然法院仍倾向对科学证据只进行形式性、表征性审查，但是美国*Daubert*案确立的"有效性审查标准"，明确要求"法官应进行科学证据的认识论探究"，这种对法官审查能力的高度要求给法官带来很大压力和困扰，这就意味着法官不仅要精通法律知识，还要对审判案件时可能涉及的各种学科的专业问题都具备相应的专业知识，但现实却是"在学术和职业日益专业化的时代没有人能够掌握整个知识领域，亚里士多德和托马斯·阿奎那的时代已经过去"。那么，如何处理法官履行审查科学证据的职责需求与法官没有能力实质审查科学证据的现实情况这二者之间的矛盾，就成为破解当今法庭如何审查科学证据难题的关键。

司法是社会正义的最后一道防线，无论法官在实质审查科学证据的可靠性上多么无力茫然，法官绝不能放弃和亵渎对证据进行审查判断的法定职责。这一点

---

① United *States v. Riley*, 236 F. 3d 982, 985 (8th Cir. 2001).

② ［美］Edward J. Imwinkelried：《论表象时代的终结》，王进喜译，《证据科学》2011年第4期。

早已是共识，科学证据可靠与否必须由法官来决定，而不能让渡给科学共同体。法官要克服审查时贪图一时便利的做法，要对科学证据所依赖的原理、技术、应用的可靠性进行实质审查，而且事实也一再表明，只要法官肯花费时间和精力，是可以承担科学证据“守门人”职责的。法官完全可以直接控制诉讼进程，凭借逻辑分析能力进行审慎判断，因为这是所有基础学科都共用的逻辑思考能力。所以，应本着“事实认定过程中出现的科学性问题必须用科学的方法和标准来回答”的原则加强以下制度建设，来缓解和弥补法官专业知识上的不足和茫然。

二、确保庭审顺利进行——庭前证据开示制度

证据开示制度是一种审判前程序。通过此制度，诉讼一方可从另一方获得与案件有关的事实及信息，为即将进行的庭审做准备，有效保障当事人的防御权，积极赋予双方当事人质疑鉴定意见的机会，便于法庭的证据调查能有针对性地进行，对法官的自由评估形成制约。“允许法官和一方当事人审前知悉对方证据的基本目的就是促进事实发现，减少无辜者被定罪的危险。”[①] 对科学证据的审查，更需要以庭前证据开示制度为配套。

科学证据带给法官的最大难题就是它的可采性，法官对科学证据的自由心证评价很大程度上被可采性审查所主导。如果科学证据可采，一般就具有很强的证明力。法庭科学实验室鉴定带有暗箱操作的特点，这必然要求整个诉讼环节更公开和透明一些。庭前证据开示可以整理争点，鉴定意见是否可靠，是否合法，是否相关，这些问题涉及诸多要素和环节，双方当事人对任何一个环节都可能存在争议，如果将这些争点等到庭审时再具体确定，双方展开辩论，那么庭审进程将无限持久。

科学证据的审查评价往往需要更多时间和精力，甚至需要进行重新鉴定、补充鉴定，而且科学证据往往事关胜诉败诉的终局性。因此，一般应给予双方足够的时间对鉴定报告进行披露和质疑，尤其是当事人自行取得的鉴定意见，需依法定程序开示，否则不得使用该鉴定意见。如果当事人未开示其鉴定意见却要在开庭时使用以支持己方主张，需经法院同意。各国一般要求专家证据开示的强制

① William J. Brennan, *The Criminal Prosecution: Sporting Event or Quest for Truth? A Progress Report*, 68 Wash. U. L. Q. 2 (1990).

性，例如英国，当事人自行取得专家证据的，需依法定程序开示，否则不得用作证据。

证据开示时间应在庭审前，一般是当事人双向、平等开示[①]，以面对面交换为原则，以方便为例外。如果为了保护更大的社会利益，可以不开示，例如为了维护公共利益或者为了打击恐怖主义犯罪，控方可向法官申请，不对辩方披露专家证据。科学证据开示的范围应包括鉴定结论部分和鉴定所使用的相关背景资料，尽可能提供较为全面的鉴定基础性资料，应对方要求还应提供鉴定过程记录，这样才能促进对方从实质和程序两方面展开有效质证。美国 1993 年修订《联邦民事诉讼规则》时，为了法官可以有效地审查专家证言是否受到律师的不当影响，要求当事人要广泛地开示专家证言，包括当事人聘请的专家和其律师之间的交流信息也要一起披露给法官，但是此规定不仅没能实现预期目的，还导致诉讼费用过于高昂、浪费过多时间等新问题出现。于是 2010 年美国再次修订《联邦民事诉讼规则》时，披露范围仅限于专家意见依据的“事实或数据”，而没有扩展到“其他信息”，在不触犯一定限制的前提下，专家报告的草稿、专家和律师间的交流信息无须披露[②]。

三、确保质证的有效性——专家辅助人制度

鉴定人出庭制度的重点是鉴定人在法庭上的表现，质证是当事人的一项重要诉讼权利，行使好质证权才能维护好自己的实体权益。确立并完善专家辅助人制度，可以弥补当事人专业知识的匮乏，加强质证的有效性。

（一）专家辅助人的含义

专家辅助人，是指诉讼双方当事人聘请具有专门知识的人帮助其解释和理解

---

① 证据开示制度应采取“互惠原则”，为避免庭审中辩护人“证据突袭”，庭前证据开示应当具有双向性，未经开示的证据原则上不能在庭审中使用。单向的证据开示不仅影响诉讼效益，也影响公诉方证据开示的积极性，从而又影响辩护方及时有效地获取实质性的案件信息。但双向开示并不等于对等开示，控辩双方的证据开示应当是不平衡的，公诉方负有全面开示证据的义务，在证据开示中居于主导地位；辩护方只负有限度的开示义务，如辩护方掌握的被告人有罪证据和罪重证据，就有权不向公诉方开示。参见杨欣、杨安：《庭前证据开示制度应包括哪些内容》，《检察日报》2009 年 8 月 21 日第 3 版。

② See Federal Judicial Center, National Research Council, *Reference Manual on Scientific Evidence*, 33—34, The National Academies press (3rd ed. 2011).

案件中的专门性问题，在必要时经法官允许出席法庭、参与质证的专家。从这个概念可得出，专家辅助人的选择主体是诉讼双方当事人。在刑事诉讼中，选择主体可能是公诉人、被害人及其诉讼代理人、犯罪嫌疑人/被告人及其律师。在民事诉讼中，可能是诉讼原告人、被告人及其诉讼代理人。

专家辅助人的立法典范是意大利1998年《刑事诉讼法》引入的技术顾问制度①，技术顾问主要从事见证、监督和制约鉴定的工作。意大利的这一举措，被视为职权主义吸收英美法系国家专家证人的范例。

（二）专家辅助人的诉讼地位

专家辅助人是我国诉讼活动中的诉讼参与人之一，但其诉讼地位既不同于证人、鉴定人，也不同于律师。

1. 专家辅助人和证人不同

二者虽然均属于言词证据，但存在诸多区别。①证人是基于亲身感知的事实作证，而专家辅助人可发表专业性意见。②证人作证只要了解案件事实，有基本的感知力、记忆力、表达力即可，而专家辅助人不仅要具备普通证人应有的“三力”，还应具有专门知识，当然其专门知识的来源途径很广，可以是教育、培训、经验等。③证人出庭作证属于法定义务，而专家辅助人出庭作证则依赖于双方的契约义务，专家辅助人无法定出庭义务，其出庭作证要经当事人申请和法官同意。④证人具有不可替代性，专家辅助人则生存于市场环境中，当事人依据自由意志随意聘请专业问题的相关领域专家作为辅助人，专家辅助人可替代。⑤证人作证以法律规定为基础，而专家辅助人则以当事人给付报酬为依托。⑥在诉讼权利上，证人不能向其他诉讼参与人发问，而专家辅助人具有当事人的质询权，可以对鉴定意见发表观点，经法官允许可询问鉴定人，与鉴定人展开辩论。这一点很重要，这是专家辅助人促进质证有效性最重要的权利保障。

2. 专家辅助人不同于鉴定人

二者都属于专业人士，但是，专家辅助人是接受当事人的委托（在庭前，专家辅助人可能是由律师委托），帮助当事人理解专门性问题。因此，专家辅助人是作为“鉴定人的对手”出现在诉讼中，对鉴定人起到制约和监督作用。如果当

---

① 《意大利刑事诉讼法》第225条规定，在法官决定进行鉴定后，公诉人和当事人有权任命自己的技术顾问。

事人需要专家辅助人出庭，辅助人就会继续来到法庭上，对专门性问题进行阐释，质疑鉴定意见的不足，增加审判的抗辩性，避免庭审质证程序走过场。尤其是在刑事案件中，可以让被告人告别那种“有关鉴定意见的法庭调查和法庭辩论，不具有最起码的对抗性，无权提出新的鉴定意见，也无法对公诉方的鉴定意见展开实质性的质证和辩论活动”[①] 的被动局面。

而鉴定人主要是来自国家机关的公职人员，大多代表国家控诉机关，从鉴定启动开始就一直参与鉴定的全过程，占有雄厚的国家司法资源，如检材占有的完整性上明显优于专家辅助人。在法庭上，鉴定人一般处于守方，保护本人出具的鉴定意见，针对对方提出的疑问，进行详细的防御性解释，接受对方在鉴定程序、检材、方法、仪器设备等各方面的质疑。专家辅助人具有“准鉴定人”的身份，但一位专业人士能否成为专家辅助人则无强制性规定，而鉴定人的资格准入则有严格的认证要求。

3. 专家辅助人不同于律师

虽然二者都是由当事人聘请参加诉讼活动，但律师是在委托人授权范围内以当事人的名义开展诉讼活动，而专家辅助人则是以个人名义提供专家意见。律师有权调查收集证据，可查阅本案所有的案卷材料，而专家辅助人则没有这些权利。总体而言，专家辅助人卷入诉讼的程度不如律师深，专家辅助人的活动范围只局限于与有争议的专门性问题有关的内容，这是由专家证据的本质属性——科学性决定的。

综上所述，专家辅助人在诉讼中具有独立而独特的诉讼地位。专家辅助人以个人名义，秉持科学的中立性，针对专业问题，为当事人提供科学技术服务。

（三）专家辅助人制度的功能

专家辅助人的职能，是帮助当事人理解专门性问题，质疑鉴定人所出具鉴定意见的可靠性、合法性、相关性。具体可分为庭审前的职能和庭审中的职能。

首先，在庭审之前，当事人及其代理人和专家辅助人签订委托合同，聘请专家来弥补自身专业知识上的不足。此阶段，“专家辅助人在特定案件中，可观察尸体解剖过程，监督鉴定人的鉴定行为，发现和记录可能存在的隐藏或隐性征

① 陈瑞华：《刑事证据法学》，北京大学出版社 2012 年版，第 155 页。

象；对案件中的鉴定意见进行分析说明，回答委托人的相关问题”①。

其次，在庭审阶段，专家辅助人可应委托人要求出庭作证，但需经法官同意。当事人申请专家辅助人出庭可协助其质证，其目的就是要通过专家辅助人的意见来支持己方的事实主张和诉讼请求，质疑鉴定意见的可采性与证明力或试图重新启动鉴定。但要注意，这种专家仅仅是辅助或者协助当事人及其诉讼代理人、律师，主要是对鉴定意见的质疑，“侧重于从证伪的方面对鉴定意见提出意见，具有破坏作为定案根据的鉴定意见证明力的功能”②。

再次，专家辅助人可帮助当事人完成证明责任的负担，增强质证的有效性。在专家辅助人应用较多的民事案件中，依据民事证明责任一般原则“谁主张、谁举证”，而当事人在专家知识上的匮乏往往限制了证明责任的完成。因此，如果专家辅助人参与到庭审中，可以在很大程度上增强当事人的举证能力，还能抑制对方当事人的举证力度。

最后，从审判角度看，专家辅助人质疑鉴定意见，可以澄清法官对于双方当事人争议点的一些疑虑，避免错误的鉴定意见因法官专业能力不足被采信为定案根据，保证其采纳的鉴定意见更具有可靠性、可信性。专家辅助人对鉴定意见的质疑和挑剔，可加深法官对鉴定意见的异议未能澄清的印象，当异议最终仍不能得到合理解释时，法官可遵循鉴定意见可靠性的审查标准决定鉴定意见的去留，进而根据“谁主张，谁举证”的证明责任原则，做出公正裁决。

在浙江宁波市江东区法院受理的消费者诉家乐福超市可乐瓶破裂喷溅致人耳聋索赔案中，宁波市中级人民法院明确表示专家辅助人制度的创设给法院审判确实带来不少好处：一是帮助诉讼当事人客观把握纷争焦点，合理认识自身权益与责任；二是使法官从专业技术角度的困扰中摆脱出来，得以专注于法律的准确适用，提高审判效率；三是可以摒弃传统的向专业部门单方面咨询的职权化色彩，充分发挥双方当事人诉权的主动因素。一审法院区法院审判法官也表示，专家辅助人出庭最重要的作用是提高了诉讼当事人的质证能力，有助于法官查清事实，使法官对案件事实有更为全面的把握③。

---

① 常林：《司法鉴定专家辅助人制度研究》，中国政法大学出版社 2012 年版，第 194—195 页。

② 郭华：《刑事鉴定制度修改的背景、争议及解读》，《证据科学》2012 年第 2 期。

③ 常林：《司法鉴定专家辅助人制度研究》，中国政法大学出版社 2012 年版，第 203—206 页。

（四）专家辅助人制度在我国的确立

我国民事诉讼早在2001年颁布的《最高人民法院关于民事诉讼证据的若干规定》中就已设立了专家辅助人制度，随后《最高人民法院关于行政诉讼证据若干问题的规定》也确立了专家辅助人制度。在民事诉讼和行政诉讼都确立了专家辅助人制度的几年中，人们日益认识到刑事诉讼中也应允许控辩双方聘请专家参与庭审，对鉴定意见进行质证。于是，2012年《刑事诉讼法》第一百九十二条第二款规定："公诉人、当事人和辩护人、诉讼代理人可以申请法庭通知有专门知识的人出庭，就鉴定人作出的鉴定意见提出意见。"自此，我国三大诉讼法全面确立了专家辅助人制度，这顺应了证据科学时代兴起的发展趋势，解决了司法实践中当事人需要专家帮助才能有效质疑鉴定意见的证明价值这一难题，还促进了法官正确审查鉴定意见。

虽然2012年颁布的《刑事诉讼法》对专家辅助人制度的规定仅有一个条款，但这一个条款却具有法律制度创新的意义。这一制度不仅增加了新的诉讼参与人，而且对于审判在鉴定意见质证的实质性和有效性方面具有特别重要的意义，同时还能促进鉴定人提高鉴定质量，降低虚假鉴定的发生概率。

（五）正确看待专家辅助人制度

专家辅助人从专业角度对鉴定人进行询问，对鉴定意见提出质疑，对案件中的某些专业问题发表意见，极大地促进了对科学证据的实质审查，增加庭审质证效果。但是，专家辅助人制度也存在一定弊端。

第一，专家辅助人的产生是由双方当事人聘请的，委托人向专家支付一定报酬，专家提供科学知识和专业经验上的服务。专家辅助人在法庭上，代表己方的诉讼请求发表专业观点，因此，专家辅助人的中立性是值得怀疑的。如果专家自律性较好，能够自觉遵守职业道德，则确实能够帮助庭审顺利进行，辅助当事人表达观点，有助于法官对事实的正确认定。但是，如果专家辅助人缺乏足够的职业道德，到法庭上完全根据当事人的诉讼需求故意歪曲事实，背离科学原则，则会阻碍诉讼进程，模糊法官视野。

在对抗制发达的美国就存在这种情况，尤其在自然科学领域，科学本身具有历史局限性，针对某一个问题存在多种不同观点，这样，科学本身就是有争议的。当事人往往花重金聘请对自己有利的专家，甚至将所有对自己有利的专家及其观点都汇集到自己一方，并且花钱只是为了购买持相反观点的专家缄默。所以，从专家辅助人的产生上看，中立性缺失，将从根本上削弱或颠覆专家意见的科学性。

第二，从庭审效果上看，专家辅助人“侧重于从证伪的方面对鉴定意见提出意见，具有破坏作为定案根据的鉴定意见证明力的功能”①。如果专家辅助人不受法院的有效控制，就会造成庭审乌烟瘴气，火药味十足。所以，我国在建立专家辅助人制度时一定要慎重考虑，不能只看到其对当事人质证权的辅助，而忽视了沾染商业气息的专家辅助人可能带来的背离科学性、中立性的风险。

第三，目前，我国专家辅助人制度主要限于庭审阶段。相较于意大利的技术顾问对鉴定的见证、监督和制约功能，我国专家辅助人制度还需要在制度设置上予以完善，因为专家辅助人制度的目的就是帮助当事人质疑鉴定意见的科学性、合法性和可靠性，而影响鉴定意见的证据资格和证明价值的环节和因素很多，绝不仅仅是庭审上的证据调查和辩论阶段，庭上质询只是事后的质疑和监督，并不能保证对科学证据进行全方位审查。本书认为，专家辅助人制度的适用范围应扩大，在确保专家辅助人中立性的前提下，将专家辅助的范围从庭审阶段向前延伸到鉴定实施阶段，从鉴定协议的签订、鉴定人的选任、检材的交接，到实验室的一系列检验行为，都应有专家辅助人的见证、监督和参与。这既是对当事人诉讼权益的全面确保，也是对鉴定质量的有效监控。

四、确保审查的科学性——专家咨询人制度

首先，法官自身应提高科学知识素养。如果法官自身具有较强的分析和判断科学证据的能力，就会对鉴定人产生威慑力，这样就促使其提供有充分科学依据、能经受住可采性审查的鉴定意见，督促鉴定人审慎执业。美国有学者提出，可采取以下措施提高法律工作者的认识论能力：一是保证对方有审查和评判专家推理的公平机会；二是提高参与者理解科学推理的能力②。对于后者，一方面，可以通过法学院增加科学证据、法庭科学相关课程的数量，为未来法官奠定良好

① 郭华：《刑事鉴定制度修改的背景、争议及解读》，《证据科学》2012 年第 2 期。

② ［美］Edward J. Imwinkelried：《论表象时代的终结》，王进喜译，《证据科学》2011 年第 4 期。

的科学证据知识基础；另一方面，无论是法官还是律师，都不应隔离于法庭科学发展进程之外，有关部门应为已入职的法官和律师提供相关的法庭科学再教育培训。因为法庭科学事业对法律提供服务质量的提高，需要科学界和法律界的合力，而不应仅限于科学界自身。法庭科学自身的改革，并不能完全解决司法过程中法庭科学的运用问题。法官和律师应该了解必要的法庭科学知识，相关组织也应该鼓励并提供这样的课程设置和培训项目。

其次，法官可寻求专家咨询人的帮助。美国 *Frye* 规则时代，法官对科学审查不需要具备什么科学知识，因为那个时代法官的审查标准仅仅是模糊不清的表象性特征，如“同行评议”“公开发表”等。法官往往不经慎重审查就直接采纳专家意见，尤其是对那些已经使用了几十年的、可能早已过时的科学技术不进行实质性审查。但是，*Daubert* 规则却要求法官承担更多的审查责任。可事实上，法官缺乏足够的处理科学证据的能力。为此，美国联邦最高法院为法官们制定了一些审查科学知识是否有效、适当的基本规则；联邦司法中心也发布了《科学证据参考手册》并定期更新，指导法官准确审查科学证据。此外，为了帮助法官熟悉科学性问题，还组织了许多培训课程。审判法院还可以指定自己的专家提供专门意见。美国一些联邦管理机构，例如美国环境保护组织（EPA）也制定了许多行之有效的工作指南①。当然，美国的这些努力都是零散的，尚不系统，也未形成全国统一的指导法庭如何处理科学问题的做法。美国学者也为法官提供科学建议，其中就包括“设立单独的科学法庭，建立专门的管理型法庭，还包括设立专家咨询委员会”②。专家咨询人的角色就像一个诉讼秘书（Law Clerks），是由法官依职权指定的专业人士，旨在教授和指导法官巧妙应对科学证据难题③。美国第九巡回法院在 *Association of Mexican－American v. California* 案中第一次指出专家咨询人的作用是帮助法官弥补科学知识的不足④。

专家咨询人是应法官邀请和咨询而出现的，因此，其角色较当事人聘请的专家辅助人更为中立。专家咨询人可以对鉴定的必要性、方法的科学性、鉴定人的

① Erica Beecher－Monas, *Evaluating Scientific Evidence*, 5, Cambridge University Press (2007).

② Erica Beecher－Monas, *Evaluating Scientific Evidence*, 9, Cambridge University Press (2007).

③ David L. Faigman, David H. Kaye, Michael J. Saks, Joseph Sanders, *Modern Scientific Evidence: The Law and Science of Expert Testimony*, § 1: 38, 83, Vol. 1, Thomson/West (2005).

④ *Association of Mexican－American v. California*, 231 F. 3d 572, 148 ed. Law Rep. 639, 84 Fair Empl. Prac. Cas. (BNA) 474, 79 Empl. Prac. Dec. (CCH) P 40298 (9th Cir. 2000).

合法性、鉴定程序的合法性提供专业意见，在法官允许下可查询实验室的检案记录，可向当事人和鉴定人询问。专家咨询人与鉴定人、专家辅助人最大的不同，是可以不受法庭上的交叉询问和证据披露规则的约束，很多情况下属于兼职性质。但专家咨询意见不具有法律约束力，只能作为法官认定案件事实的参考，不能作为证据使用，更不能代替法官做裁决。

我国在为法官设立专家咨询人制度时可采取两种方式：一是在法院内部设立固定的专家咨询委员会，将国家、省、市内已获得同行肯定的，或者具有一定科学成就的专家、学者纳入委员会。这些专家学者属于兼职，以庭前交流或亲自出庭的方式提供咨询意见。二是当法官自行向专家咨询，而该专家不属于专家咨询委员会成员时，应由法官邀请其到法庭上发表专家咨询意见，进行“同行评议”。

五、确保审查的中立性——专家陪审员制度

早在 1991 年，我国最高人民法院在答复北京市高级人民法院复函中就指出，“人民法院在审理第一审专利案件时，可以根据该案件所涉及的技术领域，聘请有关技术专家担任陪审员”[①]。我国专家陪审员源于知识产权案件，并不断向其他领域扩展，例如海事案件、医疗纠纷案件、交通肇事案件等。

与鉴定人、专家辅助人不同，专家陪审员在庭审中处于裁判者地位，除了不能担任审判长之外，和法官具有同等权力，在事实认定、法律适用上具有独立表决权，可以实质性地介入案件审判，可对当事人和专家证人发问。专家陪审员制度可以弥补法官专业知识上的不足，使判决结果的可接受性更强。

六、完善我国科学证据审查制度的几点建议

（一）兼顾形式审和实质审

当前，我国法官在审查科学证据时主要从鉴定机构和鉴定人、检材、鉴定程序、鉴定方法、鉴定标准、鉴定文书，以及鉴定意见关联性等角度审查。我国科学证据的审查要突破和深化当前司法解释的内容，除了从程序和形式上审查鉴定

① 《最高人民法院关于聘请技术专家担任陪审员审理专利案件的复函》〔1991〕64 号。

意见的合法性，还应该包括对其科学性的实质审查。

科学可靠性是科学证据可采性的核心。虽然根据相关性审查标准，证据只要与事实有关，没有违反法律规定，就应具有可采性。但科学证据不同，如果科学证据所依据的科学原理和技术方法不可靠，则根本不应进入事实裁判者的视野。只有通过法官的筛查，事实裁判者才能进一步确定其是否可信。因此，科学证据的科学可靠性应尽早获得审查。

（二）审查内容应精致化

法庭科学具有的科学性和法律性两大特征，对科学证据的审查也可以从这两个方面出发，使法官厘清审查思路，对科学可靠性予以有效审查。美国从*Frye*规则到*Daubert*规则三部曲的确立，主要就是围绕科学证据所使用的原理、技术和方法本身是否科学、可靠进行的，因为只有可靠的技术方法才能生成正确的鉴定意见。对于可靠与否的判断，可通过同行的普遍接受、公开发表、专家评议、方法的可复审性等手段进行。

我国学者大多都认识到了鉴定机构、鉴定人、检材、鉴定方法、鉴定程序、鉴定文书等要素的合法性以及相关性对鉴定意见的可采性和证明价值的影响，但是这些观点只停留于表层，没有真正深入到一个法庭科学证据生成环节的微观层面，如鉴定人员的资格会影响鉴定意见的可采性。除了在鉴定文书尾部签字的鉴定人外，鉴定意见的质量还受其他人员影响，例如仪器设备的操作者、检材保管链条途经人员、检验结果的复核人等，这些人都属于对鉴定意见可采性有潜在影响的人员。所以，法庭审查鉴定意见时不能局限于签名的鉴定人，还要审查那些接触到检材和检验结果的人员是否有相应的资格证书和从业经验，是否接受过必要的继续教育和培训，而对后者的审查往往是最容易发现鉴定意见是否合法可靠的突破点。

我国还可以借鉴美国注重科学性和法律性审查的做法。在美国，专家证言的可采性一般取决于两个方面：证言的内容和证人的资质①。这两点内容在美国几十年的科学证据可采性演进历史中被反复提炼和修正，最后形成了《美国联邦证据规则》第702条，明确规定了科学证据的可采性审查内容：①证人是否具备专家资格；②科学、技术或者其他专门知识是否有助于事实认定；③证言是否有足

---

① Paul C. Giannelli, Edward L. Imwinkelried, J. R., *Scientific Evidence*, 289, LexisNexis (4th ed. 2007).

够的事实或者数据基础；④证言是否是可靠的原理和方法的产物；⑤专家将这些原理和方法是否可靠地适用于案件的事实。与第702条的全面审查相比，*Daubert* 规则的着力点是科学性——即针对第702条第③、④项提出了审查清单：①可复审性；②同行评议和发表；③误差率；④行业标准；⑤普遍接受及其程度。

关于法律性的审查，是第702条的第①、⑤项，即专家资格和可靠的适用性。其中，第⑤项是科学技术在适当场合下具体运用的程序性要求。例如：仪器设备的状况，是否经过校准、定期维护；鉴定程序是否按照作业指导书进行；操作具体仪器设备的技术人员是否经过培训，是否有相应资格；对于检验结果进行解释的人员是否具备专家资质。

（三）坚守自由心证原则

正如威格莫尔所说："对于一个法律人来说，证据原则的研究可以区分为截然不同的两个部分。其中之一就是一般意义上的证明，主要关注争论性说服的推理过程——心灵对着心灵，律师对着法官或者陪审员，每一方当事人都力求打动裁判庭的内心。"[①] 法庭为了获得理性的决定，需要准确的信息和正当合理的推论。

事实裁判者在评判鉴定意见时，要综合认证，需要按照日常生活经验和逻辑法则，全面、客观、理性、不偏不倚地对证据的可靠性以及与案件事实的相关性，综合全部案情进行权衡和评估，并且公开判决的结果并说明理由。将证明力问题诉诸自由心证制度的原因是，人们一致认为证据证明力的有无和大小是事实问题，属于经验常识范围，理应受逻辑规则和常识经验的指引，而无论是陪审员还是法官都具有一般的生活经验，完全可以依靠日常的知识、经验、逻辑、理性、良心和道德做出正确的事实认定，这一点完全区别于对证据能力/可采性的法律规范。其实，证据可采性规则的产生初衷也是为证明力服务的（防止证据不可靠），因为证据不可靠的风险判断本属于证明力判断，再加上程序正义、人权保障、诉讼效率等诉讼价值地位的提升，法律政策彻底将证明力大小问题转化成对证据资格的限制。这实际上是提高了证据资格的标准要求，即将程序的合法性上升到证据资格有无的高度，不再是证明力大小的问题。

---

① William L. Twining, *Theories of Evidence: Bentham and Wigmorem*, 119, Stanford University Press (1985).

（四）发扬整体主义模式

我国对鉴定意见的审查内容不像英美法系那样分为两个阶段，而是由法官在一个庭审程序中决断，这种整体主义模式是符合人类思维规律的。实践中，法官对各种证据的审查或综合评估，并不能将证据的可靠性、关联性和合法性完全分离，对于这三个属性的考虑往往是交织在一起的，尤其是对可靠性与关联性的审查和判断，更是难以完全分离，也没有必要完全分离。大多数案件的具体案情往往需要综合考虑各种证据的真实、可靠、相关与否，各种证据之间是相互印证还是相互矛盾。因此，不能完全信奉英美法系可采性和证明力全然分离的二元化做法（其实英美法国家自身有时在事实问题和法律问题之间的审查职责也未必泾渭分明，*Daubert* 案要求法官实质审查科学证据可靠性问题就是如此）。英美法系的二元化极端做法是对抗制、陪审制、集中审的制度配置产物。当陪审制、对抗制和集中审这三个支柱开始出现裂痕时，以由当事人及其律师主导的陪审制为视角的证据规则也必然要有相应调整。既然证据的可靠性、相关性影响着证据的可采性和证明力的评估，那就顺应这种固有属性和逻辑规律，对科学证据可采性的审查不限于合法性的审查。

当科学证据的可靠性暂时无法确定时，可以将科学证据的可采性问题更多地转化成证明力问题。因此，科学证据的可靠性审查贯穿于整个诉讼过程，如果法官最初对可靠性未能决断，就可以宽容对待，将之留到法庭辩论阶段由双方当事人交叉询问。这不仅体现了证据法的经典价值——证据的完整性要求，尽可能地获得和接触更多的证据和信息，让更多的证据和信息进入法庭，将一切交给事实裁判者进行综合决策；还体现了法庭对待科学证据的严谨态度，既不轻易否定和排除任何一项科学证据，也不轻易肯定和盲信任何一项科学证据。

第六章
结 语

科学的宗旨是追求真理，探明“自在之物”，扩展“为我之物”。科学家们不断地假设和猜想，然后反复地对假设和猜想予以验证。科学技术持续地改变着人们的生活，日益融入诉讼程序中，法庭科学正在兴起，证据科学时代已来临。

科学证据承载着科学权威，在事实认定中发挥着关键作用。但是，科学未必是真理，科学权威未必持久，科学证据同样要接受证据法的检验。证据法要求，任何一项证据如果想转化成最终的定案根据，都要具备可采性和证明价值。然而，生发于科学之上、应用于法律领域的科学证据，却要求明显不同于普通证据仅凭常识经验、逻辑推理和经验法则就能作出判断的非常规审查模式。深奥生涩的专业知识，加重了事实裁判者肩膀上的负担。但是，事实裁判者不能拒绝履行审查科学证据的职责。科学证据应当具备科学上的可靠性和有效性，程序上的合法性和公正性。对科学证据的科学性审查，除了要审查鉴定材料本身的真实性，还要审查鉴定主体的鉴定能力，科学原理的可靠性，技术方法的有效性，实验室环境设施条件等。如果科学证据因某些原因没有通过事实裁判者的审查，被剥夺证据资格或被赋予较小证明力，就是对法庭科学人士的最大否定，这意味着鉴定人前期的全部劳动和付出将功亏一篑。为了满足证据法在科学性上的严格要求，法庭科学实验室应当对影响鉴定意见科学性的各个要素进行全面规范管理。对科学证据的法律性审查，审查内容比普通证据更广泛。鉴定主体是否具备资格，鉴定材料保管链条是否合法完整，鉴定程序是否公开公正，鉴定行为是否客观中立，鉴定文书是否符合形式要求……任何一个环节出错都将影响到科学证据的证据资格和证明价值。

法庭对科学证据的再检验，表面上是对证据自身的可采性和证明力的审查评价，实质上是对法庭科学实验室工作的一种事后监督和全盘审查。所以，法庭科学实验室管理完善是其生存和发展的最佳途径。法庭科学实验室管理是一项系统工程，需要对实验室全部构成要素——人、机、料、法、环、测予以全方位、动态化、多视角的质量管理和过程控制。对于实验室内部，在鉴定能力管理的持续性、仪器设备的配置要求和日常维护、检材的送检和保管的合法性和连续性、鉴定方法的标准化建设、实验室环境和设施的基本要求、对结果的及时核查和补救等方面要予以完善，因此，实验室认证认可制度无疑是最佳选择。对于实验室外部，司法行政部门的审批和监督，法庭科学职业行为规则的约束，法庭对科学证据的再检验等，多元化的监管主体能够共同促进法庭科学实验室提高鉴定质量，为法庭提供可靠权威的科学证据。为了确保法官审查科学证据的有效性，法官需要专业人士的帮助——鉴定人、专家辅助人、专家陪审员、专家咨询人。无论是作为法官的助手，还是法官的说服者，抑或法官的替代者，专业人士的本意都是为了澄清专业性问题，揭开科学的面纱，促进事实真相的准确认定。

证据法和法庭科学交叉研究的主旨，就是要让证据法对科学证据的法律要求督促法庭科学重拾价值无涉的精神实质，为法律提供中立的服务。科学证据出现在法庭上的目的是令人信服，而非混淆是非，更不是自毁清誉。因此，在21世纪这个证据科学时代，法庭科学实验室要勇敢肩负起整治专家混战的局面，改变趋“利”若鹜的场景，为法庭提供尽可能准确的科学信息，给诉讼以便利，还科学以尊严。

附　录

简称	全称
2012 年《刑事诉讼法》	《中华人民共和国刑事诉讼法》（1979 年 7 月 1 日第五届全国人民代表大会第二次会议通过；根据 1996 年 3 月 17 日第八届全国人民代表大会第四次会议《关于修改〈中华人民共和国刑事诉讼法〉的决定》第一次修正；根据 2012 年 3 月 14 日第十一届全国人民代表大会第五次会议《关于修改〈中华人民共和国刑事诉讼法〉的决定》第二次修正）
2012 年《民事诉讼法》	《中华人民共和国民事诉讼法》（1991 年 4 月 9 日第七届全国人民代表大会第四次会议通过根据 2007 年 10 月 28 日第十届全国人民代表大会常务委员会第三十次会议《关于修改〈中华人民共和国民事诉讼法〉的决定》第一次修正；根据 2012 年 8 月 31 日第十一届全国人民代表大会常务委员会第二十八次会议《关于修改〈中华人民共和国民事诉讼法〉的决定》第二次修正）
2017 年《民事诉讼法》	《中华人民共和国民事诉讼法》（2017 年 6 月 27 日第十二届全国人民代表大会常务委员会第二十八次会议《关于修改〈中华人民共和国民事诉讼法〉和〈中华人民共和国行政诉讼法〉的决定》第三次修正）
“两个证据规定”	最高人民法院　最高人民检察院　公安部　国家安全部　司法部《关于办理死刑案件审查判断证据若干问题的规定》 最高人民法院　最高人民检察院　公安部　国家安全部　司法部《关于办理刑事案件排除非法证据若干问题的规定》
“228 决定”	《全国人民代表大会常务委员会关于司法鉴定管理问题的决定》（2005 年 2 月 28 日第十届全国人民代表大会常务委员会第十四次会议通过）
“424 决定”	《全国人民代表大会常务委员会关于司法鉴定管理问题的决定》（2015 年 4 月 24 日第十二届全国人民代表大会常务委员会第十四次会议修正）
《司法鉴定程序通则（2016）》	《司法鉴定程序通则》经 2015 年 12 月 24 日司法部部务会议修订通过，自 2016 年 5 月 1 日起施行

续表

简称	全称
《司法鉴定教育培训规定》	司法部关于印发《司法鉴定教育培训规定》的通知
《司法鉴定人登记管理办法》	《司法鉴定人登记管理办法》经国务院批准，于 2005 年 9 月 30 日公布施行
《司法鉴定机构登记管理办法》	《司法鉴定机构登记管理办法》经国务院批准，于 2005 年 9 月 30 日公布施行
《司法鉴定执业活动投诉处理办法》	《司法鉴定执业活动投诉处理办法》（司法部令第 144 号）经 2019 年 3 月 11 日司法部部务会议审议通过，于 2019 年 6 月 1 日起施行
《司法鉴定文书规范》	2007 司法部关于印发《司法鉴定文书规范》和《司法鉴定协议书（示范文本）》的通知
《人体损伤程度鉴定标准》	2013 年 8 月 30 日最高人民法院、最高人民检察院、公安部、国家安全部、司法部公布，自 2014 年 1 月 1 日起施行
《人体损伤致残程度分级》	最高人民法院　最高人民检察院　国家安全部　司法法部关于发布《人体损伤致残程度分级》的公告，自 2017 年 1 月 1 日起施行
《公安机关鉴定机构登记管理办法》	《公安机关鉴定机构登记管理办法》（公安部令第 83 号），经 2005 年 11 月 7 日公安部部长办公会议通过，现予发布，自 2006 年 3 月 1 日起施行
《人民检察院鉴定人登记管理办法》	最高人民检察院《人民检察院鉴定人登记管理办法》（高检发办字〔2006〕33 号），自 2007 年 1 月 1 日起实施
《关于建立司法鉴定管理与适用衔接机制的意见》	最高人民法院　司法部《关于建立司法鉴定管理与适用衔接机制的意见》（司发通〔2016〕98 号）
《关于严格准入严格监管提高司法鉴定质量和公信力的意见》	司法部关于严格准入 严格监管提高司法鉴定质量和公信力的意见（司发〔2017〕11 号），司法部办公厅 2017 年 11 月 22 日印发
ISO/IEC 17020：2012	《检查机构能力认可准则》 *Accreditation Criteria for the Competence of Inspection Bodies*
ISO/IEC 17025：2005	《检测和校准实验室能力认可准则》 *Accreditation Criteria for the Competence of Testing and Calibration Laboratories*

续表

简称	全称
ISO/IEC 17025：2017	《检测和校准实验室能力的通用要求》 *Accreditation Criteria for the Competence of Testing and Calibration Laboratories*
CANS－CL08：2018	《司法鉴定/法庭科学机构能力认可准则》 *Accreditation Criteria for the Competence of Forensic Units*
CNAS－CL01：2018	《检测和校准实验室能力认可准则》 *Accreditation Criteria for the Competence of Testing and Calibration Laboratories* 等同采用 ISO/IEC 17025：2017《检测和校准实验室能力的通用要求》
CNAS－CI01：2018	《检验机构能力认可准则》 *Accreditation Criteria for the Competence of Inspection Bodies*
ISO/IEC 15189：2007	《医学实验室质量和能力认可准则》 *Accreditation Criteria for the Quality and Competence of Medical Laboratories*
ILAC－G19：2002	《法庭科学实验室指南》 *Guidelines for Forensic Science Laboratories*
ILAC－G19：2014	《法庭科学机构认可指南》 *Modules in a Forensic Science Process*

参考文献

一、中文著作

［1］樊崇义：《证据法学》（第四版），法律出版社 2008 年版。

［2］樊崇义：《刑事诉讼法实施问题与对策研究》，中国人民公安大学出版社 2001 年版。

［3］张保生：《证据法学》，中国政法大学出版社 2009 年版。

［4］刘良：《法医毒理学》（第四版），人民卫生出版社 2009 年版。

［5］王进喜：《刑事证人证言论》，中国人民公安大学出版社 2002 年版。

［6］王进喜：《美国联邦证据规则·2011 年重塑版条解》，中国法制出版社 2012 年版。

［7］王进喜：《法律职业行为法》，中国人民大学出版社 2012 年版。

［8］李德顺：《价值论》，中国人民大学出版社 2007 年版。

［9］陈瑞华：《程序正义理论》，中国法制出版社 2010 年版。

［10］陈瑞华：《刑事证据法学》，北京大学出版社 2012 年版。

［11］陈瑞华：《刑事诉讼的前沿问题》（第二版），中国人民大学出版社 2005 年版。

［12］何家弘：《从相似到同一——犯罪侦查研究》，中国法制出版社 2008 年版。

［13］何家弘、刘品新：《证据法学》，法律出版社 2008 年版。

［14］何家弘：《新编证据法学》，法律出版社 2000 年版。

［15］何家弘：《法苑杂谈》，中国检察出版社 2000 年版。

［16］王敏远、郭华：《司法鉴定与司法公正研究》，知识产权出版社 2009 年版。

［17］王进喜、常林：《证据理论与科学——首届国际研讨会论文集》，中国政法大学出版社 2009 年版。

［18］常林：《法医学》，中国人民大学出版社 2008 年版。

［19］常林：《司法鉴定专家辅助人制度研究》，中国政法大学出版社 2012 年版。

［20］卞建林：《证据法学》（修订二版），中国政法大学出版社 2007 年版。

［21］宋英辉、汤维建：《证据法学研究述评》，中国人民公安大学出版社 2006 年版。

［22］宋英辉、吴宏耀：《刑事审判前程序研究》，中国政法大学出版社 2002 年版。

［23］吴宏耀：《诉讼认识论纲——以司法裁判中的事实认定为中心》，北京大学出版社 2008 年版。

［24］周荣：《证据法要论》，吴宏耀点校，中国政法大学出版社 2012 年版。

［25］张建伟：《证据法要义》，北京大学出版社 2009 年版。

［26］房保国：《科学证据研究》，中国政法大学出版社 2012 年版。

［27］吴家駇：《法医学》，中国协和医科大学出版社 2000 年版。

［28］贾静涛：《世界法医学与法科学史》，科学出版社 2000 年版。

［29］丛斌、常林：《法医法学》，人民卫生出版社 2009 年版。

［30］侯一平：《法医物证学》，人民卫生出版社 2009 年版。

［31］赵子琴：《法医病理学》，人民卫生出版社 2009 年版。

［32］麦高伟、杰弗里·威尔逊：《英国刑事司法程序》，法律出版社 2003 年版。

［33］胡锡庆：《诉讼证明学》，中国法制出版社 2002 年版。

［34］张军：《中国司法鉴定制度改革与完善研究》，中国政法大学出版社 2008 年版。

［35］国家认证认可监督管理委员会、司法部司法鉴定管理局：《法庭科学实验室资质认定工作指南》，中国计量出版社 2009 年版。

［36］范方平、司法部司法鉴定体制改革工作办公室：《建构统一司法鉴定管

理体制的探索与实践》，中国政法大学出版社 2005 年版。

[37] 沈敏、吴何坚、方建新：《法庭科学实验室质量管理与认证认可指南》，科学出版社 2009 年版。

[38] 杜志淳：《司法鉴定机构质量体系文件》，法律出版社 2004 年版。

[39] 周三多、陈传明、鲁明泓：《管理学——原理与方法》（第五版），复旦大学出版社 2011 年版。

[40] 何斯特：《德鲁克的管理课——百年经典十五讲》，北京理工大学出版社 2011 年版。

[41] 冯沪祥：《中国管理哲学及其现代应用》，台湾学生书局印行 2003 年版。

[42] 席酉民：《管理之道：大处着手小处着眼》，朝华出版社 2005 年版。

[43] 夏基松：《现代西方哲学教程新编》（上），高等教育出版社 1998 年版。

[44] 周林东：《科学哲学》，复旦大学出版社 2005 年版。

[45] 郭金霞：《鉴定结论适用中的问题与对策研究》，中国政法大学出版社 2009 年版。

[46] 郭金霞等：《司法鉴定质量控制法律制度研究》，法律出版社 2011 年版。

[47] 毕玉谦：《最高人民法院关于民事诉讼证据的若干规定释解与适用》，中国民主法制出版社 2002 年版。

[48] 吴巡龙：《刑事诉讼与证据法实务》，新学林出版股份有限公司 2006 年版。

[49] 李学灯：《证据法比较研究》，五南图书出版社 1998 年版。

[50] 邹明理：《我国现行司法鉴定制度研究》，法律出版社 2001 年版。

[51] 邹明理：《司法鉴定法律精要与依据指引》，人民出版社 2005 年版。

[52] 黄维智：《鉴定证据制度研究》，中国检察出版社 2006 年版。

[53] 陈学权：《科技证据论——以刑事诉讼为视角》，中国政法大学出版社 2007 年版。

[54] 栗峥：《超越事实——多重视角的后现代证据哲学》，法律出版社 2007 年版。

[55] 刘晓丹：《论科学证据》，中国检察出版社 2010 年版。

[56] 吕泽华：《DNA 鉴定技术在刑事司法中的运用和规制》，中国人民公安大学出版社 2011 年版。

［57］杜国栋：《论证据的完整性》，中国政法大学出版社 2012 年版。

［58］马进保、刘祁宪：《智能诉讼——司法活动中的现代化技术》，群众出版社 1989 年版。

［59］朱富美：《科学鉴定与刑事侦查》，中国民主法制出版社 2006 年版。

［60］朱广友：《法医临床司法鉴定实务》，法律出版社 2009 年版。

［61］李生斌、李万华：《刑事科学技术》（第三版），人民卫生出版社 2009 年版。

［62］王景翰、刘淑霞、杨鸣：《法庭科学与化学》，群众出版社 2010 年版。

［63］贾治辉、徐为霞：《司法鉴定学》，中国民主法制出版社 2006 年版。

［64］蔡杰：《法庭科学实验教程》，武汉大学出版社 2010 年版。

［65］夏之乾：《神判》，上海三联书店 1990 年版。

［66］李泽厚：《论语今读》，生活·读书·新知三联书店 2008 年版。

［67］岳礼玲：《公民权利和政治权利国际公约与中国刑事司法》，法律出版社 2007 年版。

［68］孙凤霞：《仪器分析》，化学工业出版社 2004 年版。

［69］美国司法部：《美国公立法庭科学犯罪实验室普查报告（2009 年度）》罗芳芳编译，中国政法大学证据科学研究院 2012 年版编印（内部资料）。

［70］中国社会科学院语言研究所词典编辑室：《现代汉语词典》，商务印书馆 1996 年版。

二、中文译著

［71］［意］切萨雷·贝卡里亚：《论犯罪与刑罚》（四十七章版），中国方正出版社 2004 年版。

［72］［法］孟德斯鸠：《论法的精神》（上），张雁深译，商务印书馆 1982 年版。

［73］［美］识别法庭科学共同体之需委员会，科学、技术和法律政策与全球事务委员会，应用和理论统计委员会工程与物理科学部，美国国家科学院国家研究委员会：《美国法庭科学的加强之路》，王进喜等译，中国人民大学出版社 2012 年版。

［74］［英］克里斯托弗·艾伦：《英国证据法实务指南》（第四版），王进喜

译，中国法制出版社 2012 年版。

[75] [美] 戴维·波普诺：《社会学》，李强等译，中国人民大学出版社 2010 年版。

[76] [美] E. 博登海默：《法理学：法律哲学与法律方法》（修订版），邓正来译，中国政法大学出版社 2004 年版。

[77] [美] 肯尼斯·R. 福斯特、彼得·W. 休伯：《对科学证据的认定——科学知识与联邦法院》，王增森译，法律出版社 2001 年版。

[78] [美] R.K. 默顿：《科学社会学》（上），鲁旭东、林聚任译，商务印书馆 2003 年版。

[79] [英] A. F. 查尔默斯：《科学究竟是什么》（第三版），鲁旭东译，商务印书馆 2007 年版。

[80] [英] 伯兰特·罗素：《西方哲学史》，商务印书馆 1976 年版。

[81] [德] 黑格尔：《小逻辑》，商务印书馆 2010 年版。

[82] [美] 罗纳德·J. 艾伦、理查德·B. 库恩斯、埃莉诺·斯威夫特：《证据法——文本、问题和案例》，张保生、王进喜、赵滢译，高等教育出版社 2006 年版。

[83] [美] 乔恩·R. 华尔兹：《刑事证据大全》，何家弘等译，中国人民公安大学出版社 2004 年版。

[84] [美] 米尔建·R. 达马斯卡：《漂移的证据法》，李学军等译，中国政法大学出版社 2003 年版。

[85] [美] 米尔吉安·R. 达马斯卡：《比较法视野中的证据制度》，吴宏耀、魏晓娜译，中国人民公安大学出版社 2006 年版。

[86] [美] 彼得·巴尼特：《法证科学职业道德：刑事技术职业标准》，王进喜译，中国法制出版社 2013 年版。

[87] [美] 约翰·W. 斯特龙：《麦考密克论证据》，汤维建译，中国政法大学出版社 2004 年版。

[88] [美] 约书亚·得雷斯勒、艾伦·C. 迈克尔斯：《美国刑事诉讼法精解：第一卷·刑事侦查》，吴宏耀译，中国政法大学出版社 2009 年版。

[89] [美] 约书亚·得雷斯勒、艾伦·C. 迈克尔斯：《美国刑事诉讼法精解：第二卷·刑事审判》，魏晓娜译，中国政法大学出版社 2009 年版。

[90] [美] Edmund M. Morgan:《证据法之基本问题》，李学灯译，台湾世界书局 1982 年版。

[91] [美] 迈克尔·D. 贝勒斯:《程序正义——向个人的分配》，高等教育出版社 2005 年版。

[92] [德] 托马斯·魏根特:《德国刑事诉讼程序》，岳礼玲、温小洁译，中国政法大学出版社 2004 年版。

[93] [美] 丽莎·扬特:《法医学——从纤维到指纹》，顾琳等译，上海科学技术文献出版社 2011 年版。

[94] [美] 约翰·霍德:《刑侦实验室：犯罪现场真相揭秘》，礼宾、苏舟、余辉译，海南出版社 2003 年版。

[95] [美] 科林·埃文斯:《证据：历史上最具争议的法医学案例》，生活·读书·新知三联书店 2007 年版。

[96] [美] 李昌钰、蒂莫西·M. 帕姆巴奇、玛丽莲·T. 米勒:《李昌钰博士犯罪现场勘查手册》，郝红奎等译，中国人民公安大学出版社 2006 年版。

[97] [美] 理查德·A. 波斯纳:《证据法的经济分析》，徐昕、徐昀译，中国法制出版社 2004 年版。

[98] 王敏远:《一个谬误、两句废话、三种学说——对案件事实及证据的哲学、历史学分析》，法律出版社 2003 年版。

三、中文论文

[99] 张保生:《审判职能、说服责任与“案结事了”》，《证据科学》2009 年第 6 期。

[100] 王进喜:《论证据科学的两个维度》，《政法论坛》2009 年第 6 期。

[101] 王进喜:《〈律师法〉的迷途及其证据法进路》，《中国司法》2010 年第 10 期。

[102] 王进喜:《浅论证据法与司法鉴定职业行为规则的契合》，《中国司法》2011 年第 9 期。

[103] 刘耀:《加强物证鉴定标准化建设》，《中国司法鉴定》2003 年第 4 期。

［104］刘耀：《法庭科学标准化》，《内地与香港法庭科学标准化、规范化研讨会论文集》，2002 年。

［105］李兆隆、周静、刘耀：《“鉴证科学”与“法庭科学”之辨》，《刑事技术》2012 年第 2 期。

［106］徐立根：《论鉴定》，《证据学论坛》，2000 年。

［107］陈瑞华：《从认识论走向价值论——证据法理论基础的反思与重构》，《法学》2001 年第 1 期。

［108］陈瑞华：《从“证据学”走向“证据法学”——兼论刑事证据法的体系和功能》，《法商研究》2006 年第 3 期。

［109］何家弘：《证据意识漫谈》，《法学杂志》1998 年第 3 期。

［110］霍宪丹：《中国司法鉴定管理体制改革的实践与展望》，《中国司法》2011 年第 1 期。

［111］霍宪丹：《司法鉴定管理是社会管理与公共服务的统一》，《中国司法》2011 年第 9 期。

［112］陈光中、肖沛权：《关于司法权威问题之探讨》，《政法论坛》2011 年第 1 期。

［113］宋英辉、吴宏耀、雷小政：《证据法学基本问题之反思》，《法学研究》2005 年第 6 期。

［114］郭华：《国外鉴定制度与我国司法鉴定制度改革的关系》，《中国司法》2011 年第 1 期。

［115］郭华：《刑事鉴定制度修改的背景、争议及解读》，《证据科学》2012 年第 2 期。

［116］徐静村、颜飞：《通过程序弥合知识的鸿沟——论科学证据对刑事审判的挑战及应对》，《中国司法鉴定》2009 年第 2 期。

［117］何家弘、刘晓丹：《论科学证据的采纳与采信》，《中国司法鉴定》2002 年第 1 期。

［118］陈卫东、李伟：《论鉴定结论的证据能力》，《中国司法鉴定》2007 年第 3 期。

［119］常林、刘鑫：《评司法鉴定人名册制度》，《法律与医学杂志》2002 年第 2 期。

[120] 常林、刘鑫：《司法鉴定改革面临的挑战》，《法律与医学杂志》2005年第2期。

[121] 常林：《论司法鉴定改革中的十大问题》，《证据学论坛》2007年第2期。

[122] 常林：《谁是司法鉴定的守门人——关于〈司法鉴定管理问题的决定〉实施五周年成效评析》，《证据科学》2010年第5期。

[123] 刘鑫：《司法鉴定技术与方法准入研究》，《中国刑事法杂志》2008年第2期。

[124] 郭金霞：《鉴定资料收集之法律控制研究》，《证据科学》2008年第3期。

[125] 卞建林、郭志媛：《规范司法鉴定程序之立法势在必行》，《中国司法鉴定》2005年第4期。

[126] 张斌：《论科学证据的概念》，《中国刑事法杂志》2006年第6期。

[127] 张斌：《论科学证据的三大基本理论问题》，《证据科学》2008年第2期。

[128] 张继成：《论命题与经验证据和科学证据符合》，《法学研究》2005年第6期。

[129] 黄维智：《再论鉴定结论的性质》，《天府新论》2004年第2期。

[130] 黄维智：《鉴定证据与科学》，《四川大学学报》（哲学社会科学版）2005年第1期。

[131] 邹明理：《论鉴定结论及其属性》，《证据学论坛》2001年第2期。

[132] 吴丹红：《面对中国的证据法学——建评易延友〈证据学是一门法学吗〉》，《政法论坛》2006年第2期。

[133] 吴丹红：《证据法学的启蒙——吉尔伯特的证据法思想》，《证据科学》2007年第Z1期。

[134] 易延友：《证据学是一门法学吗？——以研究对象为中心的省察》，《政法论坛》2005年第3期。

[135] 邢学毅：《我国司法鉴定改革存在的误区及解决途径》，《证据学论坛》2010年。

[136] 邢学毅：《加强美国法庭科学之路的反响与启示》，《证据科学》2011

年第4期。

[137] 张伯晋：《以证据法律与证据科学捍卫公平正义》，《检察日报》2011年7月22日第3版。

[138] 张迎涛：《检视司法鉴定管理体制改革三十年》，《中国司法鉴定》2010年第2期。

[139] 张成敏：《刑事司法的20个逻辑信条》，《证据科学》2007年第21期。

[140] 刘静坤、邹明理：《新科学证据带来的挑战——评估专家证言的司法责任》，《中国刑事法杂志》2005年第1期。

[141] 栗峥：《当代英美证据法学思潮》，《环球法律评论》2010年第3期。

[142] 纪格非：《边沁证据法学思想的当代解读》，《法制与社会发展》2010年第6期。

[143] 肖建国：《证据能力比较研究》，《中国刑事法杂志》2001年第6期。

[144] 鲁涤：《试论法医学鉴定人的证据意识》，《中国司法鉴定》2010年第6期。

[145] 鲁跃晗、常林：《论司法鉴定机构的公益性建设》，《中国司法鉴定》2011年第4期。

[146] 刘晓丹：《科学证据可采性规则研究》，《证据科学》2012年第1期。

[147] 武伯欣、张泽民：《测谎结论能够作为鉴定证据——关于中国心理测试技术研究应用及其现状的思考》，《证据科学》2008年第5期。

[148] 陈忆九、刘宁国、张建华：《试论法医病理学检验标准体系》，《中国司法鉴定》2004年第3期。

[149] 邹冬华、乐虹、陈忆九、黄光照：《法医学鉴定质量管理体系的初步研究》，《医学与社会》2006年第1期。

[150] 周维平：《诉讼法视野中的法医DNA证据研究》，《证据科学》2009年第4期。

[151] 赵兴春：《刑事案件DNA检验采样与鉴定立法现状》，《证据科学》2009年第1期。

[152] 刘健、胡兰、姜成涛、赵兴春：《美国法庭DNA鉴定实验室质量控制标准》，《法医学杂志》1999年第4期。

[153] 沈敏：《司法鉴定机构质量管理规范探讨》，《中国司法鉴定》2007年

第 5 期。

［154］沈敏：《试论司法鉴定技术标准体系建设》，《中国司法鉴定》2007 年第 4 期。

［155］沈敏、杜志淳：《论法庭科学实验室质量管理体系的建立和运行》，《中国司法鉴定》2004 年第 4 期。

［156］花锋：《实验室认可概述》，《刑事技术》2002 年第 5 期。

［157］花锋：《法庭科学实验室认可及其对策》，《刑事技术》2003 年第 3 期。

［158］花锋：《鉴定人员绩效管理问题分析》，《刑事技术》2005 年第 6 期。

［159］花锋：《我国法庭科学实验室认可工作现状与存在的问题》，《刑事技术》2006 年第 6 期。

［160］花锋：《论法庭科学实验室认可的特殊要求》，《刑事技术》2007 年第 5 期。

［161］花锋：《中美法庭科学实验室比较研究》，《刑事技术》2007 年第 6 期。

［162］花锋：《法庭科学实验室认可工作开展状况与启示》，《刑事技术》2009 年第 5 期。

［163］花锋：《法国国家警察总局法庭科学实验室简介》，《刑事技术》2012 年第 1 期。

［164］潘广俊、刘沛奎、夏文涛、罗良方：《荷兰司法鉴定制度及启示》，《中国司法》2011 年第 1 期。

［165］潘广俊、俞晓辉：《司法鉴定若干问题的实践与思考——以浙江省为视角》，《中国司法鉴定》2018 年第 4 期。

［166］王桂强：《物证鉴定的能力验证》，《刑事技术》2006 年第 4 期。

［167］王桂强：《物证鉴定的技术方法确认和标准操作规程》，《刑事技术》2006 年第 6 期。

［168］孙业群：《芬兰、荷兰的司法鉴定体制》，《中国司法》2007 年第 8 期。

［169］刘冰、陈松、李万水：《法庭科学 DNA 实验室认可与质量控制》，《刑事技术》2007 年第 1 期。

［170］周云彪、黄星、权养科等：《新加坡、马来西亚、文莱法庭科学实验室考察概况》，《刑事技术》2010 年第 5 期。

［171］殷治田、裴黎等：《英国法庭科学服务部 FSS 实验室考察概况》，《刑事技术》2008 年第 1 期。

［172］殷治田、花锋、李万水、何毅：《加拿大皇家骑警和美国联邦调查局法庭科学实验室概况》，《刑事技术》2006 年第 5 期。

［173］权养科：《英国伦敦警察厅法庭科学实验室简介》，《中国法医学杂志》1989 年第 4 期。

［174］马荣梁：《澳大利亚联邦警察局法庭科学实验室概况》，《刑事技术》2007 年第 3 期。

［175］何勇：《构建司法鉴定认证认可制度》，《中国司法鉴定》2008 年第 5 期。

［176］徐景和：《司法鉴定改革：社会价值与发展方向》，《中国司法鉴定》2008 年第 6 期。

［177］张玉镶、宫万路：《论我国司法鉴定立法应解决的几个主要问题》，《中国司法鉴定》2002 年第 1 期。

［178］张玉镶、张黎：《鉴定人资格管理制度：疏理、评析与设想——兼解读〈关于司法鉴定管理问题的决定〉》，《中国司法鉴定》2005 年第 6 期。

［179］陈永生：《中国司法鉴定体制的进一步改革》，《清华法学》2009 年第 4 期。

［180］陈永生：《我国刑事误判问题透视——以 20 起震惊全国的刑事冤案为样本的分析》，《中国法学》2007 年第 3 期。

［181］祁建建：《完善统一司法鉴定管理体制的两个维度》，《中国司法鉴定》2009 年第 4 期。

［182］贾治辉、朱兰等：《论我国司法鉴定机构管理体制改革的途径与方法》，《中国司法鉴定》2010 年第 1 期。

［183］李海燕：《美国洛杉矶县警察局法庭科学实验室概况》，《刑事技术》2009 年第 B12 期。

［184］莫全城：《法庭科学技术中的质量控制》，《内地与香港法证科学标准化、规范化研讨会论文集》，2002 年。

［185］张醒声：《浅议法庭科学法律性的完善》，《法学之窗》2011 年第 3 期。

[186] 陈俊生、包建明、吴何坚：《论司法鉴定机构及其设置》，《中国司法鉴定》2010 年第 4 期。

[187] 张益鹄：《论法医专家顾问和法医鉴定结论的质证》，《法律与医学杂志》2007 年第 3 期。

[188] 王世凡：《论司法鉴定结论证明力的审查判断》，《中国司法鉴定》2007 年第 3 期。

[189] 卢广正：《论提高法医鉴定结论的准确性——兼论规范法医学鉴定文书》，《中国司法鉴定》2006 年第 4 期。

[190] 袁军、尹君、庄宇莉：《保障司法鉴定的独立性》，《中国司法鉴定》2010 年第 4 期。

[191] 杨波：《对科学证据的反思——以程序为视角的关照》，《当代法学》2005 年第 6 期。

[192] 李金元、姚平：《司法鉴定人出庭作证规范初探》，《中国司法鉴定》2008 年第 S2 期。

[193] 许为安：《论鉴定结论的质证》，《中国司法鉴定》2008 年第 1 期。

[194] 党凌云、张效礼：《2017 年全国司法鉴定情况统计分析》，《中国司法鉴定》2018 年第 3 期。

[195] 乔森旺、李金锁：《鉴定结论的法庭质证与审查判断》，《法律与医学杂志》2004 年第 1 期。

[196] 罗红：《司法鉴定人出庭接受询问的意义及指南》，《法律与医学杂志》2005 年第 1 期。

[197] 崔伟：《鉴定人出庭遇到的困难及解决途径》，《中国司法鉴定》2007 年第 2 期。

[198] 杜国栋：《论鉴定人员职业规则》，《证据科学》2011 年第 5 期。

[199] 杜国栋：《司法鉴定职业规则实证研究》，《法制与经济》2012 年第 2 期。

[200] 冯俊伟：《论事实认定科学化》，《研究生法学》2008 年第 5 期。

[201] 邱爱民：《科学证据内涵和外延的比较法分析》，《比较法研究》2010 年第 5 期。

[202] 邱爱民、杨宏云：《论鉴定结论作为科学证据的资格要素》，《学术界》2011 年第 5 期。

［203］杨波：《对科学证据的反思：以程序为视角的关照》，《当代法学》2005年第6期。

［204］郭金明：《科学证据的概念和法律性质分析》，《江西农业大学学报》（社会科学版），2007年第3期。

［205］陈永佳、关颖雄：《关于科学证据的几个基本理论问题探析》，《新疆警官高等专科学校学报》2009年第2期。

［206］张南宁：《科学证据可采性标准的认识论反思与重构》，《法学研究》2010年第1期。

［207］王桂玥、朱婷：《论科学证据的审查判断和采信》，《河南高等专科学院学报》2009年第5期。

［208］奉晓政：《司法鉴定结论的采信问题研究》，《广西社会科学》2006年第2期。

［209］潘金贵、陈永佳：《论科学证据的证据能力审查》，《铁道警官高等专科学校学报》2009年第4期。

［210］罗纪锋：《民营司法鉴定机构工作流程管理的探讨》，《中国司法鉴定》2007年第3期。

［211］谭铁君：《中美法庭科学实验室建制的比较研究》，《第三届证据理论与科学国际研讨会论文集》，2011年。

［212］范兴川、潘静：《成就事业，成就自己——记著名法医毒物分析专家刘耀院士》，《科学中国人》2006年第12期。

［213］威廉·特文宁：《证据：跨学科的科目》，王进喜译，《证据学论坛》2007年第2期。

［214］爱德华·丁·伊姆温克里德：《论表象时代的终结》，王进喜译，《证据科学》2011年第4期。

［215］大卫·A. 舒姆：《关于证据科学的思考》，王进喜译，《证据科学》2009年第1期。

［216］戴维·伯格兰：《证据法的价值分析》，张保生、郑林涛译，《证据学论坛》2007年第2期。

［217］罗纳德·J. 艾伦：《刑事诉讼的法理和政治基础》，张保生等译，《证据科学》2007年第Z1期。

［218］陈永生：《侦查程序原理论》，中国政法大学博士学位论文，2002 年。

［219］郑未媚：《自由心证原则研究——以刑事诉讼为视角》，中国政法大学博士学位论文，2005 年。

［220］郭华：《鉴定结论之研究》，中国政法大学博士学位论文，2006 年。

［221］陶涛：《法医学尸体解剖鉴定结论的规范化研究——法医学与法学的比较评价及完善》，四川大学博士学位论文，2007 年。

［222］张林：《实验室的质量管理体系研究——以扬州质检所为例》，南京理工大学硕士学位论文，2008 年。

［223］罗芳芳：《证据科学视野中的科学证据解读》，中国政法大学硕士学位论文，2010 年。

［224］王建平：《我国刑事司法鉴定差错的法律控制》，西南大学硕士学位论文，2010 年。

［225］王刘筠：《司法鉴定管理制度研究》，西南政法大学硕士学位论文，2010 年。

［226］何晓丹：《中德司法鉴定管理体制的比较研究》，华东师范大学专业硕士学位论文，2010 年。

［227］蔡东：《司法鉴定机构实验室/检查机构认可活动的研究》，天津大学硕士学位论文，2010 年。

［228］林九川：《电子物证鉴定机构实验室认可和资质认定“二合一”管理体系的建立》，复旦大学硕士学位论文，2010 年。

［229］戴晓东：《专家证人职业道德研究——正当理由义务为视角》，中国政法大学硕士学位论文，2011 年。

四、英文著作

［230］Paul C. Giannelli, Edward L. Imwinkelried, J. R., *Scientific Evidence*, Lexis Nexis (4th ed. 2007).

［231］William L. Twining, *Theories of Evidence: Bentham and Wigmore*, Stanford University Press (1985).

［232］David L. Faigman, David H. Kaye, Michael J. Sakes and Joseph

Sanders, *Science in the Law: Forensic Science Issues*, West Group (2002).

[233] David L. Faigman, David H. Kaye, Michael J. Sakes and Joseph Sanders, *Modern Scientific Evidence: The Law and Science of Expert Testimony*, Thomson/West (2005).

[234] *Introduction to Forensic Sciences*, CRC Press (William G. Eckert ed. 1997).

[235] Peter Murphy, *Murphy on Evidence*, Blackstone Press Limited (7th ed. 2000).

[236] Committee on Identifying the Needs of the Forensic, Sciences Community; Committee on Applied and Theoretical Statistics, National Research Council, *Strengthening Forensic Science in the United States: A Path Forward*, National Academies Press (2009).

[237] Peter D. Barnett, *Ethics in Forensic Science: Professional Standards for Practice of Criminalistics*, CRC Press (2001).

[238] William L. Twining, *Theories of Evidence: Bentham and Wigmorem*, Stanford University Press (1985).

[239] William G. Eckert and Stuart H. James, *The Role of the Forensic Laboratory*, *Introduction to Forensic Sciences*, CRC Press (William G. Eckert ed. 1997).

[240] Tal Golan, *Laws of Men and Laws of Nature*, Harvard University Press (2004).

[241] David H. Kaye, David E. Bernstein and Jennifer L. Mnookin, *The New Wigmore: Expert Evidence* (2nd ed. 2010).

[242] Danielle S. Sapse, *Legal Aspects of Forensics*, Infobase Publishing (2007).

[243] Erica Beecher-Monas, *Evaluating Scientific Evidence*, Cambridge University Press (2007).

[244] Terence Anderson, David Schum and William Twining, *Analysis of Evidence*, Cambridge University Press (2005).

[245] Ashraf Mozayani, Carla Noziglia, *The Forensic Laboratory Hand-*

book：*Procedures and Practice*，Humana Press (2006).

[246] Ashraf Mozayani，*The Forensic Laboratory Handbook*：*Procedures and Practice*，Springer (2010).

[247] Donnell R. Christian，Jr. Stephanie Drilling，*Implementing Quality in Laboratory Policies and Processes*：*Using Templates*，*Project Management*，*and Six Sigma*，CRC Press (2010).

[248] Maciej J. Bogusz and Huda Hassan，*Role of Accreditation Procedures in Maintaining Quality*，*Quality Assurance in the Pathology Laboratory*，CRC Press (Maciej J. Bogusz ed.，2011).

[249] James G. Speigh，*The Scientist or Engineer as an Expert Witness*，CRC Press (2009).

[250] Federal Judicial Center，National Research Council，*Reference Manual on Scientific Evidence*，The National Academies Press (3rd ed. 2011).

[251] *Guidelines for Forensic Laboratory Management Practices* (Adopted 1987，Revised 1994).

[252] Code of Ethics and Conduct，American Academy of Forensic Science.

[253] The Code of Ethics of the California Association of Criminalists.

[254] Council for the Registration of Forensic Practitioners Code of Conduct.

[255] American Academy of Forensic Science Good Forensic Practice Guidelines.

五、英文论文

[256] Lempert，*The New Evidence Scholarship*：*Analysing the Process of Proof*，66 Boston University LR. (1986).

[257] Bernard Silverman，*Research and Development in Forensic Science*：*A Review* (June 2011).

[258] Forensic Science Regulator，*Codes of Practice and Conduct for Forensic Science Providers and Practitioners in the Criminal Justice System*，

(FSR-Codes - Version 1.0 (December 2011).

[259] Edward J. Imwinkelried, *Debate in the DNA Cases Over the Foundation for the Admission of Scientific Evidence: The Importance of Human Error as a Cause of Forensic Misanalysis*, Wash. ULQ (1991).

[260] Edward J. Imwinkelried, *The Escape Hatches from Frye and Daubert: Sometimes You Don't Need to Lay Either Foundation in Order to Introduce Expert Testimony*! 25 Am. J. Trial Advoc., 213.

[261] Michael Cherry, Edward J. Imwinkelried, Manfred Schenk, Aron Romano, Naomi Fetterman, Nicole Hardin and Arnie Beckman, *Cell Tower Junk Science*, 95 Judicature 151.

[262] J. L. Mnookin, *The Validity of Latent Fingerprint Identification: Confessions of a Fingerprinting Moderate. Law, Probability and Risk*, 127 (July 2008).

[263] Elizabeth Reifert, *Getting into the Hot Tub: How the United States Could Benefit from Australia's Concept of "Hot Tubbing" Expert Witnesses*, 89 U. Det. Mercy L. Rev., 103 (2011—2012).

[264] Peter W. Huber, *Junk Science in the Courtroom*, 26 Val. U. L. Rev., 723 (1992).

[265] Paul C. Giannelli, "*Junk Science*": *The Criminal Cases*, *The Journal of Criminal Law and Criminology*, 105—128, Vol. 84, No. 1 (Spring, 1993).

[266] Paul C. Giannelli, *Wrongful Convictions and Forensic Science: The Need to Regulate Crime Labs*, 86 N. C. L. Rev. (2007—2008).

[267] Paul C. Giannelli, *Right of Confrontation: Lab Report*, 24 Crim. Just, 74.

[268] Paul C. Giannelli, *Chain of Custody and the Handling of Real Evidence*, 20 Am. Crim. L. Rev. 527 (1982—1983).

[269] Susan Haack, *Of Truth, in Science and in Law*, Brooklyn Law Review, 73 (2).

[270] Mark R. Patterson, *Conflicts of Interest in Scientific Expert Testi-*

mony, 40 Wm. and Mary L. Rev. 1313 (1999).

[271] William J. Brennan, *The Criminal Prosecution: Sporting Event or Quest for Truth? A Progress Report*, 68 Wash. U. L. Q. 2 (1990).

[272] Erica Beecher-Monas, *The Heuristics of Intellectual Due Process: A Primer for Triers of Science*, 75 N. Y. U. L. Rev. (2000).

[273] *How Does Using an Accredited Laboratory Benefit Government and Regulators?* ILAC (2001).

[274] *Laboratory Accreditation or ISO9001 Certification?* ILAC (2001).

[275] *Why Become An Accredited Laboratory?* ILAC (2001).

[276] *The Advantages of Being an Accredited Laboratory*, ILAC (2001).

[277] *Why Use an Accredited Laboratory?* ILAC (2001).

[278] Alastair Ross, *Advancing Forensic Science in Australia, Director National Institute of Forensic Science*, National Institute of Forensic Science, Australia.

[279] Carrie Menkel-Meadow, *The Trouble with the Adversary System*, 38 Wm. and Mary L. Rev. 5 (1996).

[280] David S. Caudil, *Barely Opening, Then Slamming Shut, Sciences "Black Box" in Law: A Response to Beecher-Monas's Heuristics*, 23 Cardozo L. Rev. (1795).

[281] David L. Faigman, *Mapping the Labyrinth of Scientific Evidence*, 46 Hastings L. J. , 579 (1995).

[282] Ian Volek, *Fedural Rule of Evidence* 703: *The Back Door and the Confrontation Clause, Ten Years Later*, 80 Fordham L. Rev. 959 (2011—2012).

[283] Neil B. Cohen, *The Gatekeeping Role in Civil Litigation and the Abdication of Legal Values in Favor of Scientific Values*, 33 Seton Hall L. Rev. (2003).

[284] John McArthur Maguire, Robert C. Vincent, *Admissions Implied from Spoliation or Related Conduct*, Yale LJ (1935).

[285] Joseph Peterson, *Symposium on Science and the Rules of Legal Procedure*, 101 F. R. D. , 599 (1983).

[286] James Robertson, *Should Forensic Science Services be Independent of Policing? A Critical Reflection*, 24 Current Issues Crim. Just, 131 (2012).

[287] James E. Starts, *The Seamy Side of Forensic Science: The Mephitic Stain of Fred Salem Zain*, 17 Scientific Sleuthing Rev. 1, Winter (1993).

[288] Andre A. Moenssens, *Novel Scientific Evidence in Criminal Cases: Some Words of Caution*, 84 J. Crim. L. and Criminology 1 (1993).

[289] Weisburd D. and Neyroud P., *Police Science: Toward a New Paradigm*, *New Perspectives in Policing*, January 2011, US Department of Justice, Office of Justice Programs, National Institute of Justice, Washington, DC.

[290] Edward K. Cheng, *Same Old: Scientific Evidence Past and Present*, 104 Mich. L. Rev. (2006).

[291] C. E. Jones, *Evidence Destroyed, Innocence Lost: The Preservation of Biological Evidence under Innocence Protection Statutes*, Am. Crim. L. Rev. (2005).

[292] D. A. Nance, *Evidential Completeness and the Burden of Proof*, Hastings LJ (1997).

[293] Alastair Ross, *Forensic Science in Australia: Where does Australia sit in relation to Trends and Issues in the International Context?* 24 Current Issues Crim. Just, 121 (2012).

[294] Quarino L., *Quality Assurance in Forensic Biology Laboratory*, Forensic Science International, 68 (1) (1994).

[295] Sophia Gratowski, et al., *Asking the Gatekeepers: A National Survey of Judges on Judging Expert Evidence in a Post-Daubert World*, 25 Lawand Hum. Behav., 433 (2001).

[296] Kaye and Smith, *DNA Database for Law Enforcement: The Coverage Question and the Case for a Population-Wide Database*, in *DNA and the Criminal Justice System*, 247 David Lazer ed. (2004).

后　记

科学的宗旨是追求真理，探明“自在之物”，扩展“为我之物”。科学家不断地假设和猜想，然后反复验证，实证考察。证据科学时代来临之际，必须认识到科学的局限性，科学未必是真理，科学权威未必持久，科学证据同样要接受证据法的检验。法庭对科学证据的再检验，表面上是对证据自身的可采性和证明力的审查判断，实质上是对法庭科学实验室工作的事后监督和全盘审视。为了满足证据法的严格要求，法庭科学实验室应当对影响司法鉴定意见科学性的各个要素进行规范管理，对实验室全部构成要素——人、机、料、法、环、测予以全方位、动态化、多视角的质量控制。证据法和法庭科学的交叉研究的主旨就是要让证据法对科学证据的法律要求督促法庭科学重拾“价值无涉”的精神实质，为法律提供中立的服务。科学证据出现在法庭上，是为了令人信服，而非混淆是非，更不是自毁清誉。因此，在21世纪这个证据科学化时代，法庭科学实验室要勇敢肩负起整治司法鉴定专家混战的局面，改变趋“利”若鹜的场景，为法庭提供尽可能准确的科学性信息，给他人以便利，还自己以尊严。

在母校中国政法大学求学整十载，从四年的军都山下，到六年的小月河边，有熟悉的校园、静谧的图书馆、慈祥的老师、勤奋的同窗。回想从论文选题确定到最终定稿，在法大法庭科学技术鉴定研究所实习，往返国家图书馆收集外文资料，从拟就初稿到导师帮助数十次修改，无数次挑灯夜战，废寝忘食。难忘各位老师、亲朋的智慧支援和精神提携，尤其是我的硕士导师王进喜教授和博士导师刘良教授，选题之初，王进喜教授高瞻远瞩，建议我选择一个交叉型领域，并亲自为我挑选多本相关外文资料，谆谆叮嘱我仔细研读。导师每一次十分中肯的修改意见，小到标点符号的修改，大到对全文的框架设计，一个知识点的精准推敲，全篇逻辑的宏观构建……无不倾注着导师的良苦用心，折射出严谨的学术规范、崇高的学者精神。

本书能够顺利完成，还要感谢张海东教授、常林教授、吴宏耀教授、罗大华教授、刘耀院士、刘鑫教授、王元凤教授、鲁涤主任法医师、杜春鹏教授、百茹峰博士后、石美森博士后。一次长谈、一次聚会、一声督促、一封邮件、一句玩笑、一个建议……正是这些，激发我的学术灵感。感谢师兄杜国栋律师耐心解答我写作中遇到的各种问题，以及师弟宋方明博士、刘强博士，师妹宋冰心律师，还有同窗好友马江涛、罗芳芳、冯俊伟、张宏铭等。在本书稿修订中，不能缺少王震教授的叮咛和督促。感谢王丹波主任的智慧和鼓励，最后要感谢经济管理出版社王光艳编辑，出版的每一个流程无不倾注王编辑的用心和责任心。最后，感谢我的家人，尤其是我的姐姐。

在本书付梓之际，我想对曾经给予我不同程度和不同角度关心、爱护和帮助的各位表示诚挚的感谢，正是因为你们，我才拥有今天丰盈的学术生命和丰富的职业生涯。

王桂玥

2019 年 10 月 25 日于吉林四平